Testamentsvollstreckung

Beck-Rechtsberater im dtv

ORIGINALAUSGABE
dtv Verlagsgesellschaft mbH & Co KG
Tumblingerstraße 21, 80337 München

Redaktionelle Verantwortung: Verlag C.H. Beck, oHG
Wilhelmstraße 9, 80801 München
Satz: mediaTEXT Jena GmbH, Jena
Druck: Westermann, Zwickau
Gestaltung: Sabina Sieghart, München
ISBN 978-3-423-51266-4 (dtv)
ISBN 978-3-406-78110-0 (C.H. Beck)
ISBN 978-3-406-78111-7 (eBook)

www.dtv.de
www.beck.de

9 783406 781100

Bornewasser/Klinger/Roth

Testaments-vollstreckung

Richtig anordnen, durchführen und kontrollieren

4. Auflage

Beck-Rechtsberater im dtv

Inhalt

Die Autoren

LUDGER BORNEWASSER ist als Fachanwalt für Erbrecht vorwiegend im Bereich der Vermögensübertragung tätig. Als zertifizierter Unternehmensnachfolgeberater (zentUma e.V.) und Spezialist für Erbrecht und Erbschaftsteuerrecht bearbeitet er neben diesen Rechtsgebieten im Rahmen der Unternehmensnachfolge auch das Gesellschaftsrecht. Er ist Dozent im Lehrgang „Fachanwalt für Erbrecht" der Hagen Law School und Autor von zahlreichen Fachartikeln, Fachbüchern und Ratgebern zum Erbrecht und Erbschaftsteuerrecht. Das Magazin FOCUS (Spezial „Deutschlands Top-Anwälte") zählt ihn zu den Top-Erbrechts-Anwälten in ganz Deutschland. Das Wirtschaftsmagazin Capital weist die Kanzlei Advocatio Rechtsanwälte GbR (www.advocatio.de), in der Rechtsanwalt Bornewasser als Gründungspartner tätig ist, seit Jahren durchgehend als eine der besten Anwaltskanzlei Deutschlands im Erbrecht aus.

Homepage: www.advocatio.de
E-Mail: bornewasser@advocatio.de
Telefon: 089 210 10 20

WOLFGANG ROTH ist seit ca. 20 Jahren als Fachanwalt ausschließlich im Erbrecht und Erbschaftsteuerrecht tätig. Als geprüfter und zertifizierter Testamentsvollstrecker zählt die Nachlassabwicklung zu einem seiner Tätigkeitsschwerpunkte.
Zu weiteren Kernbereichen seiner Tätigkeiten zählen die Gestaltung von Testamenten, die Auseinandersetzungen von Erbengemeinschaften, Regulierung von Pflichtteilsansprüchen sowie die bundesweite Vertretung vor Gerichten und in Erbscheinsverfahren.
Er engagiert sich als ehrenamtlicher Referent für WWF, UNICEF, CBM, OM Deutschland, die Johanniter u.v.m.
Als Dozent im Lehrgang „Fachanwalt für Erbrecht" der Hagen Law School und Autor einer Vielzahl erbrechtlicher Fachbücher gibt er sein Wissen an Praktiker ebenso weiter wie an Nichtjuristen.
Das Magazin FOCUS Spezial (Rubrik „Deutschlands Top-Anwälte"), das Wirtschaftsmagazin Capital („Beste Anwaltskanzleien für Privatmandanten") und die WirtschaftsWoche („Top-Kanzlei Erbrecht") listen ihn seit Jahren kontinuierlich unter die Top-Erbrechts-Anwälte in ganz Deutschland.

Homepage: www.erbrechtsexperte.de
E-Mail: roth@raits.de
Telefon: 0 62 61 - 67 11 00

Vorwort zur 4. Auflage

Der Testamentsvollstreckung kommt als wichtiges Instrument der erbrechtlichen Gestaltung in der Praxis eine zunehmend große Bedeutung zu. Wenn der Erblasser befürchtet, dass seine Erben bei der Nachlassverteilung in Streit geraten können oder die von ihm angeordnete Nachlassverteilung nicht reibungslos über die Bühne geht, dass seine Erben (noch) nicht die für die Verwaltung des Nachlasses erforderliche Sachkunde oder Erfahrung haben, sollte die Abwicklung des letzten Willens einem fachlich qualifizierten und integren Testamentsvollstrecker übertragen werden. Der verantwortungsvolle Erblasser, der eine Konfrontation unter den Miterben vermeiden will, wird deshalb eine Testamentsvollstreckung anordnen und eine zuverlässige Person als Testamentsvollstrecker bestimmen.

Der vom Erblasser berufene Testamentsvollstrecker wird dafür Sorge tragen, dass er nicht zum Feind der Erben wird, sondern begleitend, führend und diese schützend tätig wird und so dem letzten Willen des Erblassers Geltung verschafft. Als fremdnütziger und unparteiischer Sachwalter kann er die tatsächliche und rechtliche Herrschaft über den Nachlass zum Wohle der Erben ausüben. Bis zur Freigabe des Nachlasses übt der Testamentsvollstrecker sein Amt gegenüber den Erben kooperativ, Streit vermeidend und gemäß den Vorgaben des Erblassers aus.

Dieser Ratgeber vermittelt in leicht verständlicher Form die Grundlagen einer Testamentsvollstreckung und erläutert die Rechte und Pflichten des Testamentsvollstreckers. Zahlreiche Mustertexte gewährleisten, dass die gewünschte Testamentsvollstreckung wirksam angeordnet werden kann. Das Buch richtet sich auch an Testamentsvollstrecker, die nach Annahme des Amtes Hilfestellung und Unterstützung für ihre Amtstätigkeit suchen. Expertentipps erleichtern die praktische Umsetzung.

München, Mai 2023 Ludger Bornewasser (www.Advocatio.de)

Obrigheim, Mai 2023 Wolfgang Roth (www.erbrechtsexperte.de)

Vor- und Nachteile einer Testamentsvollstreckung

Nicht jeder Erbfall erfordert eine Testamentsvollstreckung. Aus diesem Grunde sind in jedem Einzelfall die Vor- und Nachteile einer Testamentsvollstreckung abzuwägen. Dieses Kapitel gibt einen Überblick über die Vorteile einer Testamentsvollstreckung sowie auch über mögliche Nachteile einer Testamentsvollstreckung.

1. Vor- und Nachteile einer Testamentsvollstreckung

I. Vorteile einer Testamentsvollstreckung

1. Erleichterung der Nachlassabwicklung
Niemand sollte die Nachlassabwicklung unterschätzen. Die Aufgabe einer ordnungsgemäßen Verwaltung und Abwicklung eines Nachlasses ist keineswegs einfach und umfasst viele Schritte. Viele Dinge sind zu veranlassen und zu beachten: Sicherung des Nachlasses, Wohnungsauflösung, Sichtung aller Unterlagen, Erstellung eines Nachlassverzeichnisses, Klärung aller bestehenden privaten und geschäftlichen Vertragsbeziehungen, Einziehung fälliger Forderungen, Bezahlung von Rechnungen, Erfüllung von Auflagen und Vermächtnissen, notwendige Kündigungen, Konten- und Grundstücksumschreibungen, Unterbringung von Haustieren, Überwachung aller Fristen, Abgabe der Erbschaftsteuererklärung.

Aus unterschiedlichen Gründen können die Erben diese Angelegenheiten oft nicht selbst erledigen: Wer im Beruf voll gefordert ist, hat meist keine Zeit für Behördengänge. Junge und unerfahrene oder minderjährige Erben können die Nachlassabwicklung genauso wenig übernehmen wie Erwachsene im Alters- oder Krankheitsfall. Weit entfernt, zB im Ausland wohnende Personen sind in der Regel nur schwer in der Lage, alle anfallenden Aufgaben zu erledigen. Vor allem bei einem großen und wertvollen Nachlass wird ein geschulter und erfahrener Testamentsvollstrecker die Hinterbliebenen entlasten, beraten und unterstützen können.

2. Friedensstiftung
Entsteht durch den Todesfall eine ERBENGEMEINSCHAFT, können die Erben den Nachlass nur gemeinschaftlich verwalten. Bei wesentlichen Entscheidungen gilt das Prinzip der Einstimmigkeit. Viele Verwandte haben sich im Zuge der Erbauseinandersetzung schon zerstritten, weil sie selbst nebensächliche Dinge nicht einvernehmlich regeln konnten.

Ganz anders ist das bei einer Testamentsvollstreckung. Die Fäden laufen bei einer Person zusammen, die zu Objektivität und Neutralität verpflichtet ist und häufig auch bei aufkommendem Streit oder zwischen den Fronten vermitteln kann. Vorschläge eines Testamentsvollstreckers finden eher die Zustimmung aller Beteiligten als die Wunschvorstellungen von verfeindeten Familienmitgliedern, die oft miteinander nicht einmal mehr reden können.

3. Durchsetzung des Erblasserwillens
Testamentsvollstrecker setzen die Anweisungen und Richtlinien des Verstorbenen nach dem Wortlaut und GEIST SEINES TESTAMENTS um. Sie kümmern sich darum, dass sämtliche AUFLAGEN und VERMÄCHTNISSE ordnungsgemäß erfüllt werden. Manchmal ist die Testamentsvollstreckung sogar über einen längeren Zeitraum sinnvoll.

Mit einer Anordnung, die dies vorschreibt, kann der Erblasser die Verwaltung des Nachlasses den Erben (befristet) entziehen, um das von ihm erschaffene Vermögen zu schützen. Die Testamentsvollstreckung kann beispielsweise die voreilige Liquidierung wertvoller Immobilien oder die rasche Zerschlagung eines gesunden Familienunternehmens verhindern.

4. Schutz Minderjähriger
Immer wieder kommt es vor, dass Eltern mit ihrem Vermögen MINDERJÄHRIGE Kinder absichern wollen. In diesem Fall reicht es jedoch oft nicht aus, die Kinder als Erben einzusetzen. Um das Erbe vor dem Zugriff der gesetzlichen Vertreter des Kindes zu schützen, bietet es sich an, dass der Erblasser eine Testamentsvollstreckung anordnet. Die Person, die mit dieser Aufgabe betraut wird, ist dann bei Rechtsgeschäften weder auf die Zustimmung des gesetzlichen Vertreters noch auf die Beteiligung des Vormundschaftsgerichts angewiesen. Um letzteres, nämlich die Beteiligung des Vormundschaftsgerichtes und/oder die Bestellung eines Ergänzungspfleger zu vermeiden, ist es auch möglich, die Eltern des Minderjährigen zum Testamentsvollstrecker zu ernennen und sie von dem Verbot, mit sich selbst einen Vertrag zu schließen, zu befreien. So kann eine Handlungsmöglichkeit für das minderjährige Kind ohne Mitwirkung des Vormundschaftsgerichtes auch in Fällen sichergestellt werden, in denen dies den Eltern als gesetzliche Vertreter des Kindes nicht möglich wäre.

5. Schutz Behinderter
Wenn ein Behinderter, der in einem Heim lebt, eine Erbschaft erhält, droht in der Regel der „SOZIALHILFERECHTLICHE RÜCKGRIFF“. Der Sozialhilfeträger, der die Kosten für die Pflege und Unterbringung trägt, fordert regelmäßig die Liquidierung des Erbes zur Erstattung der von ihm erbrachten Leistungen. Die Anordnung einer Testamentsvollstreckung kann die baldige Aufzehrung des empfangenen Vermögens verhindern, da der Nachlass des Behinderten dann vor einem Zugriff etwaiger Gläubiger, und damit auch des Sozialhilfeträgers geschützt ist.

6. Schutz des Erben vor dessen Gläubigern

Manchmal steht der Testierende vor der Frage, wie er den künftigen Nachlass vor den Gläubigern des Erben schützen kann. Die Testamentsvollstreckung bietet eine effektive Möglichkeit, den ZUGRIFF SOLCHER GLÄUBIGER AUF DEN NACHLASS abzuwehren. Ein Nachlass, welcher einer Testamentsvollstreckung unterliegt, ist gem. § 2214 BGB bereits von Gesetzes wegen dem Gläubigerzugriff entzogen. Daher drängt es sich auf, zu Gunsten eines überschuldeten Erben eine Testamentsvollstreckung anzuordnen. Der Testamentsvollstrecker ist sogar nach der Rechtsprechung verpflichtet, sich notfalls gerichtlich gegen Gläubiger des Erben, dessen ererbtes Vermögen er dauerhaft verwaltet, zu wehren.

II. Nachteile einer Testamentsvollstreckung

1. Machtfülle des Testamentsvollstreckers

Der Testamentsvollstrecker hat eine FREIE STELLUNG GEGENÜBER DEN ERBEN:

- Er verwaltet den Nachlass (§ 2205 BGB), unter Umständen in Form einer Dauervollstreckung (§§ 2209, 2210 BGB),
- er kann Verbindlichkeiten für den Nachlass eingehen (§§ 2206, 2207 BGB),
- die Erben können über Nachlassgegenstände nicht verfügen (§ 2212 BGB),
- der Testamentsvollstrecker bewirkt die Auseinandersetzung des Nachlasses (§ 2204 BGB),
- der Erbe erhält lediglich bei Beginn der Amtstätigkeit ein Nachlassverzeichnis (§ 2215 BGB) und danach nur eine jährliche Rechnungslegung (§ 2218 BGB),
- der Erbe hat zwar Anspruch auf eine ordnungsgemäße Nachlassverwaltung (§ 2216 BGB), deren Inhalt und Umfang aber relativ unbestimmt ist,
- bis zur Teilung des Nachlasses erhält der Erbe grundsätzlich keine liquiden Mittel oder Nachlassgegenstände.

2. Keine gerichtliche Kontrolle

Der Testamentsvollstrecker unterliegt im Rahmen seiner Amtsführung KEINER KONTROLLE DES NACHLASSGERICHTS. Das Gericht kann ihm daher nicht durch einstweilige Anordnung ein konkretes Handeln untersagen oder durch Ordnungsstrafen zur Führung seiner Geschäfte anhalten.

Eine nicht ordnungsgemäße Nachlassverwaltung löst allenfalls Schadenersatzansprüche (§ 2219 BGB) aus, die zivilrechtlich gegen den Testamentsvollstrecker durchgesetzt werden müssen. Im Ausnahmefall droht dem Testamentsvollstrecker eine Entlassung (§ 2227 BGB), die aber oft erst im Rahmen eines langwierigen nachlassgerichtlichen Verfahrens durchgesetzt werden muss. Einzelheiten zum Entlassungsverfahren finden sich im 13. Kapitel.

EXPERTENTIPP ZUR BESTIMMUNG DER AUFGABEN DES TESTAMENTSVOLLSTRECKERS:
Der Erblasser hat die Möglichkeit, in seiner letztwilligen Verfügung den AUFGABENKREIS DES TESTAMENTSVOLLSTRECKERS genau zu beschreiben oder auch einzuschränken. Erben, die sich zu den ihnen zustehenden Rechten fachlich beraten und vertreten lassen, können den Testamentsvollstrecker durch Informations-, Auskunfts- und Rechenschaftslegungsansprüche für eine sorgfältige Amtswahrnehmung sensibilisieren.

3. Vergütungsanspruch des Testamentsvollstreckers

Dem Testamentsvollstrecker steht gem. § 2221 BGB eine ANGEMESSENE VERGÜTUNG zu, die im Falle einer Dauervollstreckung die Erträge des Nachlasses aufzehren kann. Bei großen Nachlässen besteht die latente Gefahr, dass der Testamentsvollstrecker die Abwicklung seiner Aufgaben mit „begrenzter Energie angeht", um sich unter Umständen ein lebenslanges Einkommen zu sichern.

Der Erblasser hat es in der Hand, im Rahmen seiner letztwilligen Verfügung eine – sowohl für den Erben, als auch für den Testamentsvollstrecker – faire, dem Umfang und der Schwierigkeit der Amtsführung gerecht werdende Vergütung anzuordnen. „Übermäßige" Sparsamkeit des Erblassers bei der Bestimmung der Testamentsvollstreckervergütung wird jedoch dazu führen, dass sich kaum jemand findet, die oft umfangreichen und haftungsträchtigen Aufgaben zu übernehmen. Einzelheiten zur angemessenen Vergütung des Testamentsvollstreckers finden sich im 11. Kapitel.

EXPERTENTIPP ZUR VOLLMACHT:
Die – oft kritische – Anlaufphase der Testamentsvollstreckung kann der Erblasser überbrücken, wenn er neben der Testamentsvollstreckung einer Vertrauensperson (die mit dem Testamentsvollstrecker personenidentisch sein kann) eine TRANS- ODER POSTMORTALE VOLLMACHT erteilt.

4. Zeitverlust bis zur Amtsannahme

Das Amt des Testamentsvollstreckers beginnt erst mit der förmlichen Annahme (§ 2202 BGB). Zwischen Erbfall und AMTSANNAHME kann – insbesondere, wenn widersprüchliche oder auslegungsbedürftige letztwillige Verfügungen des Erblassers vorhanden sind – ein erheblicher Zeitraum verstreichen, in dem der Nachlass handlungsunfähig ist. Einzelheiten zur Amtsannahme finden sich im 17. Kapitel.

EXPERTENTIPP ZUR REDUZIERUNG DES PFLICHTTEILSRISIKOS:
Das Pflichtteilsrisiko kann der Erblasser durch einen – beurkundungspflichtigen – PFLICHTTEILSVERZICHT vollständig ausschließen oder zumindest durch PFLICHTTEILSANRECHNUNGS- BZW. PFLICHTTEILSSTRAFKLAUSELN deutlich begrenzen.

5. Pflichtteilsrisiko

Testamentarische Erben, die zum Kreis der pflichtteilsberechtigten Personen im Sinne von § 2303 BGB gehören (also Abkömmlinge, Ehegatten und Eltern), können sich gem. § 2306 BGB den Wirkungen einer Testamentsvollstreckung durch AUSSCHLAGUNG DES ERBTEILS entziehen und stattdessen ihren PFLICHTTEIL verlangen. Dieser – sofort mit dem Erbfall fällige – Geldanspruch kann zu einer nicht unbeträchtlichen finanziellen Belastung des Nachlasses führen.

Auf den Punkt gebracht:
Eine Testamentsvollstreckung gebietet sich oft zur Streitvermeidung unter Miterben, zur Verwaltung des Nachlasses für minderjährige Erben sowie zum Schutz behinderter oder überschuldet Erben. Jedoch können diesen Vorteilen auch Nachteile der Testamentsvollstreckung gegenüberstehen, wie beispielsweise eine Art „Allmacht“ des Testamentsvollstreckers, das Risiko zeitlicher Verzögerungen und die Kosten einer Testamentsvollstreckung.

2 Testament zur Anordnung einer Testamentsvollstreckung

Das Gesetz kennt neben einer Abwicklungsvollstreckung als klassische Form der Testamentsvollstreckung diverse weitere Testamentsvollstreckungsarten, wie beispielsweise eine Dauertestamentsvollstreckung oder eine Vermächtnisvollstreckung. In diesem Kapitel werden die verschiedenen Arten einer Testamentsvollstreckung dargelegt. Zudem finden Sie Hinweise und Muster zur Anordnung der jeweiligen Testamentsvollstreckungsarten sowie Vorschläge zur Auswahl und Ernennung eines Testamentsvollstreckers.

2. Testament zur Anordnung einer Testamentsvollstreckung

I. Arten der Testamentsvollstreckung

Eine Testamentsvollstreckung kann ausschließlich durch ein Testament oder einen Erbvertrag angeordnet werden.

§ 2197 BGB bestimmt:
Der Erblasser kann durch Testament einen oder mehrere Testamentsvollstrecker ernennen

Abhängig von der Aufgabe, die der Erblasser dem Testamentsvollstrecker übertragen will, werden verschiedene ARTEN DER TESTAMENTSVOLLSTRECKUNG unterschieden:

- Abwicklungsvollstreckung (§§ 2203, 2204 BGB)
- Verwaltungsvollstreckung (§ 2209 S. 1, 1. Hs. BGB)
- Dauertestamentsvollstreckung (§ 2209 S. 1, 2. Hs. BGB)
- Vermächtnisvollstreckung (§ 2223 BGB)
- Testamentsvollstreckung mit beschränktem Aufgabenkreis (§ 2208 BGB)
- Erbteilsvollstreckung
- Nacherbenvollstreckung (§ 2222 BGB)

1. Abwicklungstestamentsvollstreckung
Der gesetzliche Regelfall (§§ 2203, 2204 BGB) ist eine Testamentsvollstreckung zur ABWICKLUNG des Nachlasses dar. Der Testamentsvollstrecker hat hierbei die AUFGABE,

- die letztwilligen Anordnungen des Erblassers (wie zB Vermächtnisse, Auflagen, Teilungsanordnungen) auszuführen (§ 2203 BGB),
- bei einer Erbengemeinschaft den Nachlass auseinanderzusetzen, also nach den Vorgaben des Erblassers bzw. den gesetzlichen Bestimmungen aufzuteilen
- und Nachlassverbindlichkeiten zu erfüllen.

Der Testamentsvollstrecker hat die Auseinandersetzung des Nachlasses alsbald nach Eintritt des Erbfalles zu bewirken. Versäumnisse können zu einer Schadenersatzhaftung führen und seine Entlassung gem. § 2227 BGB rechtfertigen.

Die Abwicklungsvollstreckung ENDET – ohne formale Erklärung des Testamentsvollstreckers oder Mitwirkung des Nachlassgerichts – automatisch mit vollständiger Abwicklung des Nachlasses.

Expertentipp zur Verfügungsbefugnis:
Der Erbe verliert durch die Testamentsvollstreckung seine VERFÜGUNGSBEFUGNIS über den Nachlass (§ 2211 BGB). Das bezieht sich auch auf die Veräußerung oder Belastung eines Nachlassgrundstücks. Sobald das Grundbuch durch Umschreibung des Eigentums auf den Erben berichtigt ist, wird ein TESTAMENTSVOLLSTRECKERVERMERK ins Grundbuch eingetragen (§ 52 GBO). Dadurch wird sichergestellt, dass nicht mehr der Erbe, sondern ausschließlich der Testamentsvollstrecker über das Grundstück verfügen kann und dies auch für jeden erkennbar ist. Der Erbe muss sich damit abfinden, dass der Testamentsvollstrecker nach den Vorgaben des Erblassers tätig wird; WEISUNGEN kann der Erbe dem Testamentsvollstrecker nicht erteilen.

Mustertext „Abwicklungsvollstreckung“:
Ich ordne Testamentsvollstreckung an. Der Testamentsvollstrecker hat die Aufgabe, meine obigen Anordnungen auszuführen und den Nachlass abzuwickeln. Hierzu hat er alle gesetzlich zulässigen Befugnisse.

2. Verwaltungstestamentsvollstreckung
Bei einer VERWALTUNGSVOLLSTRECKUNG (§ 2209 S. 1, 1. Hs. BGB) hat der Testamentsvollstrecker lediglich die Aufgabe, den Nachlass zu verwalten. Die Abwicklung des Nachlasses, somit auch die Teilung des Nachlasses unter Miterben, gehört hierbei nicht zu den Aufgaben des Testamentsvollstreckers. In der Praxis wird eine Verwaltungsvollstreckung beispielsweise angeordnet, bis MINDERJÄHRIGE volljährig werden oder ein bestimmtes Lebensalter erreicht haben. Ein weiterer Anwendungsfall ist die so genannte PFLICHTTEILSBESCHRÄNKUNG IN GUTER ABSICHT (§ 2338 BGB), deren Zweck es ist, bei überschuldeten oder verschwenderischen Kindern durch eine Art „Zwangsfürsorge“ den Nachlass der Eltern für die Abkömmlinge zu erhalten.

Da die Abwicklungsvollstreckung den gesetzlichen Regelfall darstellt, muss der Erblasser die einfache Verwaltungsvollstreckung ausdrücklich in seiner letztwilligen Verfügung anordnen.

Mustertext „Verwaltungsvollstreckung“:
Ich ordne Testamentsvollstreckung an. Der Testamentsvollstrecker hat die Aufgabe, den Erbteil meiner Tochter ...... bis zu deren Volljährigkeit zu verwalten.

3. Dauertestamentsvollstreckung

Bei einer Dauertestamentsvollstreckung (§ 2209 S. 1, 2. Hs. BGB) hat der Testamentsvollstrecker die Aufgabe, zunächst den Nachlass abzuwickeln und danach zu verwalten. Eine Dauertestamentsvollstreckung endet gem. § 2210 S. 1 BGB spätestens mit Ablauf von 30 JAHREN seit Eintritt des Erbfalls, es sei denn, der Erblasser hat die Dauertestamentsvollstreckung in seiner letztwilligen Verfügung ausdrücklich zeitlich begrenzt oder das Ende an bestimmte Bedingungen geknüpft. Auch kann der Erblasser gem. § 2210 BGB die Dauertestamentsvollstreckung über 30 Jahre hinaus ausdehnen, wenn er anordnet, dass die Verwaltung bis zum Tod des Erben oder bis zum Tod des Testamentsvollstreckers oder bis zum Eintritt eines anderen Ereignisses in der Person der Erben oder des Testamentsvollstreckers fortdauern soll.

Beispiel zur Dauertestamentsvollstreckung:
Der geschiedene Erblasser E setzt seine zehnjährige Tochter T als Alleinerbin ein und ordnet Testamentsvollstreckung bis zum Tod seiner Tochter an. Ein Jahr später erleidet E im Alter von 40 Jahren einen tödlichen Verkehrsunfall. Seine Tochter T erreicht ein Lebensalter von 90 Jahren. In diesem Fall dauert die Testamentsvollstreckung also bis zum Tode der Tochter an. Da die Alleinerbin somit zeitlebens wegen der Testamentsvollstreckung nie über die ihr angefallene Erbschaft frei verfügen konnte, stellt sich die Frage, ob eine derartige Ausdehnung der Testamentsvollstreckungsdauer nicht sittenwidrig iSd § 138 BGB ist. Nach der Rspr. müssen zur Annahme einer SITTENWIDRIGKEIT jedoch noch weitere Umstände hinzukommen, da § 2210 S. 2 BGB ausdrücklich die Möglichkeit der Ausdehnung der Testamentsvollstreckung über 30 Jahre hinaus vorsieht.

Der Erblasser kann den Testamentsvollstrecker in seiner letztwilligen Verfügung ermächtigen, selbst SEINEN NACHFOLGER ZU ERNENNEN und sogar festlegen, dass auch der Nachfolger wiederum einen Nachfolger bestimmen kann. Hat nun der Erblasser angeordnet, dass die Testamentsvollstreckung mit dem Tod des Testamentsvollstreckers endet, könnte sich hieraus eine jahrzehntelange Verwaltungsvollstreckung durch nacheinander eingesetzte Testamentsvollstrecker ergeben. Der BGH hat aber im so genannten „KRONPRINZENFALL“ entschieden, dass eine derartige Dauertestamentsvollstreckung mit dem Tod desjenigen Testamentsvollstreckers endet, der innerhalb von 30 Jahren seit dem Erbfall ernannt wurde.

Mustertext „Dauertestamentsvollstreckung":
Ich ordne Testamentsvollstreckung an. Der Testamentsvollstrecker hat die Aufgabe, meine obigen Anordnungen auszuführen und den Nachlass abzuwickeln. Er hat weiter die Aufgabe, die danach dem Erben zufallenden Gegenstände, wozu auch die Surrogate (Ersatzobjekte, Erlöse) gehören, bis zur Vollendung des 27. Lebensjahres des Erben zu verwalten und sodann an den Erben herauszugeben.

Alternative 1:
Die Verwaltung endet mit dem Tod meiner Tochter ...... als meiner alleinigen Erbin.

Alternative 2:
Die Vollstreckung endet mit dem Tod des Testamentsvollstreckers.

Zum Testamentsvollstrecker können auch JURISTISCHE PERSONEN (wie zB Banken) eingesetzt werden. In diesem Fall besteht aber für den Erblasser nicht die Möglichkeit, die Testamentsvollstreckung über die 30 Jahresgrenze hinaus auszudehnen (vgl. § 2210 S. 3 in Verbindung mit § 2163 Abs. 2 BGB).

Eine angeordnete Dauertestamentsvollstreckung kann vom Erben nicht dadurch beseitigt werden, dass er gem. § 2216 Abs. 2 BGB beim Nachlassgericht die AUSSERKRAFTSETZUNG beantragt, da es sich bei der Anordnung einer Dauertestamentsvollstreckung nicht um eine „Verwaltungsanordnung" im Sinne des § 2216 Abs. 2 BGB handelt.

4. Vermächtnisvollstreckung
Der Erblasser kann in seiner letztwilligen Verfügung einer bestimmten Person einen Vermögensvorteil (zB Geldbetrag, Eigentumswohnung, Wohnrecht, Hausrat) zuwenden, ohne ihn als Erben einzusetzen (§ 1939 BGB). Ordnet der Erblasser an, dass der Testamentsvollstrecker UNTER ANDEREM die Aufgabe hat, dieses Vermächtnis zu erfüllen, so liegt der Regelfall einer ABWICKLUNGSVOLLSTRECKUNG vor.

Bestimmt der Erblasser hingegen, dass der Testamentsvollstrecker LEDIGLICH die Aufgabe der Vermächtniserfüllung hat, liegt eine TESTAMENTSVOLLSTRECKUNG MIT BESCHRÄNKTEM AUFGABENKREIS (§ 2208 BGB) vor. Die Verwaltungs- und Verfügungsbefugnis des Testamentsvollstreckers beschränkt sich dann ausschließlich auf den Vermächtnisgegenstand; sonstige Nachlassgegenstände werden hiervon nicht erfasst.

Den Problemen einer Vermächtniserfüllung kann der Erblasser durch vorausschauende Testamentsgestaltung entgegentreten. Er kann in seinem Testament den VERMÄCHTNISNEHMER SELBST ZUM TESTAMENTSVOLLSTRECKER EINSETZEN, dem dann allein die Aufgabe obliegt, die (eigene) Vermächtniserfüllung umzusetzen.

Mustertext „Testamentsvollstreckung zur Vermächtniserfüllung“:
Als Vermächtnis erhält Herr ...... meine Briefmarkensammlung. Allein zur Erfüllung dieses Vermächtnisses setze ich Herrn ...... als Testamentsvollstrecker ein. Er hat allein die Aufgabe, sich diese Sammlung selbst zu Eigentum zu übertragen.

Eine VERMÄCHTNISVOLLSTRECKUNG (§ 2223 BGB) liegt dagegen nur dann vor, wenn der Erblasser dem VERMÄCHTNISNEHMER bestimmte Beschwerungen (wie zB ein Untervermächtnis, Auflagen oder ein Nachvermächtnis) auferlegt hat und die Anordnung der Vollstreckung dazu dienen soll, die Ausführung dieser Beschwerungen sicherzustellen.

Beispiel zur Vermächtnisvollstreckung:
Der Erblasser wendet eine wertvolle Kunstsammlung einem Vermächtnisnehmer zu, der diese für einen bestimmten Zeitraum unentgeltlich einem Museum zur Verfügung stellen soll. Zur Sicherung dieses Untervermächtnisses ordnet er Testamentsvollstreckung an.

Mustertext „Vermächtnisvollstreckung“:
Ich setze meinen Sohn als Alleinerben ein. Meine Kunstsammlung bestehend aus ...... wende ich im Wege des Vermächtnisses der Stiftung ...... zu. Ich beschwere den Vermächtnisnehmer mit dem Untervermächtnis, meine Kunstsammlung für die Dauer von drei Jahren dem Museum ...... unentgeltlich zur Verfügung zu stellen.

Zur Sicherung der Durchführung dieses Untervermächtnisses ordne ich, beschränkt auf diesen Aufgabenkreis, Testamentsvollstreckung an.

5. Gegenständlich beschränkte Testamentsvollstreckung
Dem Erblasser steht es frei, die Testamentsvollstreckung auf BESTIMMTE NACHLASSGEGENSTÄNDE zu beschränken.

Mustertext „Gegenständlich beschränkte Testamentsvollstreckung“:
Ich ordne Testamentsvollstreckung an. Diese erstreckt sich nur und ausschließlich auf mein Mietshaus in ...... Mein sonstiger Nachlass unterfällt nicht der Testamentsvollstreckung.

6. Erbteilsvollstreckung
Hat der Erblasser mehrere Personen als Miterben eingesetzt, so kann er anordnen, dass die Testamentsvollstreckung sich NUR AUF EINEN ERBTEIL erstreckt. Der Testamentsvollstrecker nimmt dann innerhalb der Erbengemeinschaft alle Rechte und Pflichten des beschwerten Erben wahr. Die Erbteilsvollstreckung ist möglich als reine Auseinandersetzungs- oder auch als Verwaltungsvollstreckung.

Mustertext „Erbteilsvollstreckung":
Zu meinen Erben setze ich meinen Sohn ...... und meine Tochter ...... ein. Ich ordne Testamentsvollstreckung an, die sich jedoch nur auf den Erbteil meines Sohnes ...... erstreckt.

7. Nacherbenvollstreckung
Der Testierende kann sein Vermögen mittels Anordnung einer Vor- und Nacherbschaft (§ 2100 BGB) über zwei oder mehrere Generationen hinweg vererben. Hierzu bestimmt er, dass sein Vermögen zunächst einer Person zukommen soll (= VORERBE), legt aber gleichzeitig bereits fest, wer die Vorerbschaft nach dieser Person bekommen soll (= NACHERBE). Vor- und Nacherbe sind also Erben desselben Erblassers, allerdings zeitlich aufeinander folgend.

Durch die Anordnung einer Vor- und Nacherbschaft kann der Erblasser verhindern, dass die Substanz seines Nachlasses vom Erben verbraucht wird. Die Vorerbschaft bildet in der Hand des Vorerben ein SONDERVERMÖGEN, das er von seinem eigenen Vermögen getrennt zu verwalten hat. Dem Vorerben gebühren lediglich die Nutzungen (zB Miet- oder Kapitalzins) der Vorerbschaft. Zum Schutz des Nacherben unterliegt der Vorerbe verschiedenen VERFÜGUNGSBESCHRÄNKUNGEN. So darf der Vorerbe Grundstücke, Häuser und Eigentumswohnungen, die sich im Nachlass befinden, nur mit Zustimmung des Nacherben veräußern oder belasten (§ 2113 Abs. 1 BGB).

Zur Wahrung der Rechte und Pflichten des Nacherben gegenüber dem Vorerben während der Dauer der Vorerbschaft kann der Erblasser eine NACHERBENVOLLSTRECKUNG (§ 2222 BGB) anordnen. Diese beschränkt aber nicht den Vorerben, da der Nacherbentestamentsvollstrecker lediglich die Rechte des Nacherben bis zum Eintritt des Nacherbfalles wahrnimmt.

Praxisrelevant ist eine Nacherbentestamentsvollstreckung zB bei einem Nacherben, der MINDERJÄHRIG, noch nicht geboren oder derzeit unbekannt und damit während der Dauer der Vorerbschaft nicht voll handlungsfähig ist.

Mustertext „Nacherbenvollstreckung“:
Ich ordne Nacherbentestamentsvollstreckung gem. § 2222 BGB an. Der Nacherbenvollstrecker hat während der Dauer der Vorerbschaft die Rechte und Pflichten des Nacherben wahrzunehmen. Mit Eintritt des Nacherbfalls endet die Nacherbentestamentsvollstreckung.

EXPERTENTIPP ZUM SCHUTZE MINDERJÄHRIGER: Setzt der Erblasser eine MINDERJÄHRIGE Person zu seinem Nacherben ein, ist es ratsam, nicht nur einen Nacherbentestamentsvollstrecker für die Zeit der Vorerbschaft, sondern auch für die Zeit danach eine Testamentsvollstreckung für die Nacherbschaft anzuordnen (zB bis der Nacherbe ein bestimmtes Alter erreicht hat).

Kein Fall des § 2222 BGB liegt vor, wenn der Erblasser anordnet, dass der Testamentsvollstrecker den Nachlass FÜR DEN VORERBEN bis zum Eintritt des Nacherbfalls und DANACH FÜR DEN NACHERBEN verwaltet. Möglich ist auch eine Anordnung des Erblassers, wonach die Testamentsvollstreckung NUR FÜR DEN NACHERBEN AB EINTRITT DES NACHERBFALLS gilt. Dies sind Fälle der normalen Testamentsvollstreckung und nicht Fälle einer Nacherbenvollstreckung iSd § 2222 BGB.

Davon zu unterscheiden ist auch der Fall, dass die Testamentsvollstreckung NUR DEN VORERBEN WÄHREND DER VORERBSCHAFT beschränken soll und damit den Nacherben nicht tangiert. Auch dies ist eine normale Testamentsvollstreckung und kein Fall des § 2222 BGB.

II. Die Person des Testamentsvollstreckers

Der Erfolg der Testamentsvollstreckung steht und fällt mit der damit beauftragten Person. Das Amt erfordert neben DER FACHLICHEN KOMPETENZ ein hohes Maß an SORGFALT, ENTSCHEIDUNGS-, DURCHSETZUNGS- UND ÜBERZEUGUNGSKRAFT sowie die FÄHIGKEIT ZUM AUSGLEICH und eine INNERE UNABHÄNGIGKEIT. Das Risiko, dass ein Testamentsvollstrecker seine Macht missbraucht oder jedenfalls nicht immer nur zum Nutzen des hinterlassenen Vermögens einsetzt, liegt auf der Hand. Ein Angehöriger eines Erben oder ein Miterbe als Testamentsvollstrecker – das birgt von Haus aus Zündstoff. Der Vorwurf, der Testamentsvollstrecker verhalte sich parteiisch, kommt in diesen Fällen meist sehr schnell auf.

Ein Streit zwischen den Erben lässt sich oft durch die Einsetzung einer NEUTRALEN Person vermeiden. Der Nachlass kann dann vom Testamentsvollstrecker mit einem hohen Maß an persönlicher und sachlicher Distanz als Vermittler zwischen verfeindeten Erben abwickelt werden. Häufig ist ein juristischer Laie mit der umfangreichen und komplizierten Nachlassabwicklung überfordert und für den Schaden, den er verursacht, in vollem Umfang selbst haftbar. Aus diesem Grund ist es oft hilfreich, juristisch geschulte Personen zum Testamentsvollstrecker zu ernennen.

Sie finden erfahrene, im Bereich der Testamentsvollstreckung zertifizierte FACHANWÄLTE FÜR ERBRECHT im Internet unter WWW.NDTV.INFO.

Hat der Erblasser zwar Testamentsvollstreckung angeordnet, aber keine Person benannt, bestimmt das NACHLASSGERICHT einen außenstehenden Dritten als Testamentsvollstrecker, den weder der Erblasser noch die Erben kennen und dem die Erben deshalb nicht immer vertrauen. Dasselbe gilt, wenn zwar im Testament ein Testamentsvollstrecker bezeichnet ist, jedoch keine Ersatzperson benannt ist für den Fall, dass der gewünschte Testamentsvollstrecker vor oder nach der Annahme seines Amtes wegfällt (oder das Amt niederlegt). Dann kann es sogar vorkommen, dass das Nachlassgericht gar niemanden mehr benennt und dadurch die gesamte Testamentsvollstreckung wegfällt.

EXPERTENTIPP ZUM ERSATZTESTAMENTSVOLLSTRECKER:
Es ist sinnvoll, nicht nur einen Testamentsvollstrecker einzusetzen, sondern auch einen ERSATZTESTAMENTSVOLLSTRECKER. Für den Fall, dass die an erster Stelle als Testamentsvollstrecker eingesetzte Person das Amt nicht antreten kann oder will, ist sichergestellt, dass eine andere Vertrauensperson des Erblassers als Ersatztestamentsvollstrecker den letzten Willen des Verstorbenen erfüllt.

Mustertext „Bestimmung des Testamentsvollstreckers“:
Zum Testamentsvollstrecker ernenne ich . . . . . ., geboren am . . . . . ., wohnhaft in . . . . . .

Sollte der Testamentsvollstrecker das Amt nicht annehmen oder vor oder nach dem Erbfall wegfallen, ersuche ich das Nachlassgericht, einen geeigneten Testamentsvollstrecker zu bestimmen.

Auf den Punkt gebracht:
Da es verschiedene Arten einer Testamentsvollstreckung gibt, hat ein Erblasser in seinem Testament genau festzulegen, welche Art von Testamentsvollstreckung er anordnet und was im Einzelnen die Aufgabe des Testamentsvollstreckers sein soll. Entsprechend der von ihm vorgegebenen Aufgaben hat er eine geeignete Person als Testamentsvollstrecker zu bestimmen und sollte möglichst auch eine Ersatzperson benennen.

Testamentsvollstreckung und Vollmachten

Eine vom Erblasser erteilte Vollmacht kann die Zeitspanne zwischen dem Erbfall und der Erteilung des Erbscheins bzw. des Testamentsvollstreckerzeugnisses überbrücken und möglicherweise – bei einfach gelagerten Nachlässen – die Anordnung einer Testamentsvollstreckung sogar entbehrlich machen. Auch kann die einem Testamentsvollstrecker erteilte Vollmacht diesem im handels- und gesellschaftsrechtlichen Bereich Handlungen ermöglichen, die ihm als bloßer Testamentsvollstrecker nicht möglich wären.

3. Testamentsvollstreckung und Vollmachten

Zu unterscheiden ist nicht nur zwischen Vollmachten, die noch der Erblasser erteilt und solchen, die möglicherweise von mehreren Miterben einer Person erteilt werden. Zu unterscheiden ist auch zwischen dem jeweiligen Inhalt einer Vollmacht einerseits und der zeitlichen Wirksamkeit der Vollmacht andererseits.

I. Vollmacht des Erblassers

1. Arten der Vollmacht

Bei Vollmachten, die ein Erblasser einem Dritten erteilt, kann wie folgt unterschieden werden:

- UMFANG DER VERTRETUNGSMACHT: Eine SPEZIALVOLLMACHT nur für bestimmte Angelegenheiten oder eine GENERALVOLLMACHT für alle Angelegenheiten.
- DAUER DER VERTRETUNGSMACHT: Eine TRANSMORTALE VOLLMACHT , die der Erblasser zu seinen Lebzeiten erteilt und die bereits zu seinen Lebzeiten sowie auch über seinen Tod hinauswirkt oder eine POSTMORTALE VOLLMACHT , welche erst mit dem Erbfall Wirkung erlangt.

Expertentipp zur trans- oder postmortalen Vollmacht:

Eine trans- oder postmortale Vollmacht kann die Nachlassabwicklung bei ERBFÄLLEN MIT AUSLANDSBERÜHRUNG erleichtern, da das Institut der Testamentsvollstreckung in ausländischen Erbrechtsordnungen oft nicht und wenn dann anders als im deutschen Erbrecht geregelt ist. Hierbei muss aber beachtet werden, dass einige Staaten postmortale Vollmachten (zB Frankreich) oder transmortale Vollmachten (zB Spanien) nicht anerkennen oder sie von Vereinbarungen, Erklärungen oder Formvorgaben abhängig machen.

Anstelle einer VOM ERBLASSER erteilten Vollmacht können DIE ERBEN dem Testamentsvollstrecker eine Vollmacht erteilen. Hierzu stellt die Kommission für europäische Angelegenheiten der internationalen Union des lateinischen Notariats eine INTERNATIONALE NACHLASSVOLLMACHT zur Verfügung, die von den meisten europäischen Staaten anerkannt wird und in die wichtigsten europäischen Sprachen übersetzt ist. Diese kann über die Bundesnotarkammer, Moorenstr. 34, 10117 Berlin bezogen werden.

2. Form der Vollmacht

Die Vollmacht kann vom Erblasser noch zu seinen Lebzeiten grundsätzlich FORMFREI (§ 167 Abs. 2 BGB) erteilt werden. Soll die Vollmacht aber auch in Grundbuchsachen oder im Zusammenhang mit Handelsregisterangelegenheiten oder Kapitalgesellschaften eingesetzt werden, bedarf es einer BEGLAUBIGUNG der Vollmacht (vgl. § 29 GBO, § 12 HGB, § 2 GmbHG). Vorsorglich sollte der Erblasser neben seiner privatschriftlichen Vollmacht eine gesonderte BANKVOLLMACHT unter Verwendung der einschlägigen Vordrucke der Banken und Sparkassen verwenden. Hierbei ist darauf zu achten, dass diese Formulare über den Tod hinauswirken.

Eine postmortale Vollmacht kann der Erblasser auch IN SEINER VERFÜGUNG VON TODES WEGEN erteilen. Da eine Vollmacht als empfangsbedürftige Willenserklärung aber erst mit Zugang beim Bevollmächtigten wirksam wird, muss der Erblasser sicherstellen, dass die in einer letztwilligen Verfügung enthaltene Vollmacht dem Bevollmächtigten auch zugeht. Gem. § 130 Abs. 2 BGB ist dies auch nach dem Tod des Vollmachtgebers möglich.

Expertentipp zur Vollmachtsurkunde:

Muss der Bevollmächtigte im Rechtsverkehr die Vollmachtsurkunde zum Nachweis seiner Vertretungsmacht vorlegen, stellt sich das Problem, dass das ORIGINAL der letztwilligen Verfügung nach dem Erbfall bei den Nachlassakten verbleibt. Bei einer notariell beurkundenden Verfügung von Todes wegen kann der Notar angewiesen werden, dem Bevollmächtigten nach dem Erbfall eine Ausfertigung auszuhändigen. Da die Erteilung der Vollmacht im Testament somit eher unzweckmäßig ist, empfiehlt es sich für den Erblasser, die trans- oder postmortale Vollmacht AUSSERHALB seines Testamentes zu erteilen.

3. Umfang der Vollmacht

Der vom Erblasser eingesetzte Bevollmächtigte vertritt unmittelbar mit Eintritt des Erbfalls die Erben, allerdings nur hinsichtlich des Nachlasses, NICHT auch bezüglich ihres PRIVATVERMÖGENS. Der Bevollmächtigte muss im Rechtsverkehr erkennen lassen, dass er nicht für sich, sondern für die Erben handelt. Beschränkungen des Umfangs der Vertretungsmacht können sich aus besonderen Anordnungen des Erblassers, aus dem VERBOT DES SELBSTKONTRAHIERENS (§ 181 BGB) und aus dem VERBOT DES VOLLMACHTMISSBRAUCHS ergeben.

4. Widerruf der Vollmacht

Ein gewisser Nachteil der trans- oder postmortalen VOLLMACHT ist, dass diese von den Erben ab Eintritt des Erbfalls WIDERRUFEN werden kann, während die TESTAMENTSVOLLSTRECKUNG von den Erben nur im Ausnahmefall über eine gerichtliches ENTLASSUNGSVERFAHREN (§ 2227 BGB) beseitigt werden kann. Eine Besonderheit der Vollmacht ist weiter, dass die Erben trotz Vollmachtserteilung weiter im eigenen Namen handeln können, während sie bei der Testamentsvollstreckung grundsätzlich ihre Verwaltungs- und Verfügungsbefugnisse über den Nachlass verlieren. Die Rechtsstellung des Testamentsvollstreckers, dem zusätzlich Vollmacht erteilt wurde, kann der Erblasser aber dadurch stärken, dass die Beibehaltung der Vollmacht den Erben zur Auflage gemacht wird, deren Einhaltung vom Testamentsvollstrecker überwacht wird. Möglich ist auch, dass die Erfüllung dieser Anordnung zur Bedingung für die Beibehaltung der Erbenstellung gemacht wird.

Mustertext „Vollmacht für den Testamentsvollstrecker“:
Zur Verstärkung seiner Position erteile ich dem Testamentsvollstrecker hiermit zugleich eine Vollmacht, die ihn vom Zeitpunkt meines Ablebens an ermächtigt, in meinem Namen mit Wirkung für und gegen meine Erben zu handeln. Durch Auflage verpflichte ich die Erben, die Vollmacht zu dulden und nicht zu widerrufen, solange das Testamentsvollstreckeramt besteht.

Der Testamentsvollstrecker ist als Bevollmächtigter von den Beschränkungen des § 181 BGB befreit und nicht an den Nachweis der ordnungsgemäßen Verwaltung des Nachlasses gem. § 2216 BGB gebunden. Diese Befreiungen gelten insbesondere, soweit Unternehmen und Unternehmensrechte in meinen Nachlass fallen und soweit der Testamentsvollstrecker im Rahmen der Verwaltung des Nachlasses neue Unternehmen oder Geschäftsanteile an solchen für die Erben erwerben will.

Expertentipp zur Vollmacht im Handels- und Gesellschaftsrecht:
Der Testamentsvollstrecker kann kraft seines Amtes kein Handelsgeschäft führen. Er kann Verbindlichkeiten nur für den Nachlass und nicht für die Erben persönlich eingehen. Könnte der Testamentsvollstrecker das Unternehmen für die Erben fortführen, würde ein Unternehmen mit lediglich beschränkter Haftung entstehen, ohne dass die Aufbringung und Erhaltung eines Haftungskapitals gewährleistet wäre. Zur Lösung des Konflikts zwischen Erbrecht und Handelsrecht wird u.a. die sog. „Vollmachtslösung“ vorgeschlagen, bei

der der Testamentsvollstrecker das Handelsgeschäft als Bevollmächtigter der Erben führt. Einzelheiten hierzu finden sich im 12. Kapitel.

II. Vollmacht der Erben

Die ERBEN SELBST können zwar keine Testamentsvollstreckung anordnen, aber einem Dritten – also auch einem der Miterben – die Verwaltung des Nachlasses übertragen und ihm eine Vollmacht erteilen. Der Erblasser kann dies fördern, indem er die Erben durch aufschiebend bedingte Vermächtnisse, durch auflösend bedingte Erbeinsetzungen oder durch Auflage zur Erteilung einer solchen Vollmacht veranlasst.

EXPERTENTIPP ZUM ERFORDERNIS EINER VOLLMACHT:
Eine Vollmachtserteilung durch die Erben empfiehlt sich zB bei komplexen Nachlässen oder einer Vielzahl von Erbbeteiligten (Erben, Vermächtnisnehmern), wenn der Erblasser entweder keine letztwillige Verfügung errichtet oder darin keine Testamentsvollstreckung angeordnet hat.

Unterschiede zwischen Testamentsvollstreckung und Vollmacht:

- Die Testamentsvollstreckung beginnt mit Amtsannahme (§ 2202 BGB). Die postmortale Vollmacht beginnt mit dem Tod des Vollmachtgebers. Die transmortale Vollmacht beginnt bereits zu Lebzeiten des Erblassers und wirkt über den Erbfall hinaus.
- Die Erben können zwar eine Vollmacht, nicht aber einer Testamentsvollstreckung widerrufen.
- Der Testamentsvollstrecker hat die ausschließliche Verwaltungs- und Verfügungsbefugnis über den Nachlass, während die Erben neben dem Bevollmächtigten konkurrierend handeln können. Die Befugnisse des Testamentsvollstreckers sind in den §§ 2205 ff. BGB normiert, während die Vertretungsmacht des Bevollmächtigten nur über die Vollmacht begrenzt werden kann.
- Die Testamentsvollstreckung endet in der Regel spätestens nach 30 Jahren, während für die Bevollmächtigung keine gesetzliche Zeitgrenze besteht.
- Die Testamentsvollstreckung schützt den Nachlass vor den Eigengläubigern des Erben (§ 2214 BGB), während die Bevollmächtigung keinen Gläubigerschutz bewirkt.
- Die Testamentsvollstreckung schützt den Nachlass auch vor einem Zugriff der Erben (§ 2211 BGB), während bei einer Bevollmächtigung die Erben frei auf den Nachlass zugreifen können.

Auf den Punkt gebracht:
Durch postmortale oder transmortale Vollmachten kann nicht nur ein schnelles Handeln eines Testamentsvollstreckers, der zugleich Bevollmächtigter ist, bereits vor Erteilung eines Testamentsvollstreckerzeugnisses ermöglicht werden. Postmortale und transmortale Vollmachten können auch die Befugnisse und Handlungsmöglichkeiten des Testamentsvollstreckers im internationalen Bereich sowie in Bereichen des Handels- und Gesellschaftsrechts erweitern. Es empfiehlt sich, derartige Vollmachten nicht im Testament, sondern in einer gesonderten Urkunde zu erteilen.

4 Pflichten des Testamentsvollstreckers

Das Amt des Testamentsvollstreckers ist mit einer Vielzahl von Pflichten verbunden, wie beispielsweise der umgehenden Nachlassermittlung und der Erstellung eines Nachlassverzeichnisses. Hinzu kommen diverse Sicherungs-, Verwaltung- und Auskunftspflichten. Das folgende Kapitel gibt einen Überblick über die vom Testamentsvollstrecker nach Annahme seines Amtes umgehend zu erledigenden Sofortmaßnahmen sowie über den Inhalt und den Umfang der Auskunfts-, Rechenschafts- und Verwaltungspflichten des Testamentsvollstreckers.

4. Pflichten des Testamentsvollstreckers

Der Testamentsvollstrecker unterliegt kraft Gesetzes verschiedenen PFLICHTEN. Verletzt der Testamentsvollstrecker seine Pflichten gegenüber den Erben, haftet er für etwaige Schäden mit seinem Privatvermögen (§ 2219 BGB). Einzelheiten zur Schadensersatzhaftung finden sich im 10. Kapitel.

Übersicht „Pflichten des Testamentsvollstreckers“:

- ☐ ERSTELLUNG EINES NACHLASSVERZEICHNISSES. Zunächst muss der Testamentsvollstrecker den Erben unverzüglich – dh sofort nach dem Erbfall und sobald er den Umfang des Vermögens übersieht – ein Verzeichnis der zum Nachlass gehörenden Vermögensgegenstände und der möglichen Schulden des Verstorbenen zukommen lassen (§ 2215 BGB). Jeder Erbe kann verlangen, dass er bei der Aufstellung des Nachlassverzeichnisses hinzugezogen wird.
- ☐ AUSKUNFTS- UND RECHENSCHAFTSPFLICHT. Der Testamentsvollstrecker ist den Erben gegenüber verpflichtet, Auskünfte über seine Tätigkeit zu geben und nach ihrem Ende Rechenschaft abzulegen (§§ 2218 und 666 BGB). Ein Recht auf Zustimmung des oder der Erben zu einzelnen Maßnahmen der Vermögensverwaltung gibt es hingegen nicht. Ein Testamentsvollstrecker tut jedoch gut daran, vor dem Abschluss größerer Geschäfte möglichst die Zustimmung der Erben einzuholen. Am Ende seines Amtes ist er rechenschaftspflichtig und wenn er grobe Fehler begangen hat, haftet er persönlich gegenüber den Erben.
- ☐ SORGFÄLTIGE NACHLASSVERWALTUNG. Der Testamentsvollstrecker muss sein Amt gewissenhaft und sorgfältig führen und das ihm anvertraute Vermögen nicht nur erhalten, sondern möglichst auch vermehren (§ 2216 BGB). Schenkungen darf der Testamentsvollstrecker nicht vornehmen, es sei denn, es handelt sich um Anstands- oder Pflichtschenkungen (§ 2205 S. 3 BGB). Der Testamentsvollstrecker darf auch keine Geschäfte mit sich selbst abschließen, also keine Gegenstände aus dem Nachlass käuflich erwerben (§ 181 BGB), es sei denn, dies wird ihm durch testamentarische Anordnung gestattet. Einzelheiten zur Nachlassverwaltung finden sich im 5. Kapitel.
- ☐ ABGABE DER ERBSCHAFTSTEUERERKLÄRUNG. Der Testamentsvollstrecker hat gem. § 31 Abs. 5 ErbStG die Erbschaftsteuererklärung auf einem amtlichen Vordruck beim zuständigen Erbschaftsteuerfinanzamt abzugeben. Er muss dabei die Erben auch im Hinblick auf lebzeitige Schenkungen des Erblassers befragen und solche Schenkungen in die Erbschaftsteuererklärung mit aufnehmen. Sollten sich die Erben dabei unkooperativ zeigen, sollte auf jeden Fall Fristverlängerung beim Erbschaftsteuerfinanzamt beantragt werden (§ 109 Abs. 1 AO). Einzelheiten hierzu finden sich im 7. Kapitel.

☐ BEZAHLUNG DER ERBSCHAFTSTEUER. Der Testamentsvollstrecker hat auch für die Bezahlung der Erbschaftsteuer zu sorgen (§ 32 Abs. 1 S. 2 ErbStG). Damit korrespondiert sein Recht, den erforderlichen Betrag aus dem Nachlass zu nehmen. Einzelheiten hierzu finden sich im 7. Kapitel.

I. Sofortmaßnahmen nach Amtsannahme

Sobald der Testamentsvollstrecker von seiner Ernennung hat, müssen von ihm relativ kurzfristig wichtige Entscheidungen und Sofortmaßnahmen getroffen werden. Gerade Privatpersonen sind von diesen Aufgaben oft völlig überfordert und laufen so Gefahr, sich haftpflichtig gegenüber den Erben zu machen. Der Testamentsvollstrecker muss sich nicht nur einen raschen Überblick über die maßgeblichen letztwilligen Verfügungen des Erblassers verschaffen, sondern auch über die am Erbfall beteiligten Personen (also Erben, Vermächtnisnehmer, Auflagenbegünstigte und Nachlassgläubiger) um dann zu entscheiden, ob er das ihm angetragene Amt überhaupt annehmen will. Entschließt er sich hierzu, muss er unverzüglich folgende SOFORTMASSNAHMEN einleiten:

1. Inbesitznahme des Nachlasses

Der Testamentsvollstrecker ist gem. § 2205 S. 2 BGB nicht nur berechtigt, die NACHLASSGEGENSTÄNDE IN BESITZ zu nehmen, sondern hierzu auch verpflichtet, da der Erbe aufgrund der Testamentsvollstreckung den Nachlass nicht verwalten kann. Da wegen einer gesetzlichen Fiktion des § 857 BGB der Besitz an den Nachlassgegenständen zunächst auf den Erben übergeht, muss der Testamentsvollstrecker sich den unmittelbaren Besitz an den Nachlassgegenständen verschaffen, die seiner Testamentsvollstreckung unterliegen. Er wird dadurch unmittelbarer Besitzer, der Erbe mittelbarer Besitzer. Weigert sich der Erbe, muss der Testamentsvollstrecker notfalls Klage auf Besitzübertragung erheben. Befinden sich Nachlassgegenstände bei dritten Personen, sind sie dort herauszufordern.

EXPERTENTIPP ZUR INBESITZNAHME DES NACHLASSES:
Bei der Inbesitznahme von beweglichen Gegenständen, insbesondere von Wertgegenständen, empfiehlt es sich, ein PROTOKOLL – gegebenenfalls in Anwesenheit eines Zeugen – zu erstellen.

Für die HERAUSGABEKLAGE des Testamentsvollstreckers ist nicht das Nachlassgericht, sondern das so genannte Prozessgericht zuständig. Da eine Erbengemeinschaft den unmittelbaren Besitz gemeinschaftlich ausübt und nur einheitlich herausgeben kann (§ 2040 BGB), sind diese im Prozess notwendige Streitgenossen (§ 62 ZPO).

Mustertext „Herausgabeklage des Testamentsvollstreckers gegen den Erben“:
Der Beklagte (Erbe bzw. Erbengemeinschaft) wird verurteilt, folgende zum Nachlass des am (Datum) in (Ort) verstorbenen (Name) gehörenden Gegenstände an den Kläger (Testamentsvollstrecker) herauszugeben:

a) Das Grundstück in (Ort, Straße, Hausnummer), vorgetragen im Grundbuch des Amtsgerichts …… für …… Band …… Blatt ……
b) Den PKW …… Modell ……, Kennzeichen ……, Fahrgestellnummer ……
c) ……

Kennt der Testamentsvollstrecker die Zusammensetzung des Nachlasses nicht oder nur teilweise, kann er vom Erben bzw. dem besitzenden Dritten gem. § 260 Abs. 1 BGB AUSKUNFT, gegebenenfalls Versicherung der Richtigkeit der Auskunft gem. § 260 Abs. 2 BGB verlangen. Nach Auskunftserteilung kann der Testamentsvollstrecker die einzelnen Nachlassgegenstände heraus verlangen. Diese drei Ansprüche können gem. § 254 ZPO im Wege einer Stufenklage verbunden werden.

Mustertext „Stufenklage des Testamentsvollstreckers gegen den Erben“:
Der Beklagte (Erbe oder Erbengemeinschaft) wird verurteilt,

a) dem Kläger (Testamentsvollstrecker) Auskunft über den Bestand des Nachlasses des am (Datum) in (Ort) verstorbenen (Name) und über den Verbleib der Nachlassgegenstände zu erteilen,
b) erforderlichenfalls an Eides statt zu versichern, dass der Bestand des Nachlasses nach bestem Wissen so vollständig angegeben wurde, wie der Beklagte hierzu im Stande ist,
c) an den Kläger die nach Erteilung der Auskunft noch zu bezeichnenden Nachlassgegenstände herauszugeben.

Der beklagte Erbe kann gegenüber dem Herausgabeanspruch des Testamentsvollstreckers EINWENDEN, dass

- der Gegenstand nicht der Testamentsvollstreckung unterliege,
- der Testamentsvollstrecker sie gem. § 2217 BGB sofort wieder freigeben müsse oder
- der Testamentsvollstrecker den Gegenstand, den der Erbe besitzt, im Wege der Nachlassauseinandersetzung sofort wieder zuteilen müsse (§ 2042 BGB).

2. Prüfung des eigenen Versicherungsschutzes
BERUFSTRÄGER (wie zB Rechtsanwälte und Notare), die das Amt als Testamentsvollstrecker ausüben, sind von Berufs wegen haftpflichtversichert. „Private" Testamentsvollstrecker können theoretisch eine VERMÖGENS-HAFTPFLICHTVERSICHERUNG mit ausreichender Deckungssumme abschließen. Die Praxis zeigt jedoch, dass es leider äußerst schwierig ist, eine Versicherung zu finden, die auch Privatpersonen als Testamentsvollstrecker versichert.

3. Beantragung eines Testamentsvollstreckerzeugnisses
Damit der Testamentsvollstrecker sein Amt und seine Befugnisse gegenüber dem Rechtsverkehr nachweisen kann, erteilt ihm das Nachlassgericht auf dessen Antrag hin ein TESTAMENTSVOLLSTRECKERZEUGNIS. Einzelheiten zum Antrag auf Erteilung eines Testamentsvollstreckerzeugnisses finden sich im 17. Kapitel.

4. Anlegen einer Testamentsvollstreckerakte
Testamentsvollstreckungen können sich über einen langen Zeitraum hinziehen; die Nachlassakte über Aktiva und Passiva kann äußerst komplex sein und die beteiligten Personen (Erben, Vermächtnisnehmer, Auflagenbegünstigte, Nachlassgläubiger, Behörden, Gerichte, Finanzamt) können zahlreich sein. Der Testamentsvollstrecker muss bereits bei Beginn seiner Tätigkeit sicherstellen, dass er „HERR DES VERFAHRENS" bleibt, sein Amt sachgerecht führt und – bei Krankheit oder Urlaub – ein Vertreter sich schnell in den Sachstand einarbeiten kann. Eine STRUKTURIERT AUFGEBAUTE UND FORTLAUFEND AKTUALISIERTE TESTAMENTSVOLLSTRECKERAKTE vermeidet nicht nur Haftungsrisiken, sondern ermöglicht es dem Testamentsvollstrecker auch, seinen Informations-, Auskunfts- und Rechenschaftsverpflichtungen gegenüber den Erben mit vertretbarem Zeitaufwand nachzukommen.

Musteraufbau „Testamentsvollstreckerakte":

1. KORRESPONDENZ MIT DEN ERBEN
- Kontaktaufnahme
- Information
- Auskunft
- Rechenschaftslegung
- Nachlassverzeichnis
- Nachlassverteilung

2. KORRESPONDENZ MIT DRITTEN
- Banken
- Versicherungen

- Vermieter, Mieter
- Gläubiger
- Schuldner

3. KORRESPONDENZ MIT GERICHTEN
- Annahme des Amtes als Testamentsvollstrecker
- Antrag auf Erteilung eines Testamentsvollstreckerzeugnisses
- Testamentsvollstreckerzeugnis
- Nachlassverzeichnis

4. STEUERANGELEGENHEITEN
- Anschreiben an das Finanzamt
- Erbschaftsteuererklärung
- Erbschaftsteuerbescheid
- Einkommensteuererklärung
- Einkommensteuerbescheid

5. Einrichtung eines Kontos für die Testamentsvollstreckung
Der Testamentsvollstrecker muss das seiner Vollstreckung unterliegende Nachlassvermögen des Erblassers GETRENNT VON SEINEM EIGENVERMÖGEN halten. Er kann hierzu entweder die bestehenden Konten des Erblassers weiterführen oder ein eigenes Nachlasskonto für die Testamentsvollstreckung – bei einem Berufsträger als Anderkonto geführt – einrichten.

6. Stellung eines Postnachsendeauftrages
Der Testamentsvollstrecker sollte baldmöglichst beim Postamt am Wohnort des Erblassers einen formlosen POSTNACHSENDEANTRAG stellen. Hierdurch wird sichergestellt, dass Schriftverkehr, der an den Erblasser adressiert ist (wie zB Kontoauszüge, Rechnungen, Mahnschreiben, Abonnements) an den Testamentsvollstrecker gelangen, der hieraus wichtige Hinweise zu Nachlassaktiva und Passiva entnehmen kann.

7. Kontaktaufnahme mit den am Erbfall Beteiligten
Das Verhältnis zwischen dem Testamentsvollstrecker und den Erbe ist nicht selten von einem gewissen Misstrauen geprägt. Um dem vorzubeugen, sollte der Testamentsvollstrecker sobald als möglich mit den am Erbfall beteiligten Personen (also den Erben, Vermächtnisnehmern und Auflagenbegünstigten) in Form eines ANSCHREIBENS Kontakt aufnehmen und hierin erläutern,

- aufgrund welcher letztwilligen Verfügung des Erblassers er zum Testamentsvollstrecker ernannt wurde,
- welche Aufgaben ihm nach dem letzten Willen des Erblassers übertragen worden sind,

- welche Rechte und Pflichten er als Testamentsvollstrecker kraft Gesetzes hat,
- welche weiteren Schritte von ihm zu veranlassen sind,
- welche Informationen und Unterlagen er von den beteiligten Personen benötigt,
- wie sich seine Vergütung regelt.

Expertentipp zur Vergütung:
Hat der Erblasser in seiner Verfügung von Todes wegen entweder keine ausdrückliche Vergütungsregelung getroffen oder muss der Testamentsvollstrecker annehmen, dass die festgelegte VERGÜTUNG im Hinblick auf den zu erwartenden Arbeitsaufwand und dem damit verbundenen Haftungsrisiko zu gering ist, sollte der Testamentsvollstrecker bereits mit dem ersten Anschreiben eine – für alle Beteiligten faire – Vergütung vorschlagen und eine entsprechende Vergütungsvereinbarung dem Anschreiben beilegen. Weigern sich alle oder einzelne Miterben diese Vereinbarung zu unterzeichnen, tut der Testamentsvollstrecker meist gut daran, sein Amt niederzulegen.

Mustertext „Vergütungsvereinbarung“:
Zwischen der Erbengemeinschaft (Name und Anschrift aller Miterben)

und

dem Testamentsvollstrecker (Name, Anschrift)

wird in der Nachlasssache (Name), verstorben am (Datum) vereinbart, dass für den Vergütungsanspruch des Testamentsvollstreckers die Vergütungsempfehlungen des Deutschen Notarvereins, die dieser Vereinbarung als Anlage beigefügt ist, gelten.

(Unterschriften)

II. Bestandsaufnahme des Nachlasses

Zu den Hauptaufgaben des Testamentsvollstreckers gehört es, den Nachlass zu KONSTITUIEREN. Hierzu muss er Nachforschungen anstellen, um so das zu verwaltende Nachlassvermögen feststellen zu können.

1. Vermögen bei Banken

Erste Hinweise auf Bankkonten oder Schließfächer können sich aus der Durchsicht der POST DES ERBLASSERS ergeben. Hierzu sollte ein Postnachsendeauftrag eingerichtet werden. Auch das SOZIALE UMFELD DES ERBLASSERS (wie zB Familienangehörige, Lebensgefährten, Steuerberater, Pflegekräfte) kann Hinweise auf Bankverbindungen oder Bankvermögen geben. Der Testamentsvollstrecker sollte zusätzlich bei folgenden Organisationen wegen etwaiger KONTEN DES ERBLASSERS anfragen:

- Bundesverband deutscher Banken, Burgstraße 28, 10178 Berlin
- Ostdeutscher Bankenverband, Hohenzollerndamm 178, 10713 Berlin
- Deutscher Sparkassen- und Giroverband, Chalottenstraße 47, 10117 Berlin
- Verband Öffentlicher Banken Deutschlands, Lennéstraße 17, 10785 Berlin
- Bundesverband der Deutschen Volksbanken und Raiffeisenbanken, Schellingstraße 4, 10785 Berlin
- Deutsche Postbank AG, Bundeskanzlerplatz 6, 53113 Bonn

EXPERTENTIPP ZUM TESTAMENTSVOLLSTRECKERZEUGNIS: Einige Banken und Versicherungen begnügen sich nicht mit einfachen Kopien des Testamentsvollstreckerzeugnisses. Es empfiehlt sich deshalb, vom Nachlassgericht mehrere gerichtlich BEGLAUBIGTE ZWEITSCHRIFTEN DES TESTAMENTSVOLLSTRECKERZEUGNISSES fertigen zu lassen.

Wegen etwaiger BAUSPARVERTRÄGE kann bei der Bundesgeschäftsstelle der Landesbausparkassen, Chalottenstraße 47, 10117 Berlin nachgefragt werden. Bezüglich SCHWEIZER KONTEN kann beim Bankenombudsmann, Bahnhofplatz 9, CH-8021 Zürich angefragt werden.

Mustertext „Kontenermittlung“:

Sehr geehrte Damen und Herren,

diese Schreiben richte ich an Sie in meiner Eigenschaft als Testamentsvollstrecker über den Nachlass des am (Sterbedatum) verstorbenen (Vorname, Name und letzter Wohnsitz des Erblassers). Zum Nachweis füge ich eine beglaubigte Abschrift des mir erteilten Testamentsvollstreckerzeugnisses des Amtsgerichts (Ort), Nachlassgericht, (Adresse) vom (Datum) sowie eine Sterbeurkunde des Erblassers bei.

Ich bitte, sämtliche Konten des oben genannten Erblassers zu ermitteln und mir hierüber Mitteilung zu machen. Die hierbei anfallenden Kosten werden von mir getragen.

Mit freundlichen Grüßen

(Testamentsvollstrecker)

Sämtliche, dem Testamentsvollstrecker bekannt gewordenen Banken und Sparkassen sollten unverzüglich angeschrieben werden. Dabei sind vorsorglich sämtliche vom Erblasser erteilte BANKVOLLMACHTEN ZU WIDERRUFEN und etwaige EC-KARTEN ODER KREDITKARTEN ZU SPERREN.

Mustertext „Anschreiben an Banken":
Sehr geehrte Damen und Herren,

diese Schreiben richte ich an Sie in meiner Eigenschaft als Testamentsvollstrecker über den Nachlass des am (Sterbedatum) verstorbenen (Vorname, Name und letzter Wohnsitz des Erblassers). Zum Nachweis füge ich eine beglaubigte Abschrift des mir erteilten Testamentsvollstreckerzeugnisses des Amtsgerichts (Ort), Nachlassgericht, (Adresse) vom (Datum) sowie eine Sterbeurkunde des Erblassers bei.

Ich darf Sie bitten, mir

- zu allen Konten des Erblassers in Ihrem Hause den jeweiligen Kontostand zum Todestag (Datum) sowie zum Tag der Annahme der Testamentsvollstreckung (Datum) mitzuteilen,
- zu allen Konten eine Verlaufsübersicht für den Zeitraum vom (Datum) bis (Datum) zu erteilen,
- Ablichtungen der Kontoeröffnungsanträge, evtl. Darlehensverträge, Bürgschaften, der Kontoführungskarte und evtl. Bankvollmachten und Daueraufträge zu übersenden.

Weiter bitte ich, mir Ihre Anzeige gem. § 33 Erbschaftsteuergesetz in Abschrift zu übermitteln.

Bitte vermerken Sie meine ausschließliche Kontoführungsbefugnis.

Vorsorglich widerrufe ich hiermit alle vom Erblasser erteilten Bankvollmachten und Daueraufträge. Lastschriften und Einzügen widerspreche ich auch rückwirkend.

Etwaige EC-Karten oder Kreditkarten des Erblassers bitte ich sofort zu sperren.

Mit freundlichen Grüßen

(Testamentsvollstrecker)

EXPERTENTIPP ZUM IDENTITÄTSNACHWEIS: Damit der Testamentsvollstrecker über Nachlasskonten verfügen kann, verlangen Banken regelmäßig eine so genannte IDENTITÄTSBESTÄTIGUNG. Diese kann er zB bei seiner eigenen Bank erbitten/erstellen.

2. Ermittlung von Lebensversicherungen

Der Testamentsvollstrecker muss auch ermitteln, ob der Erblasser eine LEBENSVERSICHERUNG zu Gunsten Dritter abgeschlossen hat. Derartige Zuwendungen können unter Miterben gem. § 2050 BGB ausgleichungspflichtig, bei einem Pflichtteilsberechtigten gem. § 2315 BGB anrechenbar und im Rahmen der Berechnung eines Pflichtteilsergänzungsanspruches gem. § 2325 BGB zu berücksichtigen sein. Der Testamentsvollstrecker sollte deshalb beim Gesamtverband der Deutschen Versicherungswirtschaft e. V., Wilhelmstr. 43/43G, 10117 Berlin nach etwaigen Lebensversicherungen des Erblassers fragen. Dieser hat zwar den bisherigen Umfragedienst eingestellt, doch sendet der Verband ein Mitgliederverzeichnis der angeschlossenen Lebensversicherungsunternehmen zu.

Expertentipp zum Vertrag zu Gunsten Dritter:

Bei einem Vertrag zu Gunsten Dritter auf den Todesfall (§ 331 BGB) liegt im so genannten Valutaverhältnis zwischen dem Erblasser und dem begünstigtem Dritten häufig eine SCHENKUNG vor, bei der die entsprechende Einigung im Sinne von § 516 BGB häufig erst nach dem Tod des Erblassers zustande kommt. Der Testamentsvollstrecker muss unverzüglich nach Bekanntwerden einer Lebensversicherung prüfen, ob ein WIDERRUF des vom Erblasser erklärten Schenkungsangebots vor Zugang beim Dritten einer ordnungsgemäßen Nachlassverwaltung entspricht. Dies dürfte aber nur in Ausnahmefällen anzunehmen sein.

Mustertext „Anschreiben an die Lebensversicherung":

Sehr geehrte Damen und Herren,

diese Schreiben richte ich an Sie in meiner Eigenschaft als Testamentsvollstrecker über den Nachlass des am (Sterbedatum) verstorbenen (Vorname, Name und letzter Wohnsitz des Erblassers). Zum Nachweis füge ich eine beglaubigte Abschrift des mir erteilten Testamentsvollstreckerzeugnisses des Amtsgerichts (Ort), Nachlassgericht, (Adresse) vom (Datum) sowie eine Sterbeurkunde des Erblassers bei.

Nach den mir vorliegenden Informationen hat der Erblasser mit der (Name) Lebensversicherungs AG eine Lebensversicherung zu Gunsten von (Bezugsberechtigter) abgeschlossen.

Bitte teilen Sie mir die Höhe und die Fälligkeit der auszuzahlenden Versicherungssumme mit.

Bezüglich des Bezugsrechts zu Gunsten von (Bezugsberechtigter) widerrufe ich vorsorglich einen etwaigen Ihnen gegenüber erteilten Auftrag des Erblassers, den Eintritt des Versicherungsfalls und die Zuwendung der Auszahlungssumme dieser Person mitzuteilen.

Mit freundlichen Grüßen

(Testamentsvollstrecker)

III. Konstituierung

Die Konstituierung des Nachlasses schafft die GRUNDLAGE FÜR DIE SPÄTERE TÄTIGKEIT des Testamentsvollstreckers.

Aus diesem Grunde hat der Testamentsvollstrecker nach der Annahme des Amtes den Nachlass zu KONSTITUIEREN. Hierzu muss der Testamentsvollstrecker

- sich umfassend Kenntnis über den zu verwaltenden Nachlass verschaffen;
- den Nachlass in Besitz nehmen (§ 2205 S. 2 BGB);
- unverzüglich in einem Nachlassverzeichnis die Nachlassgegenstände und Nachlassverbindlichkeiten auflisten (§ 2215 BGB);
- die vom Erblasser herrührenden Verbindlichkeiten und die Erbschaftsteuerschuld begleichen.

Mit Erledigung dieser Aufgaben ist die Konstituierung des Nachlasses BEENDET und die Grundlage für eine ordnungsgemäße Amtsführung und Abwicklung durch den Testamentsvollstrecker geschaffen.

EXPERTENTIPP ZUR VERGÜTUNG:
Für diese Tätigkeit erhält der Testamentsvollstrecker eine sogenannte KONSTITUIERUNGSGEBÜHR . Einzelheiten zur Testamentsvollstreckervergütung finden sich im 11. Kapitel.

IV. Nachlassverzeichnis

1. Zweck des Nachlassverzeichnisses
Gem. § 2215 Abs. 1 BGB muss der Testamentsvollstrecker dem Erben (bzw. allen Miterben) UNVERZÜGLICH nach Annahme seines Amtes – ohne eine Aufforderung des Erben abwarten zu können – ein VERZEICHNIS über die seiner Verwaltung unterliegenden Nachlassgegenstände und die ihm bekannten Nachlassverbindlichkeiten mitzuteilen. Nur auf Grundlage dieses Nachlassverzeichnisses können die Erben ihre KONTROLLRECHTE (Information, Auskunft und Rechnungslegung) ausüben.

Das Nachlassverzeichnis dient aber auch dem SELBSTSCHUTZ DES TESTAMENTSVOLLSTRECKERS, da sich die Verpflichtung zur Rechnungslegung und Nachlassherausgabe (§§ 2218, 666, 667 BGB) und damit mittelbar der Umfang einer evtl. Haftung des Testamentsvollstreckers (§ 2219 BGB) hieraus ergibt.

Erstellt der Testamentsvollstrecker trotz Mahnung und Fristsetzung kein ordnungsgemäßes Nachlassverzeichnis, kann darin eine schuldhaft grobe Pflichtverletzung liegen, die eine ENTLASSUNG des Testamentsvollstreckers (§ 2227 BGB) rechtfertigen kann.

Da die Erstellung eines Nachlassverzeichnisses eine wesentliche Pflicht des Testamentsvollstreckers ist, kann ihre Verletzung auch SCHADENERSATZANSPRÜCHE der Erben begründen. (§ 2219 Abs. 1 BGB).

EXPERTENTIPP ZUR ZÜGIGEN ERSTELLUNG DES NACHLASSVERZEICHNISSES:
Dem Testamentsvollstrecker ist also zu raten, das geschuldete Nachlassverzeichnis unverzüglich, ohne Aufforderung eines Erben, und vollständig zu erstellen. Hierzu muss er gegebenenfalls ein zunächst erstelltes Nachlassverzeichnis später ergänzen oder berichtigen.

Während der LAUFENDEN Testamentsvollstreckung ist auf Verlangen der Erben ein weiteres BESTANDSVERZEICHNIS vorzulegen, wenn der Testamentsvollstrecker Maßnahmen vornimmt, welche den Nachlass erheblich beeinflussen.

2. Inhalt des Nachlassverzeichnisses
Das Verzeichnis muss nur diejenigen Gegenstände umfassen, die der VERWALTUNG des Testamentsvollstreckers unterliegen. Aufzunehmen sind weiter die dem Testamentsvollstrecker bekannten NACHLASSVERBINDLICHKEITEN.

Nachlassgegenstände und Verbindlichkeiten, deren Zugehörigkeit zum Nachlass (noch) ZWEIFELHAFT ist, sind – mit einer entsprechenden Erläuterung – ebenfalls aufzunehmen. Gerade bei beweglichen Gegenständen kann die Feststellung des Nachlasses erhebliche Schwierigkeiten bereiten. Der Testamentsvollstrecker ist deshalb verpflichtet, alle ihm zur Verfügung stehenden Erkenntnismöglichkeiten auszuschöpfen und vor allem alle ihm verfügbaren Urkunden und sonstige Unterlagen zu sichten und zu überprüfen.

Grundsätzlich ist jeder Nachlassgegenstand (auch Kleidungsstücke, Hausrat, persönliche Dinge) einzeln aufzuführen. Dies wird man dahingehend einzuschränken haben, dass GEGENSTÄNDE OHNE NENNENSWERTEN WERT nicht einzeln gelistet werden müssen. Eine genaue Beschreibung der Nachlassgegenstände ist ebenso wenig geschuldet, wie die Angabe eines Wertes oder eine Wertermittlung durch Dritte (zB Sachverständige). Pauschale Wertangaben sind aber durchaus empfehlenswert, um etwa die Höhe der Gerichtsgebühren für die Testamentseröffnung und die Erteilung des Erbscheins bzw. des Testamentsvollstreckerzeugnisses zu ermitteln.

3. Stichtag des Nachlassverzeichnisses

In § 2215 BGB ist nicht ausdrücklich bestimmt, zu welchem STICHTAG der Testamentsvollstrecker das Nachlassverzeichnis zu erstellen hat. Richtig dürfte sein, den Nachlassbestand zum ZEITPUNKT DER AMTSANNAHME und nicht bezogen auf den Erbfall anzugeben. Sinnvollerweise wird der Testamentsvollstrecker ihm bekannte Veränderungen zwischen dem Erbfall und der Amtsannahme in seinem Nachlassverzeichnis vermerken.

4. Form des Nachlassverzeichnisses

Gem. § 2215 Abs. 2 BGB ist das Nachlassverzeichnis vom Testamentsvollstrecker mit Angabe des Aufnahmetages – der nicht zwingend identisch mit dem Stichtag ist – zu UNTERZEICHNEN. Hieraus ergibt sich mittelbar die SCHRIFTFORMERFORDERNIS für das gesamte Verzeichnis. Im Falle eines – auch stillschweigend möglichen – Verzichts der Erben genügt eine mündliche Auskunft. Auf Verlangen der Erben muss der Testamentsvollstrecker seine Unterschrift gem. § 2215 Abs. 2 BGB von einem Notar BEGLAUBIGEN lassen.

BELEGE sind dem Verzeichnis nicht beizulegen. Es entspricht aber einer ordnungsgemäßen Verwaltung, dass zB Konto- und Depotauszüge in Kopie beigefügt werden.

Gem. § 2215 Abs. 3 BGB kann der Erbe verlangen, dass er vom Testamentsvollstrecker bei der Erstellung des Nachlassverzeichnisses HINZUGEZOGEN wird. Hierzu muss ihm rechtzeitig der Termin zur Aufnahme des Verzeichnisses mitgeteilt werden. Der Erbe ist – auch wenn dies der

Testamentsvollstrecker wünscht oder verlangt – weder zur persönlichen Anwesenheit verpflichtet, noch zur Unterzeichnung des Nachlassverzeichnisses.

EXPERTENTIPP ZUM AMTLICHEN VERZEICHNIS: Muss der Testamentsvollstrecker davon ausgehen, dass der bzw. die Erben seine Amtsführung beanstanden, kann es sich empfehlen vorsorglich ein AMTLICHES Verzeichnis errichten zu lassen.

Gem. § 2215 Abs. 4 BGB ist der Testamentsvollstrecker berechtigt – und auf Verlangen des Erben verpflichtet – das Nachlassverzeichnis in AMTLICHER FORM aufnehmen zu lassen. Für die amtliche Nachlassaufnahme ist in den meisten Bundesländern der Notar, in einigen Bundesländern auch oder nur das Amtsgericht oder der Gerichtsvollzieher zuständig.

Nur wenn Grund zur Annahme besteht, dass der Testamentsvollstrecker das Verzeichnis nicht mit der erforderlichen Sorgfalt angefertigt hat, können die Erben vom Testamentsvollstrecker verlangen, dass er die Richtigkeit des Verzeichnisses gem. §§ 2218 Abs. 1, 666, 259, 260 BGB EIDESSTATTLICH VERSICHERT. Ein solcher Grund zum Misstrauen kann zB dann bestehen, wenn der Testamentsvollstrecker versucht, die Auskunft „mit juristischen Mitteln“ zu verzögern oder zu verhindern.

Ein ausführliches MUSTER EINES NACHLASSVERZEICHNISSES findet sich im Anhang.

5. Mitteilung des Nachlassverzeichnisses

Das Nachlassverzeichnis ist gem. § 2215 BGB UNAUFGEFORDERT jedem Miterben – dem Nacherben erst nach Eintritt des Nacherbfalls – ZU ÜBERMITTELN. Diese Verpflichtung besteht auch gegenüber dem Pfändungsgläubiger oder dem Nießbrauchsberechtigten an einem Erbteil, nicht aber gegenüber dem Vermächtnisnehmer oder dem Pflichtteilsberechtigten. Die Mitteilung eines Nachlassverzeichnisses kann der Erbe notfalls EINKLAGEN.

Mustertext „Klage gegen den Testamentsvollstrecker auf Erstellung des Nachlassverzeichnisses“:
Der Beklagte (Testamentsvollstrecker) wird verurteilt, dem Kläger (Erben) ein Verzeichnis über den Nachlass des am (Todestag) in (Ort) verstorbenen (Erblassers) mitzuteilen.

6. Kosten des Nachlassverzeichnisses

Die Kosten für die Aufnahme des Nachlassverzeichnisses sowie etwaige Kosten für die Unterschriftsbeglaubigung oder die amtliche Aufnahme trägt gem. § 2215 Abs. 5 BGB der NACHLASS. Die Kosten einer eidesstattlichen Versicherung muss gem. § 261 Abs. 3 BGB demgegenüber derjenige tragen, der diese verlangt. Wird ein Rechtsanwalt von einem juristischen

Laien mit der Erstellung des Nachlassverzeichnisses beauftragt, kann er dafür in der Regel eine 1,3 Geschäftsgebühr (VV RVG Nr. 2300) aus 10 % des Bruttonachlasses berechnen.

Auf den Punkt gebracht:
Die umgehende und vollständige Erstellung eines Nachlassverzeichnisses ist zwingende Voraussetzung für eine ordnungsgemäße Erfüllung des Amtes als Testamentsvollstrecker. Dies insbesondere, weil das Nachlassverzeichnis nicht nur dem Erben einen Überblick über den Nachlass und über die der Verwaltung des Testamentsvollstreckers unterliegenden Gegenstände vermittelt, sondern letztlich auch den Testamentsvollstrecker vor (unbegründeten) Schadensersatzansprüchen schützt, indem es endgültig und klar dokumentiert, welche Gegenstände zu Beginn der Testamentsvollstreckung vorhanden waren.

5 Verwaltung des Nachlasses

Der Testamentsvollstrecker hat den der Testamentsvollstreckung unterliegenden Nachlass ordnungsgemäß zu verwalten. Er hat Verwaltungsanordnungen des Erblassers zu beachten und wenn solche nicht vorliegen, wirtschaftlich, vernünftig und nachvollziehbar die ihm obliegenden Aufgaben zu erfüllen. Eine schuldhaft nicht ordnungsgemäße Verwaltung kann nicht nur Schadensersatzansprüche des Testamentsvollstreckers begründen, sondern auch zu seiner Entlassung führen.

5. Verwaltung des Nachlasses

Der Testamentsvollstrecker hat den Nachlass ab dem Zeitpunkt der Amtsannahme bis zur Auseinandersetzung ORDNUNGSGEMÄSS ZU VERWALTEN (§§ 2205 S. 1, 2216 Abs. 1 BGB). Er hat hierbei etwaige vom Erblasser durch letztwillige Verfügung getroffenen VERWALTUNGS-ANORDNUNGEN zu befolgen (§ 2216 Abs. 2 S. 1 BGB), es sei denn, diese sind durch das Nachlassgericht außer Kraft gesetzt worden (§ 2216 Abs. 2 S. 2 BGB).

§ 2216 BGB Ordnungsmäßige Verwaltung des Nachlasses, Befolgung von Anordnungen:

(1) Der Testamentsvollstrecker ist zur ordnungsmäßigen Verwaltung des Nachlasses verpflichtet.

(2) Anordnungen, die der Erblasser für die Verwaltung durch letztwillige Verfügung getroffen hat, sind von dem Testamentsvollstrecker zu befolgen. Sie können jedoch auf Antrag des Testamentsvollstreckers oder eines anderen Beteiligten von dem Nachlassgericht außer Kraft gesetzt werden, wenn ihre Befolgung den Nachlass erheblich gefährden würde. Das Gericht soll vor der Entscheidung, soweit tunlich, die Beteiligten hören.

EXPERTENTIPP ZUR UNABDINGBARKEIT DER ORDNUNGSGEMÄSSEN VERWALTUNG:
Der Erblasser kann den Testamentsvollstrecker von der Pflicht zur Beachtung der Grundsätze einer ordnungsgemäßen Verwaltung NICHT BEFREIEN (§ 2220 BGB).

Hat der Erblasser keine Anordnungen getroffen, richten sich die Verwaltungsziele nach dem Zweck der Anordnung der Testamentsvollstreckung und den Umständen des Einzelfalls.

I. Verwaltungsanordnungen des Erblassers

Die Alleinentscheidungskompetenz des Testamentsvollstreckers über die Art der Verwaltung wird gem. § 2216 Abs. 2 S. 1 BGB dann eingeschränkt, wenn der Erblasser durch letztwillige Verfügungen entsprechende ANORDNUNGEN FÜR DIE VERWALTUNG getroffen hat. Die Erben können gegen den Testamentsvollstrecker auf Befolgung einer Verwaltungsanordnung klagen. Dem NACHLASSGERICHT kommt demgegenüber kein allgemeines Aufsichtsrecht über den Testamentsvollstrecker zu, und zwar selbst dann nicht, wenn der Erblasser dies angeordnet hat. Abweichende Anordnungen oder Wünsche DER ERBEN muss der Testamentsvollstrecker nicht zu befolgen.

1. Folgen von Verstößen gegen Anordnungen des Erblassers

Missachtet der Testamentsvollstrecker Anordnungen des Erblassers – bewusst oder wegen Irrtums –, stellt sich die Frage, ob die Maßnahme hierdurch UNWIRKSAM wird. Hierbei muss wie folgt UNTERSCHIEDEN werden:

- BESCHRÄNKUNGEN DER VERFÜGUNGSBEFUGNIS des Testamentsvollstreckers im Sinne von § 2208 Abs. 1 S. 1 BGB haben zur Folge, dass Verstöße gegen diese Beschränkungen zur Unwirksamkeit des Rechtsgeschäftes des Testamentsvollstreckers führen. Über Verfügungsbeschränkungen können sich Testamentsvollstrecker und (alle) Erben nur einvernehmlich hinwegsetzen.
- BLOSSE VERWALTUNGSANORDNUNGEN im Sinne des § 2216 Abs. 2 S. 1 BGB führen demgegenüber nicht zur Unwirksamkeit des dagegen verstoßenden Rechtsgeschäfts. Auch können sie vom Nachlassgericht gem. § 2216 Abs. 2 S. 2 BGB außer Kraft gesetzt werden.
- Hat der Erblasser in seiner letztwilligen Verfügung lediglich WÜNSCHE, BITTEN UND HOFFNUNGEN geäußert und deren Beachtung letztlich in das freie Belieben des Testamentsvollstreckers gestellt, besteht grundsätzlich keine Folgepflicht für den Testamentsvollstrecker.
- Äußerungen des Erblassers AUSSERHALB EINER LETZTWILLIGEN VERFÜGUNG können allenfalls einen bloßen Auftrag darstellen und als solcher von den Erben gem. § 671 BGB jederzeit widerrufen werden.

Der Testamentsvollstrecker hat zu Beginn seiner Verwaltungstätigkeit die in der letztwilligen Verfügung enthaltenen Äußerungen des Erblassers dahingehend AUSZULEGEN, ob eine dinglich wirkende Verfügungsbeschränkung (§ 2208 Abs. 1 S. 1 BGB), eine Verwaltungsanordnung nach § 2216 Abs. 2 S. 1 BGB oder lediglich ein Wunsch oder eine Bitte des Erblassers vorliegt.

EXPERTENTIPP ZUR FESTSTELLUNGSKLAGE ÜBER EINE ANORDNUNG DES ERBLASSERS:
Können sich die Erben und der Testamentsvollstrecker über die Auslegung einer Anordnung nicht einigen, kann diese Frage im Rahmen einer FESTSTELLUNGSKLAGE vor dem Prozessgericht geklärt werden.

Mustertext „Verfügungsbeschränkung des Testamentsvollstreckers“:
Dem Testamentsvollstrecker ist es untersagt, mein Einfamilienhaus in ...... zu Lebzeiten meiner Ehefrau zu veräußern oder zu belasten.

Mustertext „Verwaltungsanordnung des Erblassers“:
Mein Einfamilienhaus in ...... soll nicht unter EUR 600.000 verkauft werden.

Mustertext „Bloßer Wunsch des Erblassers":
Mein Einfamilienhaus in ...... soll nach Möglichkeit im Besitz der Familie bleiben.

2. Außerkraftsetzung von Erblasseranordnungen
Vorgaben des Erblassers entsprechen – gerade wenn die letztwillige Verfügung längere Zeit zurückliegt – nicht immer den wirtschaftlichen Verhältnissen während der Amtsausführung. Will der Testamentsvollstrecker eine – nach seinem Dafürhalten nicht sinnvolle – Anordnung des Erblassers „korrigieren", ist wie folgt zu UNTERSCHEIDEN:

- Dinglich wirkende VERFÜGUNGSBESCHRÄNKUNGEN (§ 2208 Abs. 1 S. 1 BGB) müssen zwingend beachtet werden.
- LEDIGLICH SCHULDRECHTLICH WIRKENDE Verwaltungsanordnungen (§ 2216 Abs. 2 S. 1 BGB) können vom Testamentsvollstrecker missachtet werden, allerdings mit dem Risiko, dass Erben Schadenersatzansprüche gem. § 2219 BGB geltend machen und eine Entlassung des Testamentsvollstreckers gem. § 2227 BGB droht. Dem Testamentsvollstrecker ist in diesem Fall anzuraten, vorher eine ZUSTIMMUNG ALLER MITERBEN einzuholen.
- Verweigern die Erben eine derartige Zustimmung, kann der Testamentsvollstrecker beim Nachlassgericht die AUSSERKRAFTSETZUNG DER ANORDNUNG gem. § 2216 Abs. 2 S. 2 BGB beantragen, wenn die Besorgnis einer erheblichen Nachlassgefährdung besteht. So kann etwa das Verbot, ein Nachlassgrundstück unter einem bestimmten Preis zu verkaufen, Anlass zur Aufhebung geben, wenn dieser Preis in absehbarer Zeit nicht zu erzielen ist. Auch eine wirtschaftliche Gefährdung der nachlassbeteiligten Personen kann zur Außerkraftsetzung der Anordnung führen. NICHT AUSREICHEND ist dagegen, wenn die Erblasseranordnung lediglich lästig oder unzweckmäßig ist.

EXPERTENTIPP ZU DEN GRENZEN EINER AUSSERKRAFTSETZUNG:
Eine Außerkraftsetzung gem. § 2216 Abs. 2 S. 2 BGB ist nicht möglich bezüglich der Testamentsvollstreckung als solche, über deren Dauer, die Zahl der Testamentsvollstrecker, ihre Vergütung sowie bezüglich Auflagen oder Vermächtnisse, weil es sich hierbei nicht um Verwaltungsmaßnahmen handelt.

Mustertext „Antrag auf Außerkraftsetzung einer Erblasseranordnung":
Die Anordnung des Erblassers (Name) in seinem Testament vom (Datum):

„Mein Einfamilienhaus in ...... darf nicht unter einem Preis von EUR 600.000 verkauft werden."

wird außer Kraft gesetzt.

II. Nachlassverwaltung ohne Erblasseranordnung

Hat der Erblasser keine Verwaltungsanordnung im Sinne des § 2216 Abs. 2 BGB und keine Verfügungsbeschränkung gem. § 2208 BGB getroffen, entscheidet der Testamentsvollstrecker gem. § 2216 Abs. 1 BGB allein über die Art der Nachlassverwaltung.

Zur Nachlassverwaltung zählen:

- Maßnahmen zur Erhaltung, Sicherung, Nutzung und Vermehrung des verwalteten Vermögens,
- das Eingehen von Verpflichtungen (§§ 2206, 2207 BGB),
- der Abschluss von Verträgen,
- der Erwerb von Sachen und Rechten,
- die Verfügung über Nachlassgegenstände,
- das Führen von Rechtstreitigkeiten,
- die Entgegennahme von Willenserklärungen und
- Maßnahmen tatsächlicher Art.

Der Testamentsvollstrecker hat grundsätzlich den GESAMTEN Nachlass zu verwalten, es sei denn die Testamentsvollstreckung bezieht sich nur auf einen entsprechenden ERBTEIL oder auf einen bestimmten NACHLASSGEGENSTAND.

EXPERTENTIPP ZUR „VERJÄHRUNG“:
Eine VERFÜGUNG des Testamentsvollstreckers über Nachlassgegenstände liegt vor, wenn der Testamentsvollstrecker unmittelbar auf einen zum Nachlass gehörenden Gegenstand, somit auf ein BESTEHENDES RECHT oder eine BESTEHENDE SACHE, einwirkt durch Übertragung, Belastung, Aufhebung oder inhaltliche Änderung dieses Gegenstandes.

1. Inhalt und Grenzen der ordnungsgemäßen Verwaltung

An die Ordnungsmäßigkeit der Nachlassverwaltung werden nach OBJEKTIVEN Gesichtspunkten STRENGE Anforderungen gestellt. Der UMFANG DER VERWALTUNGSPFLICHT wird in erster Linie durch die vom Erblasser im Testament festgelegten AUFGABEN bestimmt. Dabei ist dem Testamentsvollstrecker ein angemessener, nicht engherzig zu bestimmender ERMESSENSSPIELRAUM zuzubilligen, der ihm genügend Raum für eine Eigeninitiative lässt. Der Testamentsvollstrecker ist angehalten, im Einzelfall wirtschaftlich, vernünftig und aus allgemein nachvollziehbaren Gründen zu handeln. Da die Ordnungsmäßigkeit der Verwaltung anhand aller Umstände des Einzelfalls zu beurteilen ist, kann sogar eine Veräußerung von Nachlassgegenständen unter dem Verkehrswert gerechtfertigt sein, wenn keine andere Verwertungsmöglichkeit besteht und der Erlös für die Erhaltung des sonstigen Nachlasses notwendig ist. Der Testamentsvollstrecker darf sich aber nicht mit einem mäßigen Erfolg begnügen, wenn die Möglichkeit der Erzielung eines besseren Ergebnisses besteht.

Der Testamentsvollstrecker ist zu KONTROLLMASSNAHMEN verpflichtet, um rechtzeitig drohenden Gefahren und Verlusten zu begegnen. Bloße Zweckmäßigkeitsfragen entscheidet alleine der Testamentsvollstrecker, da anderenfalls seine Tätigkeit lahmgelegt wäre.

EXPERTENTIPP ZUR MÖGLICHEN ABSTIMMUNG MIT DEN ERBEN:
Da der Testamentsvollstrecker also letztlich einem gewissen Erfolgszwang unterworfen ist, andererseits aber auch die Substanz des Nachlasses erhalten muss, sollten wichtige Anlagenentscheidungen vom Testamentsvollstrecker sorgfältig nach Einholung verschiedener ALTERNATIVEN vorbereitet und MIT DEN ERBEN ABGESTIMMT werden.

Eine LÄNGER DAUERNDE NACHLASSVERWALTUNG oder ein BESONDERS STRUKTURIERTER NACHLASS, welcher zB ein Unternehmen oder größeres Kapitalvermögen enthält, verlangt vom Testamentsvollstrecker ein hohes Maß an unternehmerischer Eigeninitiative. Er ist dabei nicht an den Grundsatz des „sichersten Wegs" gebunden. LEITBILD ist der zwar umsichtige und solide, aber „dynamische" Geschäftsführer, der die Risiken und Chancen einer Vermögensanlage kalkuliert. Zulässig sind deshalb auch spekulative Anlagen, sofern diese nicht den gesamten Nachlass oder Teile hiervon erfassen. Der Testamentsvollstrecker ist also nicht verpflichtet, den Nachlasswert „MÜNDELSICHER" anzulegen.

2. Folgen einer nicht ordnungsgemäßen Verwaltung

Der Testamentsvollstrecker HAFTET den geschädigten Erben oder den Vermächtnisnehmern gegenüber gem. § 2219 BGB im Falle einer schuldhaften Pflichtverletzung. Grobe Pflichtverletzungen oder eine Unfähigkeit des Testamentsvollstreckers können seine ENTLASSUNG durch das Nachlassgericht gem. § 2227 BGB rechtfertigen.

§ 2227 BGB Entlassung des Testamentsvollstreckers:
Das Nachlassgericht kann den Testamentsvollstrecker auf Antrag eines der Beteiligten entlassen, wenn ein wichtiger Grund vorliegt; ein solcher Grund ist insbesondere grobe Pflichtverletzung oder Unfähigkeit zur ordnungsmäßigen Geschäftsführung.

Einzelheiten zum Entlassungsverfahren finden sich im 13. Kapitel.

EXPERTENTIPP ZUR VERMEIDUNG EINER SCHADENERSATZPFLICHT:
Einer Schadenersatzhaftung oder Entlassung kann der Testamentsvollstrecker dadurch vorbeugen, dass er die Erben vor wichtigen Verwaltungsmaßnahmen rechtzeitig und umfassend informiert und die MÖGLICHKEIT DER STELLUNGNAHME gibt. Die Motive und Alternativen einer Verwaltungsmaßnahme sollten sorgfältig DOKUMENTIERT werden.

3. Gerichtliche Durchsetzung der Nachlassverwaltung

Die Erben können den Testamentsvollstrecker auf Vornahme einer zur ordnungsgemäßen Nachlassverwaltung notwendigen Maßnahme VERKLAGEN. In Ausnahmefällen kann auch der Erlass einer einstweiligen Verfügung beim Prozessgericht beantragt werden.

Mustertext „Klage gegen den Testamentsvollstrecker auf ordnungsgemäße Verwaltung":
Der Beklagte (= Testamentsvollstrecker) wird verurteilt, die zum Nachlass des am (Todestag) in (Ort) verstorbenen (Erblasser) gehörende Eigentumswohnung in (Anschrift) zu vermieten.

Mustertext „Antrag auf Erlass einer einstweiligen Verfügung":
Dem Beklagten (Testamentsvollstrecker) wird bei Meidung eines für jeden Fall der Zuwiderhandlung festzusetzenden Ordnungsgeldes bis zu EUR 10.000, ersatzweise Ordnungshaft, verboten, die zum Nachlass des am (Todestag) in (Ort) verstorbenen (Erblasser) gehörende Bildersammlung zu veräußern.

III. Beendigung von Vertragsverhältnissen

Der Grundsatz der ordnungsgemäßen Nachlassverwaltung verlangt es, dass diejenigen VERTRAGSVERHÄLTNISSE BEENDET werden, die nicht mehr zur Abwicklung oder Verwaltung des Nachlasses erforderlich sind.

1. Kündigung von Mitverhältnisse
Möglicherweise müssen Mietverhältnisse gekündigt werden. Hier ist zu unterscheiden:

- War der Erblasser MIETER von Wohnraum, treten gem. §§ 563, 563a BGB dessen Ehegatte (bzw. ein gleichgeschlechtlicher Lebenspartner), unter Umständen auch ein Familienangehöriger oder Lebensgefährte automatisch in das bestehende Wohnraummietverhältnis ein, es sei denn, diese Personen erklären innerhalb der Monatsfrist des § 563 Abs. 3 BGB, das Mietverhältnis nicht fortsetzen zu wollen. Treten keine eintrittsberechtigten Personen im Sinne des § 563 BGB in das Mietverhältnis ein, wird dieses gem. § 564 BGB mit den Erben fortgesetzt, die dann binnen einer Monatsfrist außerordentlich kündigen können. Der Testamentsvollstrecker hat deshalb zu prüfen, ob fortsetzungsberechtigte Personen im Sinne des § 563 BGB vorhanden sind und – falls keine Sonderrechtsnachfolge stattfindet – die Erben zu befragen, ob diese das Mietverhältnis fortsetzen wollen oder nicht. Die Monatsfrist des § 564 BGB beginnt nicht vor Amtsannahme durch den Testamentsvollstrecker zu laufen.
- War der Erblasser VERMIETER eines Objekts, sind dessen Erben Rechtsnachfolger. Das Mietverhältnis unterliegt der Verwaltung des Testamentsvollstreckers. Es kann nur nach den allgemeinen mietrechtlichen Bestimmungen gekündigt werden; ein Sonderkündigungsrecht besteht nicht.

EXPERTENTIPP ZU DEN ZU KÜNDIGENDEN VERTRÄGEN:
Mit der Kündigung des Mietverhältnisses sind auch Verträge mit Energieversorgern und der Gebühreneinzugszentrale (GEZ) sowie Telefon- und Kabelanschlüsse zu kündigen.

2. Kündigung von Versicherungsverträgen
Der Testamentsvollstrecker muss zunächst prüfen, ob der VERSICHERUNGSSCHUTZ einzelner Verträge (wie zB Gebäudeversicherung) über den Tod des Erblassers hinaus weiter benötigt wird. Ist dies nicht der Fall, muss er die entsprechenden Versicherungsbedingungen im Hinblick auf eine baldige Beendigungsmöglichkeit klären und ggf. Rückfrage beim Versicherer halten. Einige Versicherungen (wie zB die Unfall-/Krankenversicherung oder eine allgemeine Haftpflichtversicherung) enden AUTOMATISCH mit dem Tod des Versicherungsnehmers.

3. Beendigung sonstiger Vertragsverhältnisse
Der Testamentsvollstrecker sollte MITGLIEDSCHAFTEN bei Vereinen und Organisationen, Zeitschriftenabonnements und Kreditkartenverträge zum nächstmöglichen Zeitpunkt kündigen.

IV. Verpflichtungsgeschäfte des Testamentsvollstreckers

1. Beschränkte Verpflichtungsbefugnis des Testamentsvollstreckers
Der Testamentsvollstrecker hat den Nachlass ordnungsgemäß zu verwalten (§ 2205 S. 1 BGB). Gem. § 2206 Abs. 1 S. 1 BGB kann er auch VERBINDLICHKEITEN FÜR DEN NACHLASS eingehen, sofern dies zur ordnungsgemäßen Nachlassverwaltung erforderlich ist.

Beispiele zu Verpflichtungsgeschäften:
Der Testamentsvollstrecker kann im Rahmen des § 2206 Abs. 1 S. 1 BGB Miet-, Dienst- und Darlehensverträge abschließen, Wechselverbindlichkeiten für den Nachlass eingehen, Schuldanerkenntnisse abgeben, Prozesse führen und dabei Vergleiche schließen und Anerkenntnisse abgeben.

§ 2206 Abs. 1 S. 1 BGB beschränkt die Vertretungsmacht des Testamentsvollstreckers im AUSSENVERHÄLTNIS auf den Bereich der ordnungsgemäßen Verwaltung. Dies hätte „an sich" die Konsequenz, dass Verträge, die nicht mehr einer ordnungsgemäßen Verwaltung entsprechen, die Erben bzw. den Nachlass nicht verpflichten und der Vertragspartner nur den Testamentsvollstrecker persönlich gem. § 179 BGB in die Haftung nehmen könnte.

Beispiel zur Wirksamkeit einer pflichtwidrigen Verhaltensmaßnahme:
Der Testamentsvollstrecker muss Nachlassgegenstände für eine voraussichtliche Dauer von einem Jahr einlagern. Er mietet hierzu aber für die Dauer von fünf Jahren einen Lagerraum an. „An sich" würde hierbei nur der Testamentsvollstrecker, nicht aber der Nachlass für die Mietverbindlichkeiten haftet.

Aus Gründen des VERKEHRSSCHUTZES wird § 2206 Abs. 1 S. 1 BGB von der herrschenden Meinung jedoch dahingehend erweitert, dass eine WIRKSAME Nachlassverbindlichkeit entsteht, wenn der Geschäftspartner bei Vertragsschluss angenommen hat und ohne Fahrlässigkeit annehmen konnte, dass die Eingehung der Verbindlichkeiten zur ordnungsgemäßen Nachlassverwaltung erforderlich war, auch wenn dies objektiv nicht der Fall war.

2. Erweiterte Verpflichtungsbefugnis des Testamentsvollstreckers
Der Gesetzgeber ERWEITERT DIE BESCHRÄNKTE VERPFLICHTUNGSBEFUGNIS des Testamentsvollstreckers in ZWEI FÄLLEN:

Gem. § 2206 Abs. 1 S. 2 BGB sind Verpflichtungsgeschäfte, die AUF EINE VERFÜGUNG ÜBER EINEN NACHLASSGEGENSTAND GERICHTET sind, wirksam, wenn der Testamentsvollstrecker zu dieser Verfügung berechtigt ist. Diese Erweiterung ist notwendig, da ansonsten der Testamentsvollstrecker zwar wirksam verfügen könnte, im Fall einer nicht ordnungsgemäßen Nachlassverwaltung aber das Verpflichtungsgeschäft unwirksam wäre und deshalb die erbrachte Leistung gem. § 812 BGB wegen fehlenden Rechtsgrundes kondizierbar wäre.

Beispiel zur Wirksamkeit einer pflichtwidrigen Verfügung:
Der Testamentsvollstrecker kann gem. § 2206 Abs. 1 S. 2 BGB Nachlassgegenstände verkaufen und veräußern, auch wenn dies nicht einer ordnungsmäßigen Verwaltung entspricht, weil genügend liquide Mittel im Nachlass zur Deckung der Nachlassverbindlichkeiten vorhanden sind und der Erbe diese Nachlassgrundstücke an sich behalten möchte.
Die – im Außenverhältnis wirksame – Veräußerung der Nachlassgrundstücke kann im Innenverhältnis zwar eine Schadenersatzhaftung des Testamentsvollstreckers gem. § 2219 BGB auslösen. Eine Rückforderung der Nachlassgegenstände vom Erwerber wegen eines mangelnden Rechtsgrundes zum Erwerb kommt hingegen nicht in Betracht.

Zu beachten dabei ist, dass gem. § 2205 S. 3 BGB UNENTGELTLICHE Verfügungen des Testamentsvollstreckers grundsätzlich unwirksam sind. In diesem Fall wäre dann auch das Verpflichtungsgeschäft, also der

Schenkungsvertrag, unwirksam. Nach herrschender Meinung kommt es dabei nicht darauf an, ob der Vertragspartner die Unentgeltlichkeit erkennen konnte.

Eine Verpflichtungsbefugnis gem. § 2206 Abs. 1 S. 2 BGB scheidet auch dann aus, wenn der Erblasser die Rechte des Testamentsvollstreckers gem. § 2208 BGB BESCHRÄNKT hat. Sind derartige Verfügungsbeschränkungen aber nicht im Testamentsvollstreckerzeugnis eingetragen, kann sich der gutgläubige Vertragspartner auf den öffentlichen Glauben des Testamentsvollstreckerzeugnisses (§ 2368 BGB) berufen.

Eine weitere Ausnahme von der beschränkten Verpflichtungsbefugnis des § 2206 Abs. 1 S. 1 BGB sieht § 2207 BGB vor, wenn der Erblasser IN SEINER LETZTWILLIGEN VERFÜGUNG ANGEORDNET hat, dass der Testamentsvollstrecker in der Eingehung von Verbindlichkeiten für den Nachlass nicht beschränkt ist.

§ 2207 BGB Erweiterte Verpflichtungsbefugnis:
Der Erblasser kann anordnen, dass der Testamentsvollstrecker in der Eingehung von Verbindlichkeiten für den Nachlass nicht beschränkt sein soll. Der Testamentsvollstrecker ist auch in einem solchen Falle zu einem Schenkungsversprechen nur nach Maßgabe des § 2205 Satz 3 berechtigt.

EXPERTENTIPP ZUR ERWEITERTEN VERPFLICHTUNGSBEFUGNIS: Die ERWEITERTE Verpflichtungsbefugnis ist gem. § 2368 Abs. 1 S. 2 BGB im Testamentsvollstreckerzeugnis zu vermerken.

In diesem Fall sind dann auch Verpflichtungsgeschäfte, die nicht ordnungsgemäßer Verwaltung entsprechen, im AUSSENVERHÄLTNIS wirksam. Im INNENVERHÄLTNIS zum Erben bleibt es jedoch nach wie vor dabei, dass der Testamentsvollstrecker für die ordnungsgemäße Verwaltung des Nachlasses verantwortlich ist, also bei einem Verstoß gem. § 2219 BGB haftet. Von dieser Haftung kann der Erblasser den Testamentsvollstrecker nicht befreien (§ 2220 BGB).

Mustertext „Erweiterte Verpflichtungsbefugnis":
Der Testamentsvollstrecker soll von allen Beschränkungen befreit sein, von denen nach dem Gesetz eine Befreiung erteilt werden kann. Insbesondere soll der Testamentsvollstrecker in der Eingehung von Verbindlichkeiten für den Nachlass nicht beschränkt sein (§ 2207 BGB).

Die BESCHRÄNKTE Verpflichtungsbefugnis des § 2206 Abs. 1 S. 1 BGB ist meist nur beim Regelfall der ABWICKLUNGS- UND AUSEINANDERSETZUNGSVOLLSTRECKUNG sachgerecht. Bei einer VERWALTUNGSVOLLSTRECKUNG oder DAUERTESTAMENTSVOLLSTRECKUNG hat der Testamentsvollstrecker regelmäßig komplexe Aufgaben mit zahlreichen Verpflichtungsgeschäften wahrzunehmen. Gem. § 2209 S. 2 BGB ist deshalb im Zweifel anzunehmen, dass bei einer derartigen Testamentsvollstreckung die erweiterte Verpflichtungsbefugnis des § 2207 BGB erteilt ist.

3. Einwilligung des Erben

Die begrenzte Verpflichtungsbefugnis des § 2206 Abs. 1 S. 1 BGB birgt für den Testamentsvollstrecker ein nicht unerhebliches HAFTUNGSRISIKO, wenn er den Begriff der ordnungsgemäßen Nachlassverwaltung unzutreffend beurteilen sollte. Er kann deshalb gem. § 2206 Abs. 2 BGB den Erben zu einer EINWILLIGUNG in das betreffende Geschäft auffordern, und dies notfalls vor dem Prozessgericht EINKLAGEN. Die Einwilligungspflicht des Erben besteht aber nur gegenüber dem Testamentsvollstrecker, nicht gegenüber dem (potenziellen) Vertragspartner.

Mustertext „Klage auf Einwilligung des Erben“:
Der Beklagte (Erbe) wird verurteilt, der vom Kläger als Testamentsvollstrecker beabsichtigten Vermietung der zum Nachlass gehörenden Ferienwohnung in (Ort) zu einem Nettomietzins von EUR ...... zuzustimmen.

Zusammenfassung „Verpflichtungsbefugnis des Testamentsvollstreckers“:

- ☐ GRUNDSATZ: Beschränkte Verpflichtungsbefugnis für Geschäfte der ordnungsmäßigen Nachlassverwaltung (§ 2206 Abs. 1 S. 1 BGB)
- ☐ 1. AUSNAHME: Aus Gründen des Verkehrsschutzes sind Verträge, die nicht im Rahmen ordnungsmäßiger Verwaltung liegen, wirksam, wenn der Geschäftspartner gutgläubig ist.
- ☐ 2. AUSNAHME: Verpflichtungsgeschäfte zu einer Verfügung über Nachlassgegenstände sind wirksam, auch wenn dies nicht zur ordnungsmäßigen Nachlassverwaltung erforderlich ist (§ 2206 Abs. 1 S. 2 BGB).
- ☐ 3. AUSNAHME: Erweitere Verpflichtungsbefugnis seitens des Erblassers (§ 2207 BGB)
- ☐ 4. AUSNAHME: Einwilligung des Erben (§ 2206 Abs. 2 BGB)

V. Verfügungsgeschäfte des Testamentsvollstreckers

1. Alleinverfügungsrecht des Testamentsvollstreckers

Das Verwaltungsrecht des Testamentsvollstreckers enthält als notwendigen Bestandteil das ALLEINIGE VERFÜGUNGSRECHT über den Nachlass (§ 2205 S. 2 BGB). Verfügungen sind Rechtsgeschäfte, durch die ein Gegenstand (ein Recht oder eine Sache) unmittelbar übertragen, belastet, geändert oder aufgehoben wird.

Beispiele einer „Verfügung“:
Hierzu zählen die Veräußerung und Belastung von Nachlassgegenständen, die Abtretung, die Einziehung, die Aufrechnung und der Erlass von Forderungen, die Ausübung von Gestaltungsrechten (wie zB Kündigung, Anfechtung und Widerruf). Keine Verfügungen, sondern ein Verpflichtungsgeschäft sind dagegen Kauf-, Miet-, Werk- und Darlehensverträge.

WIDERSPRICHT eine Verfügung den Grundsätzen ordnungsmäßiger Verwaltung, ist sie gleichwohl wirksam, allerdings mit der Folge, dass sich der Testamentsvollstrecker im Verhältnis zu den Erben schadenersatzpflichtig machen kann (§ 2219 BGB) und diese unter Umständen seine Entlassung verlangen können (§ 2227 BGB).

2. Keine unentgeltlichen Verfügungen

Zur Erhaltung des Nachlasses ordnet § 2205 S. 3 BGB an, dass – ganz oder teilweise – UNENTGELTLICHE Verfügungen des Testamentsvollstreckers UNWIRKSAM sind, es sei denn, sie entsprechen einer sittlichen Pflicht oder einer auf den Anstand zunehmenden Rücksicht (sog. Anstands- und Pflichtschenkungen). Von diesem SCHENKUNGSVERBOT kann der Erblasser den Testamentsvollstrecker nicht befreien (§ 2220 BGB).

Für die Frage der Entgeltlichkeit der Verfügung ist entscheidend, ob der erfolgten Verminderung des Nachlasses eine entsprechende gleichwertige GEGENLEISTUNG korrespondiert. Bei der Höhe der Gegenleistung hat der Testamentsvollstrecker einen gewissen Ermessensspielraum. Für die Unentgeltlichkeit muss deshalb insoweit eine subjektive Komponente hinzukommen, als der Testamentsvollstrecker das Fehlen oder die Unzulänglichkeit der Gegenleistung kennen oder zumindest erkennen können muss.

Das Schenkungsverbot des § 2205 S. 3 BGB gilt auch zu Lasten eines GUTGLÄUBIGEN Vertragspartners.

Eine unentgeltliche Verfügung des Testamentsvollstreckers ist aber dann wirksam, wenn sämtliche Erben (auch etwaige Vor- und Nacherben) sowie etwaige Vermächtnisnehmer hieran MITWIRKEN. Bei Minderjährigen kommt es auf die Zustimmung des gesetzlichen Vertreters an.

Expertentipp zu Verfügungen über Grundstücke:
Bei Verfügungen über Grundstücke muss der Testamentsvollstrecker gem. § 35 Abs. 2 GBO dem GRUNDBUCHAMT nachweisen, dass entweder die Verfügung nicht unentgeltlich ist oder der Erbe der Verfügung zugestimmt hat. Das Grundbuchamt prüft die Frage der Entgeltlichkeit von Amts wegen. Dabei wird eine entgeltliche Verfügung regelmäßig angenommen, wenn der Käufer ein unbeteiligter Dritter ist und sich hinsichtlich der Kaufpreishöhe keine Bedenken aufdrängen. Falls Bedenken bestehen, kann das Grundbuchamt die Vorlage eines VERKEHRSWERTGUTACHTENS verlangen. Steht allerdings die Unentgeltlichkeit der Verfügung fest, muss die Zustimmung der Erben in der Urkundsform des § 29 GBO nachgewiesen werden.

3. Keine Verfügungen bei Auseinandersetzungsverbot
Hat der Erblasser die AUSEINANDERSETZUNG VERBOTEN (§ 2044 BGB), ist die Verfügungsmacht des Testamentsvollstreckers in der Regel dinglich beschränkt, mit der Folge, dass die Auseinandersetzung nur bei Zustimmung aller verfügungsbefugten Erben wirksam ist.

4. Keine In-Sich-Geschäfte des Testamentsvollstreckers
Gem. § 181 BGB kann ein Vertreter im Namen des Vertretenen mit sich im eigenen Namen oder als Vertreter eines Dritten ein Rechtsgeschäft nicht vornehmen, es sei denn, es ist ihm gestattet, oder das Rechtsgeschäft besteht ausschließlich in der Erfüllung einer Verbindlichkeit. Diese Norm, die einen INTERESSENKONFLIKT verhindern will, ist auf den Testamentsvollstrecker als Partei kraft Amtes zwar nicht unmittelbar, aber doch entsprechend anzuwenden, wenn er Rechtsgeschäfte in Bezug auf den Nachlass vornimmt, an denen er auf der anderen Seite des Rechtsgeschäfts im eigenen Namen oder als Vertreter eines Dritten beteiligt ist. Der Erblasser kann dem Testamentsvollstrecker aber eine BEFREIUNG VOM SELBSTKONTRAHIERUNGSVERBOT erteilen.

Mustertext „Befreiung vom Selbstkontrahierungsverbot“:
Der Testamentsvollstrecker ist von den Beschränkungen des § 181 BGB befreit.

Ohne eine derartige GESTATTUNG DES ERBLASSERS kann ein Selbstkontrahieren zulässig sein, wenn der Testamentsvollstrecker eine den Erben treffende (Nachlass-) VERBINDLICHKEIT ERFÜLLT.

Beispiel einer zulässigen Selbstkontrahierung:
Der Testamentsvollstrecker erfüllt ein ihm zugewandtes Vermächtnis durch Übereignung eines Nachlassgrundstückes an sich. Er hat hierzu dem Grundbuchamt unter Bezugnahme auf die Nachlassakten die in der letztwilligen Verfügung des Erblassers enthaltene Vermächtnisanordnung nachzuweisen.

5. Beschränkungen der Rechte des Testamentsvollstreckers
Hat der Erblasser letztwillig angeordnet, dass der Testamentsvollstrecker über Nachlassgegenstände IN BESTIMMTER WEISE ZU VERFÜGEN hat (§ 2208 Abs. 1 S. 1 BGB), dann ist eine hierzu in Widerspruch stehende Verfügung des Testamentsvollstreckers in der Regel unwirksam. Die Verfügung ist aber wirksam, wenn die Erben ZUGESTIMMT haben oder das Verfügungsverbot gem. § 2216 Abs. 2 S. 2 BGB vom Nachlassgericht außer Kraft gesetzt wurde.

Zusammenfassung Verfügungsgeschäfte des Testamentsvollstreckers:

- ☐ GRUNDSATZ: Alleiniges Verfügungsrecht des Testamentsvollstreckers über den Nachlass (§ 2205 S. 2 BGB)
- ☐ 1. AUSNAHME: Keine unentgeltlichen Verfügungen (§ 2205 S. 3 BGB), es sei denn, Anstands- oder Pflichtschenkung.
- ☐ 2. AUSNAHME: Verfügung darf einem Auseinandersetzungsverbot (§ 2044 BGB) nicht zuwiderlaufen.
- ☐ VERBOT DES SELBSTKONTRAHIERENS (§ 181 BGB), es sei denn, Gestattung des Erblassers oder Erfüllung einer Verbindlichkeit des Erben.

Auf den Punkt gebracht:
Zu unterscheiden ist zwischen bloßen Verwaltungsmaßnahmen eines Testamentsvollstreckers und Verfügungen des Testamentsvollstreckers über Nachlassgegenstände, somit deren Übertragung, Belastung, Aufhebung oder inhaltliche Änderung. Zu Verfügungen ist der Testamentsvollstrecker dann nicht berechtigt, wenn diese unentgeltlich erfolgen sollen. Im Rahmen der Verwaltung hat der Testamentsvollstrecker vorrangig etwaige Anordnungen des Erblassers zu beachten. Liegen solche nicht vor, orientiert sich der Umfang und der Inhalt der vom Testamentsvollstrecker geschuldeten Verwaltungsmaßnahmen am

Sinn und Zweck der Testamentsvollstreckung und an den Aufgaben des Testamentsvollstreckers. Ist der Testamentsvollstrecker nicht im Testament vom Verbot, mit sich selber Verträge zu schließen, befreit, kann er keine Verträge als Testamentsvollstrecker einerseits mit sich selber oder als Vertreter eines Dritten andererseits schließen.

6 Auseinandersetzung des Nachlasses nach Erblasservorgaben

Im Rahmen der AUSEINANDERSETZUNGSVOLLSTRECKUNG muss der Testamentsvollstrecker die letztwillige Verfügung des Erblassers in dessen Testament, vor allem auch dessen Verwaltungsanordnung, ausführen (§ 2203 BGB), die Auseinandersetzung unter den Miterben bewirken (§ 2204 BGB) und bis zum Abschluss der Auseinandersetzung den Nachlass verwalten (§ 2205 BGB). Die Erfüllung dieser Aufgaben wird ABWICKLUNGSVOLLSTRECKUNG genannt.

VI. Teilung bei unbekannten oder abwesenden Miterben

VII. Auseinandersetzungsplan

VIII. Auseinandersetzungsvertrag

IX. Anhörungsrecht der Erben

X. Vollzug der Auseinandersetzung

6. Auseinandersetzung des Nachlasses nach Erblasservorgaben

Nicht selten wird – beispielsweise aus familiärer Verbundenheit oder mangels personeller Alternativen – vom Verstorbenen ein Miterbe zugleich zum Testamentsvollstrecker bestimmt. Wenn der Erblasser keine sonstigen Vorgaben zur Nachlassverwaltung oder Nachlassauseinandersetzung macht, kann schon in der Einsetzung des Miterben zum Testamentsvollstrecker dessen Befreiung vom Verbot des Selbstkontrahierens nach § 181 BGB liegen. Die Rechtsprechung begründet dies damit, dass die Übertragung des Testamentsvollstreckeramtes an einen Miterben ein besonderer Vertrauensbeweis diesem gegenüber ist, der grundsätzlich die Annahme hergibt, dass der Erblasser trotz eines möglichen Interessenwiderstreits dem genannten Miterben in weitem Umfang den Abschluss von Rechtsgeschäften mit sich selbst gestattet.

I. Teilungsanordnungen

Der Erblasser kann in seinem Testament bzw. Erbvertrag spezielle Anordnungen für die Auseinandersetzung seines Nachlasses treffen (§ 2048 S. 1 BGB). Diese Bestimmungen nennt man TEILUNGSANORDNUNGEN . Solche Anweisungen sind für die Auseinandersetzung maßgebend und haben Vorrang vor einer Nachlassteilung nach den allgemeinen, gesetzlichen Auseinandersetzungsregeln der Miterbengemeinschaft (§§ 2042, 749 ff. BGB).

Durch eine Teilungsanordnung wird ein Miterbe wertmäßig nicht begünstigt. Der Erblasser legt nur fest, welche Gegenstände aus dem Nachlass der jeweilige Miterbe bei der Auseinandersetzung erhalten soll. Der Wert des jeweils zugewiesenen Zustandes ist wertmäßig auf den Erbanteil des Empfängers ANZURECHNEN. Daher muss ein Miterbe, der durch eine Teilungsanordnung mehr erhält als er nach seiner Erbquote bekäme, den MEHRWERT DES EMPFANGES den anderen Miterben auszahlen.

Mustertext „Teilungsanordnung":
Meinen Pkw der Marke ...... mit dem Kennzeichen ...... erhält der Miterbe ...... im Wege der Teilungsanordnung, also unter Anrechnung auf seinen Erbteil bzw. Ausgleichung aus seinem sonstigen Vermögen.

II. Erblasseranordnungen

Nicht selten geben Erblasser in ihrem Testament genau vor, was der Testamentsvollstrecker mit Nachlassgegenständen im Rahmen der Nachlassabwicklung tun oder unterlassen soll. Gefährden solche Vorgaben den Nachlass oder dessen Abwicklung, hat der Testamentsvollstrecker die Möglichkeit, hiergegen vorzugehen. Laut § 2216 Abs. 2 Satz 2 BGB kann der Testamentsvollstrecker eine Erblasseranordnung dann außer Kraft setzen lassen, wenn deren Befolgung den Nachlass erheblich gefährden würde. Das Antrags-recht für den Testamentsvollstrecker steht nicht zur Disposition des Erblassers, der es somit nicht testamentarisch ausschließen kann.

Eine Antragspflicht besteht für den Testamentsvollstrecker dann, wenn die ordnungsgemäße Verwaltung des Nachlasses die Beseitigung der Erblasseranordnungen erforderlich macht. In diesem Fall muss der Antrag an das Nachlassgericht auf Außerkraftsetzung der Anordnung gestellt werden.

Mustertext „Antrag auf Außerkraftsetzung einer Erblasseranordnung":
Es wird beantragt zu beschließen, die Anordnung des Erblassers, Herrn. . . . . . in seinem Testament vom . . . . . ., die Immobilie in Köln, ...-Str., nicht unter EUR 280.000 zu verkaufen, außer Kraft zu setzen.

Zur Begründung wird vorgetragen, dass zwei unabhängige Makler festgestellt haben, dass ein höherer Preis als EUR 150.000 hierfür am Markt nicht zu erzielen ist. Die Immobilie kann nicht verkauft und damit der Nachlass nicht aufgeteilt werden, wenn die Anordnung des Verstorbenen nicht außer Kraft gesetzt wird.

III. Vorausvermächtnisse

Soll der Miterbe dagegen den Nachlassgegenstand OHNE ANRECHNUNG auf seinen Erbteil, also zusätzlich zu seiner Erbquote erhalten und den Mehrwert den übrigen Miterben gegenüber nicht ausgleichen, ist der Nachlassgegenstand dem jeweiligen Miterben als VORAUSVERMÄCHTNIS (§ 2150 BGB) zuzuordnen. Um nach dem Tod des Erblassers eine Auseinandersetzung über die Frage, ob eine Teilungsanordnung oder ein Vorausvermächtnis angeordnet war, zu vermeiden, ist dringend zu empfehlen, dies in der letztwilligen Verfügung eindeutig und zweifelsfrei zu formulieren.

Mustertext „Vorausvermächtnis":
Meinen Pkw (Nachlassgegenstand) erhält der Miterbe . . . . . . im Wege des Vorausvermächtnisses, also ohne Anrechnung auf seinen Erbteil und ohne Ausgleichung aus seinem sonstigen Vermögen.

Als Vorausvermächtnis wird auch ein ÜBERNAHMERECHT angesehen. Nicht selten wünschen Erblasser, dass einzelne Miterben – vor allem innerhalb des Kreises der Familienangehörigen – die Befugnis haben sollen, einzelne Nachlassobjekte (zB eine Immobilie) aus dem Nachlass vorab zu übernehmen. Dem auf diese Weise bedachten Miterben steht also vorab die Entscheidungsbefugnis zu, ob er den Nachlassgegenstand übernehmen will oder nicht; dies kann auch gegen einen Übernahmepreis erfolgen, wenn dies angeordnet ist. Das Recht, sich vor der Nachlassteilung hierüber zu entscheiden, stellt ein Vorausvermächtnis dar. Wenn der Miterbe sich für die Übernahme entscheidet, erfüllt der Testamentsvollstrecker ein im Testament angeordnetes Übernahmerecht, ohne dass er gegen das Verbot unentgeltlicher Verfügungen nach § 2205 S. 3 BGB verstößt; dies gilt selbst dann, wenn der vom Erblasser festgelegte Übernahmepreis unter dem Verkehrswert des Übernahmeobjektes liegen sollte.

Mustertext „Übernahmerecht":
Dem ..... (Miterbe), ersatzweise dessen Kindern unter sich zu gleichen Teilen, vermache ich das Übernahmerecht, mein Grundstück, Flst.-Nr. ...., zum Wert von EUR .... zu übernehmen. Dieses Vermächtnis ist als Vorausvermächtnis und somit ohne Anrechnung auf den Erbteil des übernahmeberechtigten Miterben angeordnet. Das Übernahmerecht ist durch den Vermächtnisnehmer mittels Erklärung gegenüber dem Testamentsvollstrecker innerhalb von vier Monaten ab Kenntnis des Vermächtnisses auszuüben.

IV. Teilung nach „billigem Ermessen“

Der Erblasser darf in seinem Testament auch bestimmen, dass die Nachlassauseinandersetzung nach billigem ERMESSEN durch den Testamentsvollstrecker erfolgt (§ 2048 S. 2 BGB). Dann ist der Testamentsvollstrecker bei der Auseinandersetzung verhältnismäßig frei. An die strengen Regeln der Miterbauseinandersetzung (§§ 2042, 749 ff. BGB) muss er sich nicht halten. Offenbar unbillige Auseinandersetzungen darf er jedoch nicht treffen (§ 2048 S. 3 BGB). Allerdings kann der Testamentsvollstrecker auch zu dem Ergebnis gelangen, dass ein Miterbe nichts erhalten soll, was die Rechtsprechung ausdrücklich gebilligt hat; das ist vor allem dann anzunehmen, wenn ein Miterbe alleine Schulden des Nachlasses aus seinem eigenen Vermögen getilgt hat, die so hoch waren, dass ihm der gesamte Nachlass dafür zugeordnet wird und andere Miterben infolge dessen aus dem Nachlass nichts mehr erhalten. Der Erblasser darf dem Testamentsvollstrecker in der Regel alle Befugnisse, die er einem Dritten ansonsten auch übertragen könnte, ebenfalls übertragen (zB diejenigen Befugnisse, die sich aus §§ 2151, 2153 bis 2156, 2193, 1048 BGB ergeben). Er darf ihn auch zum SCHIEDSGUTACHTER oder mit schiedsgerichtlichen Aufgaben aller Art betrauen. Jedoch darf dadurch nicht das DRITTBESTIMMUNGSVERBOT umgangen werden (§ 2065 BGB). Dieses besagt, dass nur der Erblasser bestimmen kann, wer Erbe oder sonstiger Begünstigter laut seinem Testament wird. Deshalb darf der Testamentsvollstrecker nicht ermächtigt werden, über die Gültigkeit der Testamentsvollstreckung selbst oder gar des gesamten Testamentes zu entscheiden; RICHTER IN EIGENER SACHE darf der Testamentsvollstrecker nie sein.

EXPERTENTIPP ZU EINER SELBST VORGEGEBENEN REGELUNG ZUR TEILUNG: Der Erblasser sollte den Testamentsvollstrecker deshalb vor allem REGELN FÜR DIE AUSEINANDERSETZUNG des Nachlasses vorgeben. Soll der Testamentsvollstrecker die Auseinandersetzung des Nachlasses nach billigem Ermessen durchführen, muss er hierzu im Testament ausdrücklich ermächtigt sein.

Weil der Testamentsvollstrecker nicht nur die Auseinandersetzung des Nachlasses, sondern auch andere Aufgaben zugewiesen bekommen kann, ist bei der Testamentserrichtung das Augenmerk darauf zu legen, dass sein späteres Tätigwerden genau bestimmt wird. Dies kann sogar so weit gehen, dass der Testamentsvollstrecker nach den testamentarischen Vorgaben des Verstorbenen eine Stiftung gründen und die entsprechende Stiftungssatzung errichten muss, wie das Oberlandesgericht München entschieden hat (31 Wx 144/13). In der Praxis wird die Testamentsvollstreckung überwiegend zur Auseinandersetzung des Nachlasses als einzige Aufgabe angeordnet. Dies beinhaltet jedoch vielfältige und auch haftungsträchtige Maßnahmen, die er letztendlich durchführen muss; keinesfalls beschränkt sich die Nachlassauseinandersetzung nur auf die Aufteilung der Nachlassgegenstände!

Mustertext „Nachlassauseinandersetzung nach billigem Ermessen":
Der Testamentsvollstrecker hat die Auseinandersetzung des Nachlasses nach billigem Ermessen durchzuführen.

V. Teilung nach allgemeinen Regeln

Herrscht Streit unter den Miterben und fehlt eine solche Ermächtigung zu Gunsten des Testamentsvollstreckers, ist er bei der Auseinandersetzung des Nachlasses an die ALLGEMEINEN GESETZLICHEN REGELN GEBUNDEN (§§ 2204 Abs. 2, 2042 bis 2056 BGB iVm §§ 749 bis 758 BGB). Berücksichtigt werden muss, dass der Testamentsvollstrecker auch den DIGITALEN NACHLASS im Rahmen seiner Verwaltungsbefugnis händeln und entsprechend auseinandersetzen muss. Der BGH hat entschieden, dass der gesamte digitale Nachlass einschließlich der Nutzungsverträge mit einem sozialen Netzwerk (Facebook) vererblich ist und auf die Erben übergeht. Aus diesem Grund fällt der digitale Nachlass in das Erbvermögen, welches der Erblasser aufteilen muss. Sinnvoll ist, dass ihm dazu die Passwörter und Zugänge des Erblassers bekannt sind. Ebenso gehören KRYPTOWÄHRUNGEN wie insbesondere BITCOIN zum zu verteilenden Nachlass.

EXPERTENTIPP FÜR EINE WIRKSAMEN SCHENKUNG NUR IN AUSNAHMEFÄLLEN: Nur dann, wenn alle Erben und etwaige Nacherben zustimmen, dass der Testamentsvollstrecker über ein Nachlassobjekt unentgeltlich verfügen darf, ist seine Verfügung wirksam. Dies gilt selbst dann, wenn dies gegen eine anders lautende Anordnung des Erblassers in dessen Testament verstößt.

Die allgemeinen Regeln sehen natürlich auch vor, dass der Testamentsvollstrecker keine unentgeltliche oder auch nur teilunentgeltliche Verfügung vornehmen darf; er darf also keine Nachlassgegenstände wegschenken bzw. ohne entsprechenden Gegenwert aus dem Nachlass einem Miterben zuordnen, § 2205 S. 3 BGB. Stimmen aber alle Erben einer solchen teilunentgeltlichen oder unentgeltlichen Verfügung zu, kann der Testamentsvollstrecker dieses gesetzliche Verbot umgehen.

VI. Teilung bei unbekannten oder abwesenden Miterben

Nicht selten scheitert die zügige Auseinandersetzung einer Miterbengemeinschaft daran, dass ein Miterbe unbekannt, unbekannten Aufenthaltsorts oder postalisch nicht erreichbar ist. Dennoch hat der Testamentsvollstrecker Möglichkeiten, dies Hindernisse zu überwinden:

Laut § 1960 Abs. 1 Satz 2 BGB kann das Nachlassgericht bis zur Annahme der Erbschaft zur Sicherung des Nachlasses eine NACHLASSPFLEGSCHAFT anordnen, wenn der Erbe „unbekannt" ist. Der Erbe ist unbekannt, wenn er seiner Person nach aus Sicht des Nachlassgerichts nicht mit hoher Wahrscheinlichkeit feststeht, sei es aus tatsächlichen oder rechtlichen Gründen. In der Praxis werden nicht selten Testamente wegen angeblicher Testierunfähigkeit des Erblassers angefochten. Auch dies führt zur Anwendung des § 1960 Abs. 1 BGB, sei es für die gesamte Erbschaft oder auch nur einen entsprechenden Erbteil. Das Nachlassgericht wird jedoch lediglich auf Antrag eines am Nachlass Beteiligten oder Nachlassgläubigers tätig

EXPERTENTIPP ZU EINER TEILUNG TROTZ UNBEKANNTEN MITERBEN:
Ist der Erbe unbekannt, sollte der Testamentsvollstrecker eine Nachlasspflegschaft für den Erbteil des unbekannten Miterben beim Nachlassgericht beantragen. Dem Nachlasspfleger kann er bei der Auseinandersetzung der Erbschaft den dem unbekannten Miterben zustehenden Erbteil aushändigen.

Ist der Erbe bekannt, jedoch sein Aufenthaltsort nicht, ist eine ABWESENHEITSPFLEGER für den bekannten, ortsabwesenden Miterben nach §§ 1888 Abs. 1, 1884 Abs. 1 S. 1 BGB zu beantragen, der ihn dann im Rahmen seines Aufgabenkreises bei der Erbauseinandersetzung vertritt. Die von §§ 1888 Abs. 1, 1884 Abs. 1 S. 1 BGB geforderte „Abwesenheit" liegt vor, wenn der Miterbe an seinem Wohnsitz nicht erreichbar ist und diese Erreichbarkeit trotz Nachforschungen auch nicht erlangt werden kann. Eine Verschollenheit nach dem VerschG ist hierzu nicht erforderlich.

EXPERTENTIPP ZUM FINDEN DES RICHTIGEN GERICHTS:
Zuständig zur Einrichtung der Abwesenheitspflegschaft nach §§ 1888 Abs. 1, 1884 Abs. 1 S. 1 BGB ist das Betreuungsgericht, nicht das Nachlassgericht.

VII. Auseinandersetzungsplan

Der Testamentsvollstrecker hat die Kernaufgabe, die Auseinandersetzung des Nachlasses herbeizuführen. Dazu stellt ihm das Gesetz vor Augen, dass er einen Auseinandersetzungsplan zu entwerfen hat, wenn § 2204 Abs. 2 BGB vorgibt.

§ 2204 Abs. 2 BGB:
Der Testamentsvollstrecker hat die Erben über den Auseinandersetzungsplan vor der Ausführung zu hören

1. Verbindlicher Teilungsplan

Der umsichtige Testamentsvollstrecker versucht zunächst, eine GÜTLICHE REGELUNG UNTER DEN MITERBEN und den Abschluss eines ERBAUSEINANDERSETZUNGSVERTRAGES herbeizuführen. Ist dies nicht durchführbar, ist das formelle Auseinandersetzungsverfahren einzuleiten. Dazu muss der Testamentsvollstrecker einen AUSEINANDERSETZUNGSPLAN aufstellen (§ 2204 Abs. 2 BGB). Nicht in den Teilungsplan aufgenommen werden dürfen Gegenstände oder Forderungen, die nicht in den Nachlass fallen. War beispielsweise der Verstorbene Beamter, dem nach dem Beamtenversorgungsgesetz ein KOSTENSTERBEGELD zusteht, gehört eine solche Forderung nicht zum Nachlass, die der Testamentsvollstrecker einfordern könnte. Dies müssen die Erben persönlich tun, da dem Testamentsvollstrecker hierfür die Verwaltungshoheit fehlt.

Der aufgestellte und den Miterben zugegangene Auseinandersetzungsplan ist für alle Beteiligten bindend. Er verpflichtet und berechtigt somit die Erben. Dies geschieht zu demjenigen Zeitpunkt, zu welchem der Testamentsvollstrecker endgültig erklärt, dass er die Auseinandersetzung der Erbschaft nach dem Plan nun vornehmen wird. Sind die Erben mit dem aufgestellten Auseinandersetzungsplan nicht einverstanden, können sie FESTSTELLUNGSKLAGE ZUM PROZESSGERICHT erheben, dass der Auseinandersetzungsplan deshalb unwirksam ist, weil er nicht dem Willen des Erblassers entspricht.

EXPERTENTIPP ZUM NICHT-VERGESSEN DER GENEHMIGUNG BEI ACKERLAND: Werden LAND- UND FORSTWIRTSCHAFTLICHE GRUNDSTÜCKE durch den Plan einzelnen Miterben zugewiesen, ist für die Umschreibung dieser Grundstücke die Genehmigung nach dem Grundstücksverkehrsgesetz notwendig, wenn die Grundstücke größer als 1 ha sind (§ 1 GrdstVG).

Eine GENEHMIGUNG DES NACHLASSGERICHTS ist weder möglich noch erforderlich und auch nicht zulässig.

2. Beschränkungen der Teilungsmöglichkeit

Der Testamentsvollstrecker muss den Miterben einen Auseinandersetzungsplan vorlegen, der einer möglichen Auslegung des im Testament dokumentierten Erblasserwillens entspricht. Muss eine Auslegung des Testaments nicht vorgenommen werden, weil dies klar und eindeutig gefasst ist, bzw. die Teilungsanordnungen eindeutig sind, richtet sich die zu bewirkende Erbauseinandersetzung nach den allgemeinen gesetzlichen Vorschriften der §§ 2042 ff., 750 ff. BGB.

Eine TEILAUSEINANDERSETZUNG findet grundsätzlich nicht statt. Der Testamentsvollstrecker darf also einzelne Nachlassgegenstände vor der endgültigen Teilung des Nachlasses nicht einzelnen Miterben zuordnen oder an diese herausgeben. Nur unter bestimmten Voraussetzungen ist eine Teilauseinandersetzung zulässig:

- Alle Erben und der Testamentsvollstrecker sind damit einverstanden.
- Die Teilauseinandersetzung erscheint im Interesse einer vernünftigen Nachlassverwaltung geboten und berechtigte Interessen der Miterben werden durch die Teilauseinandersetzung nicht verletzt.
- Nachlassverbindlichkeiten sind aus dem einzelnen Erbschaftsgegenstand nicht zu bezahlen.
- Der verbleibende Restnachlass wird durch den ausscheidenden Nachlassgegenstand nicht gefährdet, so dass daraus noch restliche Nachlassschulden (zB Erbschaftsteuer) problemlos bezahlt werden können.

Das gesetzliche System der Miterbauseinandersetzung ist auf eine GESAMTAUSEINANDERSETZUNG des Nachlasses angelegt. Auch wenn die Miterben vehement darauf drängen, einen Teilauseinandersetzungsvertrag über einzelne Nachlassgegenstände vorab zu schließen, sollte sich der Testamentsvollstrecker dagegen offensiv wehren.

EXPERTENTIPP BEI KEINEM ANSPRUCH AUF TEILAUSEINANDERSETZUNG: Vor einer teilweisen Auseinandersetzung des Nachlasses ist zu warnen. Bei fehlerhafter Durchführung haftet der Testamentsvollstrecker hierbei für jeden dadurch entstandenen Schaden persönlich!

Der Auseinandersetzungsplan ist ein lediglich einseitiges, jedoch gegenüber allen Miterben MITZUTEILENDES Rechtsgeschäft. Der Plan kann auch FORMLOS (also ohne Mitwirkung eines Notars) ausgestellt werden, was auch dann möglich ist, wenn im Nachlass Grundstücke sind.

3. Vollzug des Teilungsplans

Der Auseinandersetzungsplan hat lediglich eine „schuldrechtliche Wirkung". Dies bedeutet, dass er durch einzelne Vollzugsakte anschließend durchgeführt und umgesetzt werden muss (ein Muster für einen Teilungsplan findet sich nachfolgend im 3. Kapitel IV. 2.)

4. Teilungsreife als Voraussetzung der Auseinandersetzung

Um die Nachlassverteilung vorzunehmen, muss die Erbschaft TEILUNGSREIF sein. Immer teilungsreif sind:

- Bargeld, Bankguthaben
- Aktien, Wertpapiere, Investmentanteile, Anleihen, in teilbarer Stückzahl
- Sonstige Geldforderungen

Teilbare Gegenstände sind in Natur zu teilen, also zB Bargeld ist den Miterben entsprechend deren Quote jeweils auszuhändigen.

Die meisten Nachlassgegenstände sind jedoch nie teilungsreif, wie zB:

- Grundstücke
- Fahrzeuge
- bewegliche Habe
- Unternehmen
- Patente und gewerbliche Schutzrechte

Zur Vorbereitung der Auseinandersetzung muss der Testamentsvollstrecker zunächst die TEILUNGSREIFE herstellen. Wenn alle Miterben damit einverstanden sind, darf der Testamentsvollstrecker die unteilbaren Gegenstände auf einzelne Miterben aufteilen; dazu kann er beispielsweise Gutachten über den Wert der Einzelgegenstände einholen, anschließend gleichwertige Lose bilden und diese unter den Miterben verlosen. Sind die Miterben mit diesem Weg nicht einverstanden, sind die Gegenstände zu versilbern und anschließend der Erlös unter den Miterben aufzuteilen.

Der Testamentsvollstrecker darf in der Regel wählen, ob er den unteilbaren Gegenstand (zB ein Grundstück), durch FREIHÄNDIGEN VERKAUF oder VERSTEIGERUNG in Geld umsetzt. Der freihändige Verkauf scheitert in der Praxis oft, da schon die Frage, wie hoch der Kaufpreis sein soll, Streit verursacht. BEWEGLICHE Gegenstände der Erbschaft wird der umsichtige Testamentsvollstrecker durch freihändigen PFANDVERKAUF veräußern. Der Pfandverkauf kann auch durch einen Gerichtsvollzieher erfolgen, was in der Praxis kaum bekannt ist. Gerichtsvollzieher haben nämlich auch die staatliche Aufgabe, freihändige Pfandverkäufe vorzunehmen. Der örtlich zuständige Gerichtsvollzieher ist beim nächstgelegenen Amtsgericht zu erfragen. Dieselbe Aufgabe übernehmen öffentliche Versteigerungshäuser.

Nur ein Testamentsvollstrecker darf versteigern lassen:
Bei GRUNDSTÜCKEN kann eine TEILUNGSVERSTEIGERUNG beantragt werden (§ 180 ZVG), um diese zu versilbern. Die alleinige Befugnis, die Versteigerung zu beantragen liegt beim Testamentsvollstrecker, nicht bei den einzelnen Miterben. Stellt ein Miterbe selbst einen Teilungsversteigerungsantrag kann der Testamentsvollstrecker dies entweder genehmigen (was das Versteigerungsverfahren wirksam werden lässt) oder er muss dagegen mit einem sogenannten Erinnerungsverfahren nach § 766 ZPO vorgehen. Zu beachten ist, dass auch bei Durchführung einer Teilungsversteigerung eine SPEKULATIONSSTEUER ausgelöst werden kann.

Wünsche der Erben zu den VERSTEIGERUNGSBEDINGUNGEN (zB dass die Versteigerung nur unter den Miterben stattfindet), sind zu berücksichtigen und vorab immer zu erfragen. Darauf, dass sich die Marktlage bei Grundstücken bessert und dadurch ein höherer Erlös zu erzielen ist, muss der Testamentsvollstrecker nicht zuwarten. Der Erblasser darf für die Veräußerung oder gar VERSTEIGERUNG bereits im Testament auf Grund seiner grundrechtlich geschützten Testierfreiheit spezielle Anordnungen treffen. Er kann zB anordnen, dass der Testamentsvollstrecker bestimmte Nachlassgegenstände nur an einen bestimmten Personenkreis (zB Miterben, Familienangehörige, usw.) verkaufen oder nur innerhalb dieses Personenkreises versteigern (lassen) darf (§ 753 Abs. 1. S. 2 BGB).

5. Vorwegberichtigung der Nachlassverbindlichkeiten

Um den Auseinandersetzungsplan aufzustellen, muss der Testamentsvollstrecker zunächst auch den Schuldenstand ermitteln (§ 2205 BGB). Die NACHLASSVERBINDLICHKEITEN muss er zuvörderst aus dem Nachlass bezahlen (§§ 2046, 755 BGB). Die Nachlassverbindlichkeiten umfassen insbesondere:

- die vom Erblasser herrührenden Erblasserschulden
- die durch den Todesfall entstandenen Erbfallschulden (zB Bestattungskosten, Pflichtteilzahlungen, Vermächtnisse)

Ist streitig, ob solche SCHULDEN bestehen, muss der Testamentsvollstrecker den zu ihrer Bezahlung notwendigen Betrag auf jeden Fall zurückbehalten und darf nicht vorschnell die Nachlassauseinandersetzung betreiben.

EXPERTENTIPP ZUR KLÄRUNG ETWAIGER SCHULDEN PER KLAGE: Damit der Testamentsvollstrecker rechtsverbindlich weiß, ob er STREITIGE NACHLASSVERBINDLICHKEITEN bezahlen darf, sollte er zunächst die Zahlung verweigern und sich notfalls von einem Gläubiger auf die Zahlung verklagen lassen, sofern er keine Einigung mit den Miterben über die Zahlungsberechtigung erzielt.

Auf den Testamentsvollstrecker können mannigfaltige Nachlassverbindlichkeiten zukommen. Hatte der Erblasser zB noch Handwerker beauftragt, Käufe getätigt oder sonstige rechtliche Verpflichtungen begründet, diese aber vor seinem Tode nicht mehr bezahlen oder erfüllen können, bestreiten nicht selten die Erben die Rechtmäßigkeit dieser Geschäfte mit angeblicher Willensschwäche oder gar GESCHÄFTSUNFÄHIGKEIT des Verstorbenen. Der Testamentsvollstrecker darf bei solch bestrittenen Forderungen nicht vorschnell Zahlungen aus dem Nachlass leisten, sondern muss entweder Rückstellungen aus dem Nachlass hierfür bilden oder darüber Gerichtsprozesse führen. Aus einem Postnachsendeauftrag oder durch Informationen Dritter können sich Anhaltspunkte für zusätzliche, bisher nicht ersichtliche Nachlassverbindlichkeiten des Erblassers ergeben. Taucht eine solche Information auf, sollte der Testamentsvollstrecker den Gläubiger anschreiben und um Auskunft über die etwaige Nachlassverbindlichkeit bitten.

Mustertext „Anschreiben an Gläubiger zur Feststellung einer Nachlassverbindlichkeit":

An (Gläubiger)

Betreff: Ihre Rechnung vom ......

Sehr geehrter Herr (Gläubiger),

wie Sie aus anliegender beglaubigter Kopie meines Testamentsvollstreckerzeugnisses vom ...... entnehmen können, bin ich zum Testamentsvollstrecker über den Nachlass des am ...... verstorbenen Herrn X bestellt worden. Im Zuge der Ermittlung des Nachlassumfanges/Mittels Postnachsendeantrag wurde mir Ihre im Betreff genannte Rechnung zugänglich gemacht. Der Erblasser soll demnach bei Ihnen ...... gekauft haben. Eine verbindliche Bestellung oder Bestätigung der Lieferung des angeblich gelieferten Artikels konnte ich in den Unterlagen des Erblassers nicht auffinden. Bitte übersenden Sie mir deshalb einen entsprechenden Nachweis, damit ich die Rechnung prüfen und bei entsprechender Berechtigung Ihre Forderung im Zuge der Nachlassauseinandersetzung berücksichtigen kann. Vorsorglich erhebe ich in meiner Eigenschaft als Testamentsvollstrecker die Dreimonatseinrede gem. § 2014 BGB.

Mit freundlichen Grüßen

Testamentsvollstrecker

Ist die Berechtigung der ERBFALLSCHULDEN geklärt, fragt sich oft, in welcher REIHENFOLGE diese zu tilgen sind. Die Erbfallschulden können mannigfaltiger Natur sein, zB aus offenen Rechnungen, die der Erblasser noch nicht bezahlt hatte, herrühren. Um nicht einzelne Gläubiger zu bevorteilen oder zu benachteiligen, muss der Testamentsvollstrecker darauf achten, die richtige Reihenfolge der Schuldentilgung vorzunehmen. Der Testamentsvollstrecker kann sich hier an die Leitlinien der in § 327 der Insolvenzordnung genannten Aufzählung halten. Für den Rang der Forderungen von Erbfallschulden gilt die in § 327 InsO getroffene Festlegung.

Reichen die flüssigen Gelder hierzu nicht aus, ist zur Schuldentilgung der Nachlass ganz oder teilweise nach den vorbezeichneten Regeln zu verkaufen. Welche Nachlassgegenstände hierfür versilbert werden, entscheidet der Testamentsvollstrecker, nicht die Miterben. Mit diesen sollte er zuvor jedoch Rücksprache nehmen und sich mit ihnen abstimmen. Auch wenn die Letztentscheidung über die Frage, welche Nachlassgegenstände zur Schuldentilgung versilbert werden, beim Testamentsvollstrecker liegt, wird der umsichtige Testamentsvollstrecker gerade bei diesem Thema vorab die ABSTIMMUNG MIT DEN MITERBEN suchen. Da der Nachlass letztendlich den Miterben auszuhändigen ist, haben diese von Natur aus ein gesteigertes Interesse daran, den Nachlass soweit als möglich bis zur Aushändigung an diese zu erhalten. Fehlende oder nicht rechtzeitige Information und Rücksprache mit den Miterben bei der Versilberung einzelner Nachlassgegenstände führt in der Regel zu heftigem Streit zwischen allen Beteiligten. Sind Verbindlichkeiten zwar bereits bekannt, aber noch nicht fällig, zB die

Erbschaftsteuer, ist der erforderliche Betrag aus der Erbmasse ZURÜCKZUBEHALTEN (§ 2046 Abs. 1 S. 2 BGB). Insoweit muss der Testamentsvollstrecker Rücklagen bilden, deren Überschüsse er erst dann den Erben aushändigen darf, wenn tatsächlich alle Schulden bezahlt worden sind.

Selbstverständlich gehört zum Teilungsplan als Verbindlichkeit auch die Vergütung des Testamentsvollstreckers. Diese wird erst mit dem Ende des Amtes fällig, einen Anspruch auf eine Vorschusszahlung auf seine Gebühren hat der Testamentsvollstrecker nicht. Daher ist seine Abrechnung über seine Testamentsvollstreckergebühren im Teilungsplan als Nachlassverbindlichkeit mit aufzunehmen. Sind Schulden streitig, ist ein Gerichtsverfahren unumgänglich. Nur so erhält der Testamentsvollstrecker Rechtssicherheit und -gewissheit, ob er diese aus dem Nachlass zahlen darf oder nicht. Im Zweifel sollte er sich deshalb vom Gläubiger verklagen lassen.

6. Verteilung des Überschusses

Der Überschuss, der nach der Tilgung der Nachlassverbindlichkeiten verbleibt, ist auf die Erben nach deren Erbquoten und den Anordnungen des Erblassers zu verteilen.

EXPERTENTIPP ZU BEANTRAGUNG EINES ERBSCHEIN BEI UNKLARERE ERBENSTELLUNG:
Der Testamentsvollstrecker sollte bei nicht eindeutigen Erbquoten einen ERBSCHEIN beantragen, um eine sichere Basis für die Nachlassverteilung zu haben.

Die zu verteilende Nachlassmasse umfasst auch PFLICHTTEILSANSPRÜCHE, die der Testamentsvollstrecker zuerst selbst geltend machen muss, wenn ein solcher Anspruch im Nachlass des Verstorbenen ist; das ist immer dann der Fall, wenn der Erblasser selbst (!) pflichtteilsberechtigt war, seinen Pflichtteilsanspruch aber nicht oder noch nicht angemeldet hatte. Das ist dann Aufgabe des Testamentsvollstreckers im Rahmen einer Abwicklungsvollstreckung, der dieses Recht geltend machen und den Erlös bei der späteren Auseinandersetzung mitverteilen muss.

Bei der Verteilung sind AUSGLEICHUNGEN zu berücksichtigen. Ob solche bestehen, weiß der Testamentsvollstrecker in der Regel nicht. Daher hat er gegen die Miterben einen Anspruch auf Mitteilung ausgleichungspflichtiger Beträge (§ 2057 BGB). Diese auszugleichenden Zuwendungen sind solche, die ein Miterbe durch die Zuwendung oder Schenkung des Erblassers zu Lebzeiten vorab erhalten hat. Ob diese auszugleichen sind, richtet sich nach §§ 2050 ff. BGB. Ausgleichspflichtige Zuwendungen muss der Testamentsvollstrecker von sich aus erfragen, um diese bei der späteren Teilung berücksichtigen zu können. Unterlässt er dies, ist er den übrigen Miterben gegenüber persönlich haftbar, da die Ausgleichungspflicht von Gesetzes wegen zu beachten ist. Diesen Vorgaben unterliegt auch der Testamentsvollstrecker. Er ist daher verpflichtet, vor der Nachlassauseinandersetzung diese Informationen von den Miterben einzuholen.

Testamentsvollstrecker muss Auskünfte einholen!
Miterben müssen dem Testamentsvollstrecker umfassend Auskunft über ausgleichungspflichtige Zuwendungen geben. Der in der Praxis häufig auftretenden „Mauertaktik" der Auskunftsverpflichteten, die von Verschweigen, angeblicher Unkenntnis oder einer „Salamitaktik" bei der Auskunft reichen kann, ist unzulässig. Auch, dass Kontoauszüge von den Banken nur zehn Jahre aufbewahrt werden, entlastet den Auskunftspflichtigen für zeitlich davor liegende Zuwendungen und deren Offenbarung nicht. Mit solchen Ausreden darf sich der Testamentsvollstrecker nicht zufriedengeben, andernfalls er einen haftungsträchtigen Fehler bei der Nachlassermittlung und späteren Nachlassteilung begeht.

Der Testamentsvollstrecker sollte bereits in seinem ERSTANSCHREIBEN AN DIE MITERBEN nach ausgleichungspflichtigen Zuwendungen des Erblassers fragen.

Als AUSGLEICHUNGSPFLICHTIG Zuwendung kommen in Frage:

- Was gesetzliche Erben zu Lebzeiten als Ausstattung erhielten (§ 2050 Abs. 1 BGB);
- Übermäßige Zuschüsse zum Lebensunterhalt (§ 2050 Abs. 2 BGB);
- Übermaßaufwendungen für eine Berufsausbildung (§ 2050 Abs. 2 BGB);
- Zuwendungen, deren späterer Ausgleich ausdrücklich angeordnet wurde (§ 2050 Abs. 3 BGB);
- Pflegetätigkeit oder Mitarbeit des Kindes im Haushalt, Beruf oder Geschäft des Erblassers (§ 2057a BGB).

Die Berechnung der Ausgleichung ist oft schwierig und ein großer Ansatzpunkt für Streit unter den Miterben.

Wurde der Erblasser von einem seiner Kinder gepflegt, sind gem. § 2057a Abs. 1 BGB dessen PFLEGELEISTUNGEN IM TODESFALL auszugleichen. Nach der zum 1.1.2010 geänderten Gesetzesfassung dieser Vorschrift ist es nicht mehr notwendig, dass das pflegende Kind auf ein berufliches Fortkommen verzichtet, um überhaupt einen Ausgleich für seine Pflegetätigkeiten zu erhalten. Der Testamentsvollstrecker, welcher diese Ausgleichung für vorangegangene Pflegeleistung eines Kindes im Rahmen der Nachlassauseinandersetzung berücksichtigen will, sollte sich daher genau aufschlüsseln lassen, welches Maß und welchen zeitlichen Umfang die getätigte Pflege besaß. Andernfalls wird er keine tragfähige Grundlage besitzen, um diese Ausgleichung den übrigen Miterben gegenüber vertreten und durchsetzen zu können. Darüber hinaus benötigt er diese Aufstellungen, um eine geldliche Bewertung dieser Pflegetätigkeiten vornehmen und in seinen Auseinandersetzungsplan aufnehmen zu können. Entsteht Streit über Maß und zeitlichen Umfang der Pflegetätigkeit, ist dies letztlich nur durch einen Gerichtsprozess zu klären.

7. Steuerliche Auswirkungen der Teilung

Der Testamentsvollstrecker ist verpflichtet, auch etwaige STEUERLICHE AUSWIRKUNGEN SEINER NACHLASSAUSEINANDERSETZUNG zu berücksichtigen. Insbesondere wenn im Nachlass Firmen, Geschäftsanteile oder Firmenbeteiligungen sind, die im Rahmen der Auseinandersetzung durch den Testamentsvollstrecker zugeteilt werden, drohen zu Lasten der Erben steuerliche Konsequenzen. Ist es dem Testamentsvollstrecker mangels eigener Sachkunde nicht möglich, diese korrekt und vollständig abzuschätzen, sollte er sich steuerlichen Rat vor Auseinandersetzung des Nachlasses hierzu einholen.

EXPERTENTIPP ZUR BEACHTUNG DER STEUERPFLICHT BEI ZUTEILUNG VON FIRMENVERMÖGEN: Führt der Vollzug des Auseinandersetzungsplanes zu einer Entnahme aus einem Firmenvermögen oder zu einem Veräußerungsgewinn, können STILLE RESERVEN mit Einkommensteuer belastet werden.

Bevor der Auseinandersetzungsplan aufgestellt wird, sollte er auf seine steuerlichen Folgen geprüft werden. Wird hierzu ein STEUERBERATER beauftragt, sollten sich die Miterben wegen der anfallenden Kosten erkundigen.

8. Formalien des Teilungsplans

Die Aufstellung des Auseinandersetzungsplanes stellt eine der Kardinalspflichten des Testamentsvollstreckers dar. Er muss darauf achten, dass der Auseinandersetzungsplan vollständig, exakt und nachvollziehbar für die Beteiligten ist. Bei der Erstellung des Auseinandersetzungsplanes ist der Testamentsvollstrecker keinen starren, formalen Regeln unterworfen.

Mustertext „Auseinandersetzungsplan“:
Plan über die Auseinandersetzung des Nachlasses von N.N. verstorben am ......

I. Aktivnachlass:	
1. Bargeld	EUR 1.000,00
2. Guthaben Konto Nr. .... bei der Bank X	EUR 49.000,00
3. Wertpapiere, Depot Nr. .... bei der Bank X, Kurswert	EUR 150.000,00
Summe	EUR 200.000,00
II. Verbindlichkeiten:	
1. Beerdigungskosten	EUR 7.500,00
2. Vermächtnis zugunsten des Kirchen-, Heimat- und Kulturvereins e. V., 74821 Mosbach-Lohrbach	EUR 7.500,00

3. Vergütung und Auslagen des Testamentsvollstreckers		EUR 5.000,00
Summe		EUR 20.000,00
III. Reinnachlass		EUR 180.000,00
A. Erben sind laut Erbschein des Amtsgerichts A vom ……		
Frau W (Witwe) zu ½,		
Frau T (Tochter) zu ¼,		
Herr S (Sohn) zu ¼.		
B. Aufteilung		
Die Verbindlichkeiten werden noch erfüllt. Der Rest im Wert von wird wie folgt aufgeteilt:		EUR 180.000,00
I. Frau W erhält	vom Guthaben	EUR 15.000,00
	Wertpapiere im Kurswert von	EUR 75.000,00
	Summe	EUR 90.000,00
II. Frau T erhält	vom Guthaben	EUR 7.500,00
	Wertpapiere im Kurswert von	EUR 37.500,00
	Summe	EUR 45.000,00
III. Herr S erhält	vom Guthaben	EUR 7.500,00
	Wertpapiere im Kurswert von	EUR 37.500,00
	Summe	EUR 45.000,00
		EUR 180.000,00

Aufteilung der Wertpapiere (Bestand laut Depotauszug vom ……)

Nachlassbestand	An Frau W	An Frau T	An Herrn S
Bundesschatzbriefe iWv EUR 150.000,00	EUR 75.000,00	EUR 37.500,00	EUR 37.500,00
BASF-Aktien 1.000 Stück	500	250	250
usw.			

……, den ……

……

Testamentsvollstrecker

VIII. Auseinandersetzungsvertrag

Alternativ zur Aufstellung eines Teilungsplanes kann der Testamentsvollstrecker mit den Erben einen Auseinandersetzungsvertrag schließen. Dieser ist in der Praxis dem Teilungsplan vorzugswürdig, da darin auch weitergehende, als reine Auseinandersetzungspositionen geregelt werden können.

1. Einvernehmliche Nachlassteilung

Den Erben steht es frei, mit dem Testamentsvollstrecker einen ERBAUSEINANDERSETZUNGSVERTRAG abzuschließen. Dadurch können alle erbrechtlich Beteiligten einvernehmlich eine Grundlage schaffen, auf der die Auseinandersetzung des Nachlasses erfolgen kann. Es ist nicht notwendig, dass dem Auseinandersetzungsvertrag ein Teilungsplan vorausgeht. Gegen den Willen des Testamentsvollstreckers oder ohne dessen Beteiligung können die Erben hingegen keinen Auseinandersetzungsvertrag schließen.

Wenn alle Miterben dem zunächst vorgelegten Teilungsplan des Testamentsvollstreckers zustimmen, ist bereits hierdurch ein solcher Vertrag zustande gekommen. Dies gilt jedoch nicht, wenn sie zum Teilungsplan nur angehört werden und sich dazu nicht äußern oder gar widersprechen. Sind in der letztwilligen Verfügung auch VOR- UND NACHERBEN bezeichnet oder VERMÄCHTNISSE ausgesetzt, und soll ein Auseinandersetzungsvertrag abgeschlossen werden, besteht das Zustimmungserfordernis auch für die Nacherben sowie Vermächtnisnehmer, sofern deren Vermächtnisse noch nicht erfüllt sind.

EXPERTENTIPP ZUR NUTZUNG DER VORTEILE DES TEILUNGSVERTRAGS:
Der Testamentsvollstrecker sollte immer versuchen, einen Auseinandersetzungsvertrag abzuschließen. Er kann darin seine HAFTUNG begrenzen, seine VERGÜTUNG regeln, eine Haftungsfreistellung für seine Tätigkeit aufnehmen und auch einvernehmlich mit den Erben von den Anordnungen des Erblassers abweichen, wenn alle Miterben damit einverstanden sind.

2. Beachtung von Auseinandersetzungsverboten

Der Erblasser darf in seinem Testament die Nachlassauseinandersetzung für einen bestimmten Zeitraum ausschließen, regelmäßig längstens für 30 Jahre. An ein solches Auseinandersetzungsverbot ist der Testamentsvollstrecker gebunden. Ist er sich jedoch mit allen Miterben einig, entgegen des Verbots die Auseinandersetzung vorzunehmen, kann die Erbteilung erfolgen. Dadurch können sich auch alle erbrechtlich Beteiligten über eine Teilungsanordnung hinwegsetzen.

Keinesfalls darf jedoch der Testamentsvollstrecker sich über ein ausdrückliches Auseinandersetzungsverbot bezüglich des gesamten Nachlasses – auch nicht im Einvernehmen mit den Erben – hinwegsetzen und den eigenen Willen der Erben umsetzen. Handlungsmaxime ist ausschließlich der Wille des Erblassers, nicht diejenige der Erben.

3. Form des Auseinandersetzungsvertrags
Einer bestimmten FORM bedarf der Auseinandersetzungsvertrag in der Regel nicht. Sind aber Vereinbarungen aufgenommen, welche nach den allgemeinen gesetzlichen Bestimmungen formbedürftig sind (zB die Zuteilung von Grundstücken) ist die notarielle Form gem. § 311b Abs. 1 BGB vorgeschrieben. Auch bei der Übertragung von GmbH-Anteilen nach § 15 GmbHG müssen diese Formvorschriften – in der Regel NOTARIELLE BEURKUNDUNG – eingehalten werden. Nicht selten übernimmt ein Miterbe Erbteile eines anderen. Dies stellt noch keinen formbedürftigen Erbteilskauf dar, sondern ist in der Regel ein formfreier Auseinandersetzungsvertrag und kann deshalb ohne Inanspruchnahme eines Notars geregelt werden. Nur wenn ein Miterbe aus der Erbengemeinschaft ausscheiden will und vom Testamentsvollstrecker dafür als „Abfindung" ein Grundstück zugeteilt erhält, ist diese Vereinbarung wiederum notariell zu beurkunden.

§ 311b Abs. 1 BGB:
Ein Vertrag, durch den sich der eine Teil verpflichtet, das Eigentum an einem Grundstück zu übertragen oder zu erwerben, bedarf der notariellen Beurkundung.

IX. Anhörungsrecht der Erben

Der Testamentsvollstrecker verwaltet den Nachlass nicht für sich, sondern für die Erben. Entsprechend haben diese während der Tätigkeit des Testamentsvollstreckers als auch vor der Nachlassverteilung das Recht, zu bestimmten Maßnahmen angehört zu werden.

EXPERTENTIPP ZUR NICHT VORSCHNELLEN VERFASSUNG EINES TEILUNGSPLANS:
Der ENTWURF des Auseinandersetzungsplans kann jederzeit noch geändert werden. Er sollte mit „Entwurf" oder „vorläufiger Auseinandersetzungsplan" ausdrücklich überschrieben werden.

1. Anhörung vor Teilung des Nachlasses
Die Miterben haben einen Anspruch auf RECHTLICHES GEHÖR , wenn der Testamentsvollstrecker einen Auseinandersetzungsplan erstellt. Daher ist es zweckmäßig, wenn vor der Erstellung des endgültigen Planes der Testamentsvollstrecker zunächst einen VORLÄUFIGEN AUSEINANDERSETZUNGSPLAN fertigt. Hierzu kann er dann die Erben anhören und deren Meinungen, Wünsche und weitere Auseinandersetzungsvorschläge sammeln. Erst im Anschluss daran sollte der fertige Auseinandersetzungsplan aufgestellt werden.

Die vorher durchgeführte ANHÖRUNG DER ERBEN erleichtert es letztendlich allen Beteiligten, deren eigene Vorstellungen zur Auseinandersetzung einzubringen, bevor diese tatsächlich durchgeführt wird. Letztendlich wirken dadurch alle an der Auseinandersetzung Beteiligten mit, was eine positive Atmosphäre zwischen den Miterben und dem Testamentsvollstrecker bewirkt. Dies ist nicht zu unterschätzen, da auf diese Weise rechtzeitig etwaigen Meinungsverschiedenheiten oder gar Gerichtsprozessen der Wind aus dem Segel genommen werden kann. Die frühzeitige Anhörung der Miterben zum beabsichtigten Auseinandersetzungsplan des Testamentsvollstreckers stellt für diesen eine geeignete Möglichkeit dar, schiedlich-friedlich seine Aufgaben zu erledigen.

Mustertext „Anhörung der Erben zum Auseinandersetzungsplan“:
An den Erben ......

per Einschreiben/Rückschein

Wegen: Auseinandersetzungsplan zum Nachlass des Erblassers ......
Sehr geehrter Herr ......, in o. g. Angelegenheit habe ich als Testamentsvollstrecker auf der Grundlage des Testaments des Erblassers vom ...... und unter Berücksichtigung der gesetzlichen Vorschriften den beiliegenden Auseinandersetzungsplan aufgestellt. Ich darf Ihnen hiermit die Möglichkeit zu Ihrer Stellungnahme zu anliegendem Plan geben. Sofern ich nicht bis zum ...... Gegenteiliges von Ihnen höre, gehe ich von Ihrem Einverständnis mit dem Auseinandersetzungsplan aus. Auf dessen Grundlage werde ich dann die weiteren Schritte zur Nachlassauseinandersetzung und zum Vollzug des Planes durchführen.

Mit freundlichen Grüßen,

Testamentsvollstrecker

Erst wenn der endgültige Auseinandersetzungsplan vorliegt und ausgeführt bzw. umgesetzt werden soll, muss der Testamentsvollstrecker die Erben hierzu anhören. Zwar können die Erben auf ihre Anhörungsrechte verzichten, der Testamentsvollstrecker darf sie von sich aus jedoch nicht unbeachtet lassen. Würde der Testamentsvollstrecker sich über die Anhörungsrechte der Erben hinwegsetzen, kann dies einen Grund darstellen, ihn zu entlassen. Die Anhörungsrechte stellen das gesetzlich verbürgte rechtliche Gehör der Miterben dar, was der Testamentsvollstrecker nicht übergehen darf. Trotz UNTERLASSENER ANHÖRUNG ist der Auseinandersetzungsplan aber wirksam, der Testamentsvollstrecker ist aber möglichen Schadensersatzansprüchen der Erben ausgesetzt.

EXPERTENTIPP ZUR NOTWENDIGEN PFLEGERBESTELLUNG BEI MINDERJÄHRIGEN ERBEN:
Ist ein Miterbe minderjährig, abwesend oder unbekannt, muss der Testamentsvollstrecker zuvor einen Pfleger für die Anhörung zu seinem Auseinandersetzungsplan beim Gericht beantragen.

Schwierig ist die Anhörung, wenn der MITERBE ABWESEND, UNBEKANNT ODER MINDERJÄHRIG ist. Damit die Auseinandersetzung zügig durchgeführt werden kann, muss der Testamentsvollstrecker die Bestellung eines PFLEGERS beim Vormundschaftsgericht veranlassen und diesen anhören. Bei minderjährigen Erben kann dessen gesetzlicher Vertreter angehört werden; ist dieser selbst Miterbe, muss wiederum ein Pfleger für den minderjährigen Miterben bestellt werden. Dem Testamentsvollstrecker ist daher bei Vorhandensein minderjähriger Miterben dringend anzuraten, sich umgehend mit dem Vormundschaftsgericht ins Benehmen zu setzen, ob ein Pfleger zu bestellen ist oder nicht. Je früher dieser Kontakt hergestellt wird, umso bereitwilliger werden die Eltern des minderjährigen Miterben den Tätigkeiten des Testamentsvollstreckers zustimmen, da er insoweit der Kontrolle des Vormundschaftsgerichtes unterliegt.

Keinen Auseinandersetzungsplan muss der Testamentsvollstrecker aufstellen, wenn die Miterben die AUSEINANDERSETZUNG DER ERBENGEMEINSCHAFT DAUERHAFT AUSSCHLIESSEN. Es steht ihnen zu, zu vereinbaren, dass die Nachlassauseinandersetzung bei einer Abwicklungsvollstreckung dauerhaft ausgeschlossen wird. Mit diesem Beschluss der Miterben endet die Abwicklungsvollstreckung von selbst. Ein Erbschein, der die Beschränkung der Erben durch die Anordnung der Testamentsvollstreckung ausweist und ein Testamentsvollstreckerzeugnis sind vom Nachlassgericht daraufhin einzuziehen.

Ein Beschluss aller Miterben, die Auseinandersetzung hinsichtlich nur EINES EINZELNEN NACHLASSGEGENSTANDES auszuschließen, ist ebenfalls möglich. Diesbezüglich endet die Testamentsvollstreckung dann gegenständlich. Über die restliche Erbschaft ist selbstverständlich die Auseinandersetzung durchzuführen.

2. Einverständnis der Erben zum Teilungsplan

EXPERTENTIPP ZUR BEACHTUNG VON GEGENVORSCHLÄGEN VOR TEILUNG:
Beantwortet der Testamentsvollstrecker in angemessener Zeit sachlich konkrete Auseinandersetzungsvorschläge der Miterben nicht, kann dies einen Grund zu seiner Entlassung nach § 2227 Abs. 1 BGB darstellen.

Sind die Erben mit dem Auseinandersetzungsplan EINVERSTANDEN, kann ihn der Testamentsvollstrecker VOLLZIEHEN. Dazu sind zB das Grundbuch umzuschreiben, Bankkonten aufzulösen, Nachlassguthaben an die einzelnen Miterben zu transferieren, Wertpapiere aufzuteilen, usw. Häufig unterbreiten die Erben selbst Auseinandersetzungs- und AUFTEILUNGSVORSCHLÄGE des Nachlasses. Der Testamentsvollstrecker ist verpflichtet, sachliche, konkrete Auseinandersetzungsvorschläge der Miterben zu beantworten und in seine Überlegungen für die Schlussauseinandersetzung einzubeziehen. In der Regel sollten die Miterben ihre eigenen Vorschläge schriftlich dem Testamentsvollstrecker vorlegen, der diese dann in die Schlussauseinandersetzung einarbeiten kann. Die

SCHRIFTFORM erleichtert es vor allem dem Testamentsvollstrecker, die Stellungnahmen der Miterben für etwaige spätere „abweichende Meinungen“ zu archivieren.

3. Zustimmung der Erben keine Teilungsvoraussetzung

Sind die Miterben mit dem Auseinandersetzungsplan NICHT EINVERSTANDEN, kann der Testamentsvollstrecker ihn dennoch umsetzen. Eine Genehmigung des Plans seitens der Erben ist weder notwendig noch erforderlich. Wenn die Miterben eine andere als vom Erblasser vorgegebene Auseinandersetzung vereinbaren, ist der Testamentsvollstrecker hieran nicht gebunden. Er muss dann ggf. den Erblasserwillen auch gegen den Willen der Erben durchsetzen.

Bereits mit dem ZUGANG des endgültigen Auseinandersetzungsplans bei den Erben wird der Plan von selbst bindend. Dies gilt sogar dann, wenn sich die Miterben zum Plan weder äußern oder damit nicht einverstanden sind. Dies hat zur Konsequenz, dass der endgültige Plan einseitig vom Testamentsvollstrecker nicht mehr geändert, rückgängig gemacht oder ergänzt werden kann.

ZUGANG:
Eine Willenserklärung (sc. der Teilungsplan) ist zugegangen, wenn sie so in den Machtbereich des Empfängers gelangt ist, dass dieser unter normalen Umständen die Möglichkeit der Kenntnisnahme hat. Zum Machtbereich des Empfängers gehören auch die von ihm zur Entgegennahme von Erklärungen bereit gehaltenen Einrichtungen (zB Briefkasten, Postfach, Anrufbeantworter usw.).

Mit Einverständnis aller Erben kann aber der endgültige Auseinandersetzungsplan aufgehoben und durch einen neuen ersetzt werden. Der Auseinandersetzungsvertrag kann einvernehmlich jederzeit durch Zustimmung aller Beteiligten abgeändert oder ergänzt werden.

4. Klagemöglichkeiten der Erben gegen Teilungsplan

Ein Miterbe, der mit dem Auseinandersetzungsplan gar nicht einverstanden ist oder einzelne Punkte daran moniert, kann vor dem Zivilgericht hiergegen eine KLAGE AUF FESTSTELLUNG der Unwirksamkeit des Teilungsplanes erheben. Eine allgemeine „Anfechtung“ ist unzulässig. In der Praxis hat die Rechtsprechung grundsätzlich die Tätigkeiten des Testamentsvollstreckers in Bezug auf die Durchführung des Auseinandersetzungsplanes gestärkt; nur wenn eklatante Fehler von ihm begangen oder gesetzliche bzw. testamentarische Vorgaben übergangen wurden, sind solche Klagen von Miterben erfolgreich.

EXPERTENTIPP BEI EINEM TESTAMENTSVOLLSTRECKER ALS KLAGEGEGNER:
Die Klage richtet sich allein gegen den Testamentsvollstrecker, weil nur er die Auseinandersetzung durchführt.

X. Vollzug der Auseinandersetzung

Die Abschlusstätigkeiten des Testamentsvollstreckers liegen in der durch den Teilungsplan dargestellten oder im Auseinandersetzungsvertrag vereinbarten faktischen Verteilung der Erbschaft und der einzelnen Nachlassgegenstände.

Allein dadurch, dass ein Auseinandersetzungsplan oder -vertrag vorliegt, ist die Erbengemeinschaft noch nicht auseinandergesetzt. Der Plan bildet nur die Basis für die Teilung und muss daher noch AUSGEFÜHRT werden. Die Umsetzung des Plans hängt von der Art der zugeteilten Nachlassgegenstände ab. Auch ob und welche Formvorschriften dabei zu beachten sind, hängt wiederum von der Art der zugeteilten Nachlassgegenstände (zB Grundstücke) ab:

- Bewegliche Gegenstände werden den Miterben ausgehändigt und übereignet,
- Forderungen werden abgetreten,
- Grundstücke sind an den jeweiligen Miterben aufzulassen, der Eigentumswechsel muss im Grundbuch eingetragen werden (hierzu ist ein notarieller Erfüllungsvertrag aufzusetzen).

EXPERTENTIPP ZUR EINHOLUNG EINER GENEHMIGUNG VOR ZUTEILUNG VON ACKERLAND: Werden landwirtschaftliche Flächen, die größer als 1 ha sind, vom Testamentsvollstrecker übertragen, ist zusätzlich eine Genehmigung nach dem Grundstücksverkehrsgesetz erforderlich.

Nicht selten wird im Rahmen des Vollzuges des Auseinandersetzungsplanes oder -vertrages von demjenigen Miterben, der das Grundstück zugeteilt erhält, verlangt, dass der Testamentsvollstreckervermerk im GRUNDBUCH hinsichtlich des Übertragungsobjekts gelöscht wird. Diesem Verlangen ist in der Regel nachzukommen. Wenn im Grundbuch der Testamentsvollstreckervermerk eingetragen ist, muss dieser auch dann gelöscht werden, wenn eine sogenannte Vor- und Nacherbschaft angeordnet ist und der Testamentsvollstrecker formgerecht die Freigabeerklärung hinsichtlich des Grundstücks abgegeben hat. Das Grundbuchamt hat insoweit keine eigene Befugnis, zu prüfen, ob tatsächlich auch die Nacherben der Freigabe zustimmen; insoweit fehlt ihm die Prüfungsbefugnis hinsichtlich der Freigabeerklärung. Diese muss nur in formaler Hinsicht korrekt sein.

Der im Grundbuch eingetragene Testamentsvollstreckervermerk ist jedoch dann ausnahmsweise nicht zu löschen, wenn durch das Testament die Fortdauer der Testamentsvollstreckung nach Erledigung der dem Testamentsvollstrecker sonst zugewiesenen Aufgaben am Erbteil gerade dieses Miterben weiterhin angeordnet ist. Diese Konstellation findet sich häufig bei Miterben, die geschieden, überschuldet oder behindert sind, so dass durch die angeordnete Testamentsvollstreckung der Zugriff Dritter (zB geschiedener Ehepartner, Gläubiger) auf diesen Erbteil vermieden werden soll.

Nicht selten teilen Testamentsvollstrecker, die ihre Aufgaben erledigt haben, dies schriftlich dem Nachlassgericht mit. Wenn im Grundbuch der Testamentsvollstreckervermerk eingetragen ist und dieser gelöscht werden muss, weil die Aufgaben erledigt sind, reicht es nicht aus, wenn der Testamentsvollstrecker dem Grundbuchamt lapidar mitteilt, dass er gegenüber dem Nachlassgericht schriftlich mitgeteilt hat, dass seine Aufgabe geendet hat. In diesen Fällen darf das Grundbuchamt gegebenenfalls sogar die Vorlage eines Erbscheins verlangen, in welchem der Testamentsvollstreckervermerk nicht mehr enthalten ist; aus dieser Nicht-Nennung der Testamentsvollstreckertätigkeit im Erbschein folgt, dass diese nicht (mehr) angeordnet ist. Damit kann der Unrichtigkeitsnachweis nach § 22 I GBO formal korrekt geführt werden.

Ist die Testamentsvollstreckung kraft Aufgabenerledigung als beendet anzusehen, können die im Grundbuch eingetragenen Miterben ohne Zustimmung des Testamentsvollstreckers über die Immobilie verfügen (durch Verkauf, Tausch, Schenkung usw.), selbst wenn der Testamentsvollstreckervermerk im Grundbuch selbst noch nicht gelöscht ist.

Vom Testamentsvollstrecker vorgenommene SCHENKUNGEN sind unwirksam, selbst wenn ihnen teilweise Gegenleistungen gegenüberstehen, außer die Schenkung wird von den Erben genehmigt (§ 2205 BGB). Eine solche Schenkung kann bei der Auseinandersetzung und dem Vollzug des Teilungsplanes dann vorliegen, wenn der Testamentsvollstrecker einem Miterben wertmäßig mehr zuteilt, als dessen Erbquote entspricht.

Weiterhin sind Vermächtnisse und Auflagen durch den Testamentsvollstrecker zu erfüllen. Streitige PFLICHTTEILSANSPRÜCHE darf dagegen nur der Erbe persönlich anerkennen, nicht aber der Testamentsvollstrecker. Hierzu hat er notfalls Rücklagen vor der Auseinandersetzung zu bilden.

EXPERTENTIPP ZU PFLICHTTEILSANSPRÜCHEN: Keine Pflichtteilsregelung durch Testamentsvollstrecker.

Nicht selten ist einer der Miterben selbst zum Testamentsvollstrecker vom Erblasser berufen. Soll dann der Plan vollzogen werden, fragt sich, ob der Testamentsvollstrecker dies selbst wegen „Befangenheit“ vornehmen darf. Die Rechtsprechung hat geklärt, dass in diesen Fällen davon auszugehen ist, dass der Erblasser den Testamentsvollstrecker trotz eines möglichen INTERESSENKONFLIKTS die Vornahme dieser

Rechtsakte gestattet hat. Das soll auch dann gelten, wenn er keine ausdrücklichen Befreiungen von den Beschränkungen des § 181 BGB (In-Sich-Geschäft) im Testament angeordnet hatte. Daher darf der Testamentsvollstrecker dasjenige, was er auf Grund des Auseinandersetzungsplanes (oder auch -vertrages) annehmen kann, also zB auch Grundstücke, an sich selbst übertragen bzw. auflassen.

Auf den Punkt gebracht:
Die Aufteilung des Nachlasses durch den Testamentsvollstrecker erfolgt vorrangig durch die Vorgaben des Verstorbenen in dessen Testament. Einzelanweisungen (zB Teilungsanordnungen, Vorausvermächtnisse usw.) sind vorrangig vor den gesetzlichen Teilungsregeln zu beachten. Zur Auseinandersetzung sieht das Gesetz die Aufstellung eines Teilungsplanes vor, der jedoch starren Regeln unterworfen ist. In der Praxis bietet sich an, mit allen Miterben einen Auseinandersetzungsvertrag zu schließen, da dieser flexibler ist und auch bei Übereinstimmung aller Beteiligten die Wünsche der Erben berücksichtigen kann. Sind die Erben mit einem Teilungsplan nicht einverstanden, können sie dagegen klagen und gerichtliche Hilfe in Anspruch nehmen. Der Teilungsplan bzw. der Auseinandersetzungsvertrag bildet die Grundlage der weiteren Teilung, die nun auf dieser Basis umgesetzt wird. Dazu werden die Gegenstände des Nachlasses faktisch ausgehändigt, bei Immobilien das Grundbuch umgeschrieben usw. Vor der Teilung steht den Erben immer rechtliches Gehör gegenüber dem Testamentsvollstrecker zu, damit sie ihre Bedenken gegen den Inhalt des Teilungsplanes vortragen können.

Steuerliche Pflichten des Testamentsvollstreckers

Eine in der Praxis nicht zu unterschätzende Haftungsgefahr für den Testamentsvollstrecker liegt in der Aufgabe, alle steuerlich relevanten Belange des Verstorbenen zu regeln. Er muss die Erbschaftsteuererklärung anfertigen und sich um die Bezahlung der Erbschaftsteuern und etwaiger rückständiger Steuern des Verstorbenen kümmern.
Die Hauptaufgabe des Testamentsvollstreckers in steuerlicher Hinsicht ist die Erstellung der Erbschaftsteuererklärung und die Regulierung noch rückständiger Steuern des Verstorbenen. Aber auch bei der Erbauseinandersetzung muss er steuerliche Aspekte beachten.

7. Steuerliche Pflichten des Testamentsvollstreckers

EXPERTENTIPP ZUR BEACHTUNG VON STEUERFOLGEN VOR DER TEILUNG: Bevor die Auseinandersetzungsvereinbarung bzw. der Auseinandersetzungsplan aufgestellt wird, sollte der Vertrag notfalls durch einen Steuerberater auf seine steuerlichen Auswirkungen geprüft werden.

In aller Regel umfassen die Tätigkeiten des Testamentsvollstreckers auch steuerliche Maßnahmen. Diese können mannigfaltiger Natur sein, wie zB die Erstellung der ERBSCHAFTSTEUERERKLÄRUNG , Geltendmachung von Steuerforderungen gegenüber dem Finanzamt, usw. Auch der Vollzug der Auseinandersetzung kann steuerliche Folgen auslösen, die der Testamentsvollstrecker zuvor klären muss. Ist zB BETRIEBSVERMÖGEN im Nachlass, welches im Rahmen der Erbauseinandersetzung unter den Miterben zu verteilen ist, kann dies zu einer Entnahme aus dem Betriebsvermögen bzw. zu einem Veräußerungsgewinn führen. Hierdurch können stille Reserven aufgedeckt und mit nicht erwünschter EINKOMMENSTEUER belastet werden. Der Testamentsvollstrecker muss auch berücksichtigen, dass eine Erbengemeinschaft ein selbständiger Rechtsträger im Sinne des Grunderwerbsteuerrechts sein kann und er infolgedessen aus dem Nachlass unter Umständen GRUNDERWERBSTEUER zahlen muss; das hat der Bundesfinanzhof entscheiden, als eine Erbengemeinschaft Grundstücke zum Nachlass hinzuerworben hatte.

Nicht selten muss der Testamentsvollstrecker die Nachlassimmobilie räumen lassen. War der Erblasser ein „MESSIE“, sind die ENTMÜLLUNGSKOSTEN nicht erbschaftsteuermindernd abzusetzen, wie das Finanzgericht Baden-Württemberg ausgeurteilt hat (Urteil vom 18.12.2014 – 7 K 1377/14). Solche Aufwendungen verbleiben somit alleine bei den Erben. Dasselbe gilt für Kosten, die der Testamentsvollstrecker aufwenden muss, um bei einer Nachlassimmobilie KONTAMINIERTEN BODEN entfernen zu lassen, weil das Erdreich mit Öl verseucht ist.

Wird ein Steuerberater vom Testamentsvollstrecker hinzugezogen, ist der Steuerberater zu vergüten. Grundsätzlich ist der Testamentsvollstrecker berechtigt, den Steuerberater bei eigener fehlender Sachkunde auf Kosten des Nachlasses hinzuzuziehen. Da STEUERBERATERKOSTEN in der Regel nicht unerheblich den Nachlass belasten, wird der umsichtige Testamentsvollstrecker diese zusätzlichen Kosten zuvor mit den Miterben abstimmen.

Der Testamentsvollstrecker ist sogar dazu verpflichtet, einen STEUERBERATER hinzuzuziehen, sofern er eigene Kenntnisse im Steuerrecht nicht hat. Dies muss dem Testamentsvollstrecker sogar dringend angeraten werden, denn wenn er trotz mangelnder steuerlicher Kenntnisse Steuererklärungen anfertigt, haftet er nach der einschlägigen Rechtsprechung für fehlerhafte steuerliche Tätigkeit persönlich. Zieht er den Steuerberater hinzu, kann er das Steuerberaterhonorar dem Nachlass entnehmen.

Auch das Mandatsverhältnis zwischen dem Erblasser und dessen ehemaligem Steuerberater darf der Testamentsvollstrecker kündigen und einen neuen Steuerberater beauftragen. Fertigt dieser Steuererklärungen an, ist dieses Honorar als Kosten der Nachlassabwicklung vom Nachlass abzuziehen (§ 10 Abs. 5 Nr. 3 ErbStG).

Selbstverständlich ist auch möglich, dass STEUERERSTATTUNGEN im Rahmen der ausgeübten Testamentsvollstreckertätigkeit dem Nachlass zufließen. Diese sind die Umkehrung des Steueranspruchs und unterliegen den gleichen Regeln wie der Steueranspruch selbst. Steht dem Testamentsvollstrecker daher die Verfügungsbefugnis über den Nachlass zu, erstreckt sich diese auch auf die Steuererstattung. Eine Steuererstattung wird durch ABRECHNUNGSBESCHEID festgesetzt. Auf Grund der Verfügungsbefugnis des Testamentsvollstreckers sind deshalb die Steuererstattungen auf Erblassersteuern Teile des Nachlasses und daher an den Testamentsvollstrecker auszuzahlen. Wird zu viel ERBSCHAFTSTEUER vom Testamentsvollstrecker gezahlt und später erstattet, ist diese ebenfalls an ihn auszuzahlen. Haben hingegen die Erben aus deren freiem Vermögen die Erbschaftsteuer geleistet, ist diesen die Erstattung zu leisten.

I. Pflicht zur Abgabe der Erbschaftsteuererklärung

Dem Testamentsvollstrecker obliegt die Pflicht, die ERBSCHAFTSTEUERERKLÄRUNG abzugeben, § 31 Abs. 5 S. 1 ErbStG. Deshalb sind Erben weder berechtigt noch verpflichtet, diese Steuererklärung abzugeben. Für Pflichtteilsberechtigte oder Vermächtnisnehmer muss der Testamentsvollstrecker keine Steuererklärung abgeben, es sei denn, hinsichtlich zB eines Vermächtnisses ist ausdrücklich die Testamentsvollstreckung angeordnet.

Nicht selten tut sich ein Testamentsvollstrecker bei der Erstellung der Erbschaftsteuererklärung schwer. Vor allem bei komplexen Nachlässen ist dies häufig anzutreffen. Wenn er allerdings jahrelang die Festsetzung der Erbschaftsteuer dadurch verschleppt, dass er die Steuererklärungen nicht anfertigt und beim Finanzamt abgibt, begeht er eine grobe Pflichtverletzung. Die Rechtsprechung geht davon aus, dass solch ein Verhalten auch die Entlassung aus dem Amt rechtfertigen kann, wenn der Testamentsvollstrecker jahrelang die Festsetzung der Erbschaftsteuer nicht – auch nicht in Zusammenarbeit mit dem Finanzamt – herbeiführt und die Erbschaftsteuer letztendlich nicht abführt.

Das Finanzamt kann verlangen, dass die Steuererklärung neben dem Testamentsvollstrecker zusätzlich von einem oder mehreren Miterben unterschrieben wird (§ 31 Abs. 5 S. 2 ErbStG).

Hat der Testamentsvollstrecker die Erbschaftsteuererklärung abgegeben und zeigt sich im Nachhinein, dass zB weiterer, bisher unbekannter Nachlass auftaucht, muss er die Steuererklärung unverzüglich richtigstellen und entsprechend nachmelden (§ 153 Abs. 1 S. 2 AO).

§ 153 Abs. 1 AO:
Erkennt ein Steuerpflichtiger nachträglich vor Ablauf der Festsetzungsfrist, dass eine von ihm oder für ihn abgegebene Erklärung unrichtig oder unvollständig ist, und dass es dadurch zu einer Verkürzung von Steuern kommen kann oder bereits gekommen ist, ... so ist er verpflichtet, dies unverzüglich anzuzeigen und die erforderliche Richtigstellung vorzunehmen. Die Verpflichtung trifft auch den Gesamtrechtsnachfolger eines Steuerpflichtigen und die nach §§ 33 und 35 AO für den Gesamtrechtsnachfolger oder den Steuerpflichtigen handelnden Personen.

EXPERTENTIPP ZUM BEGEHEN KEINER STEUERHINTERZIEHUNG DURCH VERSCHWIEGENHEIT:
Weiß der Erbe, dass sich der Nachlass aus weiteren, in der Erbschaftsteuererklärung nicht offenbarten Nachlassgegenständen oder -guthaben zusammensetzt, muss er diese innerhalb der steuerlichen Festsetzungsfrist selbst aktiv dem Finanzamt gegenüber offenbaren. Andernfalls macht sich der Erbe selbst wegen der unterlassenen Mitteilung einer STEUERHINTERZIEHUNG strafbar.

Dass der Testamentsvollstrecker die Erbschaftsteuererklärung abgibt, entlastet den Erben nicht von vorneherein von eigenen, ihm obliegenden Informationen gegenüber dem Finanzamt. Hat zB der Testamentsvollstrecker die Erbschaftsteuererklärung erstellt, unterzeichnet und dem Finanzamt vorgelegt, ohne AUSLANDSVERMÖGEN des Erblassers anzugeben, kann dies – unterstellt der Testamentsvollstrecker hat die Angaben bewusst unterlassen – eine Steuerhinterziehung des Testamentsvollstreckers begründen. Dennoch kann der Erbe selbst in diesem Bereich eine Steuerhinterziehung begehen, gemäß derer er zu bestrafen ist. Erfährt der Erbe nämlich noch vor Ablauf der steuerlichen FESTSETZUNGSFRIST , dass die Angaben in der Erbschaftsteuererklärung unvollständig sind, weil Auslandsvermögen (zB SCHWARZGELD) in der Erklärung vom Testamentsvollstrecker nicht angegeben ist, muss er dies selbst gegenüber dem Finanzamt offenbaren. Verschweigt er diese Information, begeht er selbst aktiv eine Steuerhinterziehung.

II. Berichtigungspflicht des Testamentsvollstreckers

Nicht selten kommen jedoch auch dem Testamentsvollstrecker ZWEIFEL AN DER RICHTIGKEIT von Steuererklärungen des Erblassers oder den von ihm vormals selbst gefertigten Erbschaftsteuererklärungen. Für die eigene Haftung des Testamentsvollstreckers nach § 153 AO genügt die bloß fahrlässige oder auf Leichtfertigkeit beruhende Kenntnis jedoch nicht aus. Notwendig ist vielmehr die positive Kenntnis der Unrichtigkeit oder Unvollständigkeit der Steuererklärung. Hat der Testamentsvollstrecker allerdings konkrete Anhaltspunkte darauf, dass möglicherweise die Steuererklärung des Erblassers oder die von ihm selbst gefertigte unzutreffend, unrichtig oder unvollständig ist, obliegt ihm die Pflicht, den maßgeblichen Sachverhalt selbst zu prüfen. Anhand der Ergebnisse seiner Prüfung muss er über die Vornahme der Steuerberichtigung dann entscheiden. Unterlässt er diese Pflicht, haftet er für die Nichtabgabe der BERICHTIGUNGSERKLÄRUNG selbst, § 69 AO. Verschließt deshalb der Testamentsvollstrecker seine Augen bewusst vor Aspekten und Tatsachen, die sich ihm aufdrängen, entlastet ihn dies von seiner persönlichen Haftung nicht. Den Testamentsvollstrecker trifft jedoch keine Pflicht, in den Steuererklärungen des Erblassers ohne konkrete Anhaltspunkte nach Unrichtigkeiten zu suchen.

III. Bezahlung der Erbschaftsteuer

Bevor die Erbauseinandersetzung erfolgt, muss der Testamentsvollstrecker aus dem Nachlass die Erbschaftsteuern bezahlen. Unterlässt er dies, haftet er auf die Steuerschuld persönlich. Da es unter Umständen relativ lange dauert, bis die Erbschaftsteuer der Höhe nach in einem Erbschaftsteuerbescheid festgesetzt ist, kann und sollte bis dahin die Auseinandersetzung des Nachlasses nicht durchgeführt werden. Die Erbschaftsteuerschuld ist als Nachlassverbindlichkeit vor der Auseinandersetzung zu tilgen. Daher sollte der Testamentsvollstrecker, sobald er die Erbschaftsteuererklärung abgegeben hat, einen Geldbetrag sowie einen zusätzlichen „Sicherheitszuschlag" zurückbehalten, um später diese Verbindlichkeiten zu zahlen. Andernfalls haftet er auf diese Steuerzahlungen mit seinem Privatvermögen persönlich.

EXPERTENTIPP ZUR NICHTEINTRAGUNG DER ERBSCHAFTSSTEUER INS NACHLASSVERZEICHNIS: Die zu zahlende Erbschaftsteuer ist ihrerseits allerdings keine Nachlassverbindlichkeit, die der Testamentsvollstrecker in sein Nachlassverzeichnis als Nachlasspassiva aufnehmen darf.

IV. Antrag auf Stundung der Erbschaftsteuer

Nicht selten kann wegen fehlender flüssiger Barmittel die Erbschaftsteuer nicht sofort aus dem Nachlass gezahlt werden. In diesem Fall kann der Testamentsvollstrecker gem. § 222 AO beim Finanzamt die STUNDUNG DER ERBSCHAFTSTEUER beantragen. Hierzu sollte sich der Testamentsvollstrecker von den Erben gesondert bevollmächtigen lassen. Die Bewilligung der Stundung liegt im Ermessen des Finanzamts, muss jedoch erteilt werden, wenn die Zahlung der Erbschaftsteuer für den Schuldner eine erhebliche Härte bedeutet und der Steueranspruch durch die Stundung nicht gefährdet würde.

Mustertext „Stundungsschreiben an das Erbschaftsteuerfinanzamt":
An das Finanzamt ......

Betreff: Steuernummer ......

Sehr geehrte Damen und Herren,

unter Beifügung einer beglaubigten Kopie meines Testamentsvollstreckerzeugnisses zeige ich an, dass ich über den Nachlass des am ...... verstorbenen ...... zum Testamentsvollstrecker bestellt wurde. Weiterhin überreiche ich eine Vollmacht der Erben ......

Für diese beantrage ich die Stundung der Erbschaftsteuer für den vorbezeichneten Erbfall. Die Stundung ist angezeigt, weil im Nachlass nur wenige Barwerte sowie eine Immobilie vorhanden sind, aus denen die Erbschaftsteuer zu bezahlen wäre. Dies folgt bereits aus der Ihnen übersandten Erbschaftsteuererklärung. Auch die Erben können die Erbschaftsteuer aus Eigenmitteln nicht leisten. Der Verkauf der Nachlassimmobilie wurde bereits eingeleitet, Kopie des notariellen Kaufvertragsentwurfs anbei. Der Verkauf steht vor dem unmittelbaren Abschluss. Der Kaufpreis ist zum ...... fällig gestellt. Beurkundungstermin für den Kaufvertrag wurde zum Notariat ...... auf den ...... vereinbart.

In Anbetracht des bevorstehenden Zahlungseingangs bitte ich um Stundung der Erbschaftsteuer, hilfsweise Vollstreckungsaufschub gem. § 258 AO.

Eine FREISTELLUNG von der Erbschaftsteuer gegen den gesamten Nachlass kann vom Testamentsvollstrecker jedenfalls dann nicht vom Finanzamt verlangt werden, solange die Erbschaftsteuer gegen einen Vermächtnisnehmer zwar festgesetzt wurde, nicht jedoch gegen Nachlass selbst.

V. Sicherheitsleistung an das Finanzamt

Befürchtet das FINANZAMT, dass der Nachlass bereits vor Zahlung der Erbschaftsteuer auseinandergesetzt wird oder besonders hohe Erbschaftsteuerlasten zu bezahlen sind, kann es verlangen, dass aus dem Nachlass Sicherheiten gestellt werden. Solche SICHERHEITSLEISTUNGEN für die voraussichtliche Erbschaftsteuer können sein:

- Verpfändung eines Sparbuchs,
- Verpfändung von Wertpapieren,
- Hinterlegung von Zahlungsmitteln,
- Verpfändung von Forderungen gegen den Bund oder ein Land,
- Die Bestellung erstrangiger Hypotheken, Grund- oder Rentenschulden an Grundstücken oder Erbbaurechten,
- Schuldversprechen, Bürgschaften oder Wechselverpflichtungen tauglicher Steuerbürgen iSd § 244 AO.

Auf den Punkt gebracht:
Der Testamentsvollstrecker ist für die Durchführung der steuerlichen Angelegenheiten des Verstorbenen hinsichtlich rückständiger Steuern (zB Einkommensteuer, Gewerbesteuer usw.) verantwortlich und muss diese erledigen. Seine Kernpflicht liegt im Bereich der Erbschaftsteuererklärung, die er erstellen und zeitnah abgeben muss. Wird die Erbschaftsteuer festgesetzt, muss er diese aus dem Nachlass bezahlen, andernfalls er persönlich auf die Steuerschuld haftet. Reicht der flüssige Nachlass hierfür nicht aus, kann er einen Stundungsantrag beim Finanzamt stellen, um zwischenzeitlich beispielsweise Nachlassimmobilien zu versilbern und dadurch Barmittel zu generieren.

8 Rechtsbehelfe gegen den Erbschaftsteuerbescheid

Der Testamentsvollstrecker ist Empfangsbevollmächtigter für die Erben hinsichtlich des Erbschaftsteuerbescheides, aber nicht berechtigt, gegen den Bescheid von sich aus einen Einspruch einzulegen.

8. Rechtsbehelfe gegen den Erbschaftsteuerbescheid

I. Bekanntgabe des Steuerbescheids

Nachdem der Testamentsvollstrecker die Erbschaftsteuererklärung abgegeben hat, gibt ihm gegenüber das Finanzamt den STEUERBESCHEID bekannt. Darin wird die Erbschaftsteuer gegen den/die Erben festgesetzt. Bereits mit der Bekanntgabe an den Testamentsvollstrecker wird der Steuerbescheid gegenüber den Erben wirksam. Ab Zugang des Bescheids beim Testamentsvollstrecker wird die Rechtsbehelfsfrist bzw. die Anfechtungsfrist für die Erben in Gang gesetzt.

Expertentipp zur sofortigen Sendung des Erbschaftsteuerbescheids an Erben:
Der Testamentsvollstrecker sollte SOFORT den ihm zugesandten Erbschaftsteuerbescheid an die Miterben ÜBERSENDEN, am besten per Einschreiben/Rückschein und darauf hinweisen, dass diese Einspruch einlegen können, wenn sie mit der Steuerfestsetzung nicht einverstanden sind.

II. Einspruch gegen den Erbschaftsteuerbescheid

Nur die Erben sind als Steuerschuldner berechtigt, gegen den Steuerbescheid einen EINSPRUCH einzulegen (und später eine Klage gegen das Finanzamt zu erheben), nicht hingegen der Testamentsvollstrecker selbst. Diese Rechtsmacht steht ihm nur zu, wenn die Erben ihm für das steuerrechtliche Einspruchsverfahren eine gesonderte Vollmacht erteilen. Wird diese Vollmacht von den Erben erteilt und führt der Testamentsvollstrecker dann das steuerliche Einspruchsverfahren durch, ist er hierfür von den Erben gesondert zu vergüten.

In einem Begleitschreiben sollte der Testamentsvollstrecker an die Erben mitteilen, dass er ohne deren schriftliche Weisung nichts gegen den Steuerbescheid unternehmen wird. Auch auf die Einspruchsfrist sollte er gesondert hinweisen.

Mustertext „Übersendung des Erbschaftsteuerbescheides an die Erben“:
Sehr geehrte Damen und Herren,

mir wurde in meiner Eigenschaft als Testamentsvollstrecker der in Kopie anliegende Erbschaftsteuerbescheid des Finanzamts ...... vom ...... am ...... bekanntgegeben. Mit diesem Datum beginnt die Rechtsbehelfsfrist für die Anfechtung dieses Steuerbescheides. Ich weise darauf hin, dass der Einspruch allein von Ihnen als Erbe eingelegt werden kann, sofern Sie mit dem Inhalt des Bescheides nicht einverstanden sind. Mir als Testamentsvollstrecker steht die Einspruchsbefugnis insoweit nicht zu, auch wenn bereits mit Bekanntgabe des Steuerbescheides an mich die Rechtsbehelfsfrist in Gang gesetzt wird bzw. eine etwaige Erbschaftsteuerschuld aus dem Nachlass zu begleichen ist. Auf die im Steuerbescheid bezeichnete Rechtsbehelfsbelehrung weise ich ausdrücklich hin.

III. Wiedereinsetzung in den vorigen Stand

Sofern der Testamentsvollstrecker den oder die Erben nicht rechtzeitig über den ihm gegenüber bekanntgegebenen Erbschaftsteuerbescheid informiert, so dass die Rechtsmittelfrist bereits abgelaufen ist, ist den Erben auf deren Antrag hin WIEDEREINSETZUNG IN DEN VORHERIGEN STAND zu gewähren (§ 110 AO).

Weil der Testamentsvollstrecker die Erbschaftsteuer aus dem Nachlass bezahlen muss, kann er die Erbauseinandersetzung erst nach Rechtskraft des Steuerbescheides durchführen, andernfalls er einen der Steuer entsprechenden Teil zurückhalten muss. Hat der Testamentsvollstrecker zu viel an Erbschaftsteuer bezahlt, erstattet ihm das Finanzamt die Überzahlung zurück, die er dann wieder entsprechend unter den Miterben verteilt.

IV. Berichtigung unrichtiger Einkommensteuererklärungen

Oftmals hat der Erblasser vor seinem Tode hinsichtlich seiner PERSÖNLICHEN STEUERN noch keine Steuererklärungen abgegeben. Dies können zB sein:

- Einkommensteuer
- Umsatzsteuer
- Gewerbesteuer
- eigene Erbschaftsteuer

EXPERTENTIPP ZUR ABFRAGE VON RÜCKSTÄNDIGEN STEUERN: Der Testamentsvollstrecker sollte beim zuständigen Finanzamt anfragen, ob der Erblasser rückständige Steuererklärungen abzugeben hat.

Als Vermögensverwalter ist der Testamentsvollstrecker verpflichtet, diese Steuererklärungen nachträglich abzugeben, soweit die Steuerlasten vor dem Erbfall in der Person des Erblassers entstanden sind. Da auch diese Steuern noch als Nachlassverbindlichkeiten gelten, hat der Testamentsvollstrecker diese Steuern, die also noch durch die Verwirklichung eines Steuertatbestandes durch den Erblasser ausgelöst wurden, für Rechnung des Nachlasses zu bezahlen. Auch hierfür hat er notfalls Rückstellungen vor der Nachlassauseinandersetzung zu bilden; andernfalls haftet er hierfür persönlich.

Dass der Testamentsvollstrecker diese steuerrechtlichen Angelegenheiten im Rahmen seiner Abwicklungstätigkeiten berücksichtigen und erledigen muss, wird vielfach übersehen. Nicht selten werden verschiedene Steuerarten (zB Kfz-Steuer, rückständige Umsatzsteuer des Erblassers, Körperschaftsteuer eines Nachlassgegenstandes, usw.) entweder nicht erkannt oder übersehen. Damit der Testamentsvollstrecker diese Nachlassverbindlichkeiten abschließend ermitteln und in seine Auseinandersetzung aufnehmen kann, sollte er das zuständige Finanzamt über etwaige rückständige Steuerlasten des Erblassers anschreiben und um Auskunft bitten.

Mustertext „Anfrage an Finanzamt wegen rückständiger Steuererklärungen“:

An das Finanzamt ......

Betreff: Steuernummer ......

Sehr geehrte Damen und Herren,

unter Beifügung einer beglaubigten Kopie meines Testamentsvollstreckerzeugnisses zeige ich an, dass ich über den Nachlass des am ...... verstorbenen ...... zum Testamentsvollstrecker bestellt wurde.

Zur Vorbereitung der Auseinandersetzung des Nachlasses frage ich hiermit an, ob der Erblasser noch Steuererklärungen abzugeben hat. Bejahendenfalls bitte ich um Mitteilung, um welche Arten der Steuern es sich dabei handelt und um Bekanntgabe der bei Ihnen geführten Steuernummern. Bitte reichen Sie mir die Auskunft bis zum . . . . . . herein.

Den Testamentsvollstrecker trifft auch die Pflicht, bisher UNVOLLSTÄNDIGE ODER UNRICHTIGE STEUERERKLÄRUNGEN des Erblassers richtig zu stellen bzw. zu ergänzen und zwar so lange, als die Festsetzungsfrist noch nicht abgelaufen ist.

V. Steueranfall nach dem Erbfall

Der Testamentsvollstrecker benötigt in der Regel eine gewisse Zeit, um den Nachlass zu verteilen. Bis dahin kann der Nachlass Einkünfte (Miet- oder Pachteinnahmen, Zinsen usw.) erwirtschaften. Es fragt sich, wer diese Steuereinnahmen beim Finanzamt deklarieren muss.

Die EINKÜNFTE, welche die Erben aus dem der Testamentsvollstreckung unterstehenden Nachlass einnehmen, obliegen nicht der Verwaltungsbefugnis des Testamentsvollstreckers. Daher haben die Erben etwaige Einkommen-, Umsatz- oder Gewerbesteuern selbst zu erklären und gegenüber dem Finanzamt zu deklarieren. Diese Grundregel hat allerdings das Oberlandesgericht Hamm (10 U 85/09) bestätigt und den Testamentsvollstrecker dadurch vor Pflichtverletzungen aus solchen Steuerangelegenheiten geschützt: Die Abgabe von Erklärungen zur Einkommensteuerveranlagung ist laut OLG Hamm nicht Aufgabe des Testamentsvollstreckers. Die EINKOMMENSTEUER ist nämlich keine „durch den Erbfall entstandene Steuer“, wie zB die Erbschaftsteuer für deren Bezahlung der Vollstrecker zu sorgen und zu deren Festsetzung er die Steuererklärung abzugeben hat. Einkommensteuern aus Steuertatbeständen, die erst nach dem Tod des Erblassers entstehen, sind ausschließlich von den Erben geschuldet, die auch allein die Steuererklärung hierfür abgeben müssen.

Benötigen sie dazu die in die Steuererklärung einzutragenden Zahlen, muss der Testamentsvollstrecker ihnen die Auskunft nebst Belegen und Unterlagen dafür mitteilen; andernfalls macht er sich schadensersatzpflichtig.

EXPERTENTIPP ZUR STEUERPFLICHTIGEN ERBTEILUNG: Die Erbauseinandersetzung wird vom Bundesfinanzhof als eigenständig zu besteuernder Rechtsakt gewertet. Deshalb kann sie bei einem Miterben einen möglicherweise steuerpflichtigen Veräußerungsvorgang, bei einem anderen Miterben als Anschaffungskosten steuerrechtlich anzusehen sein.

Haben die Erben selbst Steuerschulden, müssen sie diese selbst bezahlen, nicht der Testamentsvollstrecker. Sie können von ihm aber verlangen, dass er die entsprechenden Mittel aus dem Nachlass freigibt. Dem kann der Testamentsvollstrecker jedoch entgegensetzen, dass er diese Mittel anderweitig benötigt, um den Nachlass zu verwalten und zu erhalten. Stoßen diese beiden Interessen aufeinander, muss der Testamentsvollstrecker eine Interessenabwägung vornehmen. Dabei sind in aller Regel die berechtigten Interessen des Nachlasses vorrangig zu beachten. Dies gilt auch dann, wenn im Nachlass ein Unternehmen ist und vom Testamentsvollstrecker verwaltet wird.

VI. Kosten des Testamentsvollstreckers als Werbungskosten

Wenn eine Dauertestamentsvollstreckung angeordnet wurde, ist häufig unbekannt, dass die Kosten des Testamentsvollstreckers unter Umständen als WERBUNGSKOSTEN bei der Einkommensteuererklärung der Erben abgesetzt werden können. Hat der Testamentsvollstrecker für eine gewisse Zeit verschiedene gewinnbringende Nachlassbestandteile zu verwalten, zB ein ertragreiches Wertpapierdepot und zugleich Mietobjekte des Nachlasses, lässt es der Bundesfinanzhof zu, dass die auf die Verwaltung entfallenden Testamentsvollstreckergebühren auf die einzelnen Einkunftsarten des Nachlasses aufgeteilt und im entsprechenden Verhältnis der Nachlasszusammensetzung als Werbungskosten abgezogen werden dürfen. Ob der Testamentsvollstrecker mehr Zeit für zB eine Immobilienverwaltung oder für die Verwaltung anderer Nachlassbestandteile aufgewendet hat, ist für die Aufteilung der Testamentsvollstreckergebühren nicht entscheidend, wie der Bundesfinanzhof bereits geklärt hat.

Expertentipp zur Hinweisgabe auf Abzugsfähigkeit der Kosten: Auch wenn die Einkünfte, welche die Erben aus dem der Testamentsvollstreckung unterstehenden Nachlass einnehmen, nicht der Verwaltungsbefugnis des Testamentsvollstreckers obliegen und er deren Einkommensteuererklärungen nicht fertigen muss, zeigt ein Testamentsvollstrecker, der die Erben auf diesen steuerlichen Vorteil hinweist, dass er für seine Amtsführung besondere Fachkunde besitzt. Das kann das Vertrauen der Erben in die Amtsführung des Testamentsvollstreckers erhöhen.

Auf den Punkt gebracht:
Der Testamentsvollstrecker ist Empfangsbevollmächtigter für die Erben hinsichtlich des Erbschaftsteuerbescheides. Sobald er diesen vom Finanzamt erhält, beginnen bereits bei den Erben die Einspruchsfristen zu laufen. Der Testamentsvollstrecker selbst darf ohne ausdrückliche Weisung der Erben keinen Einspruch gegen den Erbschaftsteuerbescheid erheben. Aufgrund des Fristbeginns muss er unverzüglich den Erbschaftsteuerbescheid den Miterben bekanntgeben und zur eigenen Sicherheit auf die Einspruchsfrist der Erben hinweisen.
Bis die Erbschaft verteilt ist, kann gewisse Zeit vergehen und der Nachlass Einkünfte (zB Mieten, Pachten, Zinsen usw.) erzielen. Diese Einkünfte steuerlich zu erklären ist grundsätzlich nicht (mehr) Aufgabe des Testamentsvollstreckers.

Der Testamentsvollstrecker im Prozess und in der Zwangsvollstreckung

Da der Testamentsvollstrecker die Verfügungsbefugnis über den Nachlass hat, ist er für etwaige Prozesse über oder aus der Erbschaft bzw. der letztwilligen Verfügung (Erbvertrag, Testament) zuständig. Deshalb ist eine seiner Aufgaben auch, GERICHTSPROZESSE zu führen. Zudem ist der Testamentsvollstrecker vielfach Beklagter eines gerichtlichen Verfahrens, in welchem Ansprüche geltend gemacht werden, die sich gegen den Nachlass richten.

9. Der Testamentsvollstrecker im Prozess und in der Zwangsvollstreckung

Das Recht und gegebenenfalls die Pflicht des Testamentsvollstreckers, Prozesse für den Nachlass zu führen, ist ausdrücklich gesetzlich geregelt.

§ 2212 BGB Gerichtliche Geltendmachung von der Testamentsvollstreckung unterliegenden Rechten:
Ein der Verwaltung des Testamentsvollstreckers unterliegendes Recht kann nur von dem Testamentsvollstrecker gerichtlich geltend gemacht werden.

EXPERTENTIPP ZUR BEAUFTRAGUNG EINES FACHANWALTS:
Da die Fallstricke in einem erbrechtlichen Prozess mannigfaltig sind und bei fehlerhafter Prozessführung der Testamentsvollstrecker für einen etwaigen Schaden persönlich haftet, wird der umsichtige Testamentsvollstrecker mit einem Gerichtsprozess einen Fachanwalt für Erbrecht beauftragen. QUALIFIZIERTE FACHANWÄLTE FÜR ERBRECHT finden Sie unter www.NDEEX.de.

Für die Befugnis des Testamentsvollstreckers zur Prozessführung ist es unerheblich, welche Arten von Gerichtsprozessen der Testamentsvollstrecker führen muss. Dies können Zivilprozesse, gerichtliche Prozesse vor den Arbeitsgerichten oder Sozialgerichten, usw. sein, sofern diese Einfluss auf den Nachlass oder Bezug zu diesem haben. Stand dem verstorbenen Erblasser zB noch ein Urlaubsabgeltungsanspruch zu, stellt dies eine Nachlassforderung dar, die der Testamentsvollstrecker notfalls im Wege eines Arbeitsgerichtsprozesses gegenüber dem ehemaligen Arbeitgeber einklagen muss, sofern der Anspruch streitig gestellt ist. Die Vielschichtigkeit der Lebensverhältnisse des Erblassers schlägt auf potenzielle Streitigkeiten aller Art durch. Der Testamentsvollstrecker ist berufen, diese notfalls im Interesse des Nachlasses zu führen. Bereits die Frage, wie eine unklare letztwillige Verfügung (Testament) zu verstehen (auszulegen) ist, kann zu einem Erbrechtsprozess führen. Die Interessen der jeweiligen Miterben als Bedachte sind oft Anlass für solche Erbrechtsprozesse.

Regelmäßig sind diese ANWALTSKOSTEN dem Nachlass zu entnehmen.

I. Aktivprozesse

Ein Recht, welches der Verwaltung des Testamentsvollstreckers im Rahmen seiner Aufgaben unterliegt, kann NUR VON IHM gerichtlich geltend gemacht werden. Soll zB eine Forderung, die zum Nachlass gehört, eingeklagt werden (zB der Erblasser verkaufte vor seinem Tod einen Gegenstand, der noch nicht bezahlt ist), ist dies Aufgabe des Testamentsvollstreckers. In einer Klage ist dies ausdrücklich auch so gegenüber dem Gericht zu bezeichnen.

Mustertext „Bezeichnung des Testamentsvollstreckers als Kläger“:
Klage des Herrn/Frau ...... als Testamentsvollstrecker über den Nachlass des Herrn/Frau ......

Nicht selten muss der Testamentsvollstrecker ausstehende Forderungen für den Nachlass geltend machen und sie notfalls einklagen. Er muss dann eine Zahlungsklage erheben. Dabei muss er den richtigen Zahlungsantrag stellen und darf die Leistung nicht an die Erben verlangen, da die Verfügungsbefugnis über den Nachlass nur dem Testamentsvollstrecker obliegt.

Der ZAHLUNGSANTRAG gegen den Beklagten lautet somit direkt auf Zahlung an den Testamentsvollstrecker und nicht auf Zahlung an die Erben. Ebenfalls darf der Klageantrag nicht auf Zahlung der Summe auf das Konto des Erblassers, zB auf das ehemalige Girokonto des Verstorbenen, das als Abwicklungskonto vom Testamentsvollstrecker genutzt wird, lauten; die Art der Zahlung muss dem Zahlungspflichtigen freigestellt bleiben.

Mustertext „Klageantrag auf Zahlung":
Der Beklagte wird verurteilt, EUR ...... nebst 5%-Punkten Zinsen über dem Basiszinssatz seit ...... an den Kläger als Testamentsvollstrecker über den Nachlass des ...... zu bezahlen.

Möchte der Testamentsvollstrecker hingegen selbst keine Klage führen, kann er einen prozesswilligen Erben dazu ermächtigen, im eigenen Namen die Klage zu erheben.

KEINE KLAGEBEFUGNIS hat der Testamentsvollstrecker hingegen hinsichtlich

- des Erbrechts nach dem Erblasser als solches
- für eine finanzgerichtliche Klage gegen den Erbschaftsteuerbescheid
- im Gesellschaftsrecht für sog. „innere Angelegenheiten" der Gesellschaft, zB über Sachverhalte, die unmittelbar die Mitgliedschaftsrechte der Erben berühren.

Das PROZESSFÜHRUNGSRECHT ist eine der wichtigsten Aufgabenbereiche und Zuständigkeiten des Testamentsvollstreckers, die er wahrzunehmen hat.

II. Passivprozesse für den Nachlass

Nicht selten werden Ansprüche auch gegen den Nachlass eingeklagt. Die Ansprüche gegen den Nachlass (Passivprozesse) können von dritter Seite sowohl gegen die Erben als auch gegen den Testamentsvollstrecker gerichtlich geltend gemacht werden (§§ 2212, 2213 BGB).

EXPERTENTIPP ZUR PFLICHTTEILSKLAGE:
Eine PFLICHTTEILSKLAGE muss jedoch gegen den Erben erhoben werden (§ 2213 Abs. 1 S. 3 BGB).

Wer einen Anspruch gegen den Nachlass besitzt (NACHLASSGLÄUBIGER) kann den Testamentsvollstrecker somit auf Zahlung verklagen. Mit einem Urteil kann der Gläubiger dann in den Nachlass die ZWANGSVOLLSTRECKUNG betreiben (§ 748 Abs. 1 ZPO). Dies gilt jedoch nicht beim Pflichtteilsanspruch oder wenn sich die Klage auf Gegenstände bezieht, für die dem Testamentsvollstrecker das Verwaltungsrecht nicht oder nicht mehr zusteht. Alternativ kann der Nachlassgläubiger sowohl den Testamentsvollstrecker als auch die Erben auf Zahlung verklagen.

III. Persönliche Prozesse des Testamentsvollstreckers

Geht es nicht um die Nachlassverwaltung im weiteren Sinne, sondern um Angelegenheiten, die den Testamentsvollstrecker persönlich betreffen, ist eine Klage direkt gegen den Testamentsvollstrecker als Privatperson zulässig. Beispiele für PERSÖNLICHE PROZESSE sind u. a.

- die Klage des Testamentsvollstreckers auf seine Vergütung
- die Klage gegen den Testamentsvollstrecker auf Schadenersatz
- die Herausgabeklage über Erbschaftsgegenstände, die der Testamentsvollstrecker in der irrigen Meinung, sie seien ihm vermacht, in Besitz nimmt
- Klagen um die Gültigkeit eines Testaments, in welchem der Testamentsvollstrecker ernannt ist
- Die Herausgabeklage über die Erbschaftsgegenstände nach Ende des Testamentsvollstreckeramtes
- Klagen über die Ernennung oder Entlassung des Testamentsvollstreckers.

Verliert der Testamentsvollstrecker einen persönlichen Prozess, geht die Rechtsprechung derzeit davon aus, dass er dennoch in der Regel die PROZESSKOSTEN aus dem Nachlass entnehmen darf. Diesbezüglich ist die Rechtsprechung aber noch uneinheitlich und ggf. der aktuelle Stand der Rechtsprechung zu verfolgen.

IV. Vollstreckungsverfahren

1. Maßnahmen vor Beginn der Vollstreckung

Hat der Erblasser ein URTEIL oder eine andere gerichtliche Entscheidung (Titel) hinterlassen, die er noch nicht umgesetzt bzw. beigetrieben hatte, muss der Testamentsvollstrecker im Rahmen seiner Verwaltungstätigkeit die Vollstreckung aus diesem Titel betreiben. Da der Erblasser als Gläubiger verstorben ist, muss der Titel auf den Testamentsvollstrecker als neuen „Rechtsinhaber" umgeschrieben werden. Dazu muss er an das Gericht des ersten Rechtszuges einen entsprechenden Antrag stellen. Ein VOLLSTRECKUNGSBESCHEID wird von demjenigen Mahngericht umgeschrieben, welches den Vollstreckungsbescheid erlassen hat. Hatte der Erblasser einen VERGLEICH vor einem Gericht geschlossen, schreibt dasjenige Gericht den Vergleich auf den Testamentsvollstrecker um, welches die Urkunde verwahrt. Dies ist regelmäßig das Gericht erster Instanz. Die Umschreibung einer NOTARIELLEN URKUNDE erfolgt durch den Notar, der die Urkunde verwahrt. Zur Umschreibung ist das Testamentsvollstreckerzeugnis vorzulegen und ein Antrag an die für die Umschreibung zuständige Stelle zu richten.

Mustertext „Titelumschreibung":
Es wird beantragt, eine vollstreckbare Ausfertigung für Herrn/Frau XY als Testamentsvollstrecker für den Nachlass des am ...... verstorbenen Herrn/Frau ...... zuletzt wohnhaft ......, hinsichtlich der anliegenden Ausfertigung des Urteils (Vollstreckungsbescheid, Prozessvergleich, notarielle Urkunde) vom ...... Az. ......, zu erteilen.

2. Maßnahmen nach Beginn der Vollstreckung

Hatte der Erblasser die Zwangsvollstreckung beim Tod des Schuldners hingegen bereits BEGONNEN, kann nach dem Erbfall ohne Titelumschreibung die Vollstreckung in den Nachlass des Schuldners fortgesetzt werden. In allen anderen Fällen muss der Titel aber auf den Rechtsnachfolger des Schuldners umgeschrieben werden.

War hingegen der Erblasser sog. Titelschuldner, kann der Titel sowohl auf die Erben als auch auf den Testamentsvollstrecker als neuen Schuldner umgeschrieben werden. Der Titelgläubiger kann wählen, ob er in den Nachlass oder in das Privatvermögen der Erben vollstrecken möchte.

Auf den Punkt gebracht:
Macht der Testamentsvollstrecker als Kläger Ansprüche für den Nachlass geltend, oder wird er als Testamentsvollstrecker aufgrund von Ansprüchen, die sich gegen den Nachlass richten, verklagt, ist dies stets in der Klage dadurch klarzustellen, dass die jeweilige Person „als Testamentsvollstrecker für den Nachlass des am ...... in ...... Verstorbenen" klagt, bzw. verklagt wird. Anders ist dies bei Ansprüchen, die sich gegen den Testamentsvollstrecker persönlich richten, wie beispielsweise bei Schadensersatzansprüchen aufgrund einer fehlerhaften Amtsführung des Testamentsvollstreckers.
Liegen bereits Vollstreckungstitel für oder gegen den Nachlass vor, sind diese zur Vollstreckung meist auf den Testamentsvollstrecker oder die Erben umzuschreiben.

10

Haftung des Testamentsvollstreckers bei Pflichtverletzungen

Verletzt der Testamentsvollstrecker schuldhaft eine ihm obliegende Verpflichtung, ist er gem. § 2219 BGB für den daraus entstehenden SCHADEN dem Erben und, soweit ein Vermächtnis zu vollziehen ist, auch dem Vermächtnisnehmer verantwortlich. Grobe Pflichtverletzung des Testamentsvollstreckers können zudem zu dessen Entlassung führen.

10. Haftung des Testamentsvollstreckers bei Pflichtverletzungen

Das Gesetz regelt ausdrücklich eine Schadensersatzpflicht des Testamentsvollstreckers im Falle einer Pflichtverletzung sowohl gegenüber den Erben als auch gegenüber Vermächtnisnehmern.

§ 2219 BGB Haftung des Testamentsvollstreckers:

(1) Verletzt der Testamentsvollstrecker die ihm obliegenden Verpflichtungen, so ist er, wenn ihm ein Verschulden zur Last fällt, für den daraus entstehenden Schaden dem Erben und, soweit ein Vermächtnis zu vollziehen ist, auch dem Vermächtnisnehmer verantwortlich.

(2) Mehrere Testamentsvollstrecker, denen ein Verschulden zur Last fällt, haften als Gesamtschuldner.

I. Haftungsgrundlagen

1. Schuldverhältnis zwischen Testamentsvollstrecker und Erbe

Da zwischen dem Erben einerseits und dem Testamentsvollstrecker andererseits in der Regel keine vertraglichen Beziehungen bestehen, scheidet eine vertragliche Haftung aus. Deshalb begründet § 2218 BGB ein GESETZLICHES SCHULDVERHÄLTNIS, das den Testamentsvollstrecker zur sorgfältigen und gewissenhaften Ausführung der ihm obliegenden Aufgaben verpflichtet. Der Erblasser kann den Testamentsvollstrecker von dieser Haftung nicht befreien (vgl. § 2220 BGB); lediglich die Erben selbst können auf den Schutz des § 2220 BGB verzichten.

Neben dieser zivilrechtlichen Haftung kann dem Testamentsvollstrecker aus seiner Amtsführung auch eine STEUERLICHE HAFTUNG nach § 69 AO treffen. Als eine weitere Sanktion von Pflichtverletzungen sieht § 2227 BGB die ENTLASSUNG des Testamentsvollstreckers aus dem Amt durch das Nachlassgericht vor.

2. Voraussetzungen der Haftung

Eine SCHADENERSATZHAFTUNG DES TESTAMENTSVOLLSTRECKERS setzt voraus:

- eine objektive Verletzung von Pflichten durch den Testamentsvollstrecker;
- Verschulden des Testamentsvollstreckers in Form von Vorsatz, grober oder leichter Fahrlässigkeit;
- Ursächlichkeit der Pflichtverletzung für den eingetretenen Schaden.

Welche Pflichten der Testamentsvollstrecker zur Vermeidung einer Schadenersatzhaftung zu beachten hat, ergibt sich vorrangig aus dem Willen des Erblassers, den dieser in seiner letztwilligen Verfügung niedergelegt oder anderweitig geäußert hat. Weitere Verpflichtungen ergeben sich aus dem Gesetz, insbesondere der Generalklausel des § 2216 Abs. 1 BGB, wonach der Testamentsvollstrecker den Nachlass ordnungsgemäß zu verwalten hat.

Beispiele zu Pflichtverletzungen des Testamentsvollstreckers:
Die Rechtsprechung hat in folgenden Fällen PFLICHTVERLETZUNGEN DES TESTAMENTSVOLLSTRECKERS bejaht:

- verzögerte Auseinandersetzung des Nachlasses;
- Geldanlage bei einer unzuverlässigen Bank;
- Versteigerung eines Nachlassgegenstandes, obwohl die Möglichkeit eines freihändigen Verkaufs besteht;
- unnötige Umwandlung eines Einzelhandelsgeschäfts in eine GmbH;
- längere Anlage von Geld auf einem Sparkonto zum Eckzinssatz, wenn das Geld nicht laufend benötigt wird und günstigere Sparformen, wie zB Sparbriefe zur Verfügung stehen;
- erkennbar überflüssige, leichtfertige oder durch eigene persönliche Interessen beeinflusste Prozessführung des Testamentsvollstreckers;
- unterlassene oder verspätete Geltendmachung von Nachlassforderungen.

3. Sorgfaltsmaßstab

Der in § 2216 Abs. 1 BGB niedergelegte Grundsatz der ordnungsgemäßen Verwaltung verpflichtet den Testamentsvollstrecker zu besonderer Gewissenhaftigkeit und Sorgfalt. An die Ordnungsmäßigkeit der Verwaltung sind stets STRENGE ANFORDERUNGEN zu stellen, wobei von der Rechtsprechung nicht verkannt wird, dass der Testamentsvollstrecker bei der Nachlassverwaltung weithin nach seinem Ermessen entscheidet und nur dann pflichtwidrig handelt, wenn er die Grenzen des ihm eingeräumten Ermessens überschreitet.

Neben der objektiven Pflichtverletzung ist SCHULDHAFTES Verhalten des Testamentsvollstreckers im Sinne von § 276 BGB notwendig. Nach dem dabei geltenden objektiven Sorgfaltsmaßstab ist für den Testamentsvollstrecker das Maß an Umsicht und Sorgfalt erforderlich, das nach dem Urteil besonnener und gewissenhafter Angehöriger des in Betracht kommenden Verkehrskreises zu beachten ist. VERGLEICHSMASSSTAB ist also quasi ein „Otto-Normal-Testamentsvollstrecker“. Wenn aber der Testamentsvollstrecker besondere Qualifikationen besitzt (etwa als Steuerberater oder Rechtsanwalt), so muss er bei seiner Amtsausübung die in seinem Beruf geltenden Standards beachten.

Expertentipp zur Hinzuziehung von Beratern:
Wenn der Testamentsvollstrecker sich bei der Erledigung einzelner Angelegenheiten überfordert fühlt, kann er einen sachkundigen Berater hinzuziehen, haftet dann aber im Rahmen des § 2219 BGB für die gewissenhafte Auswahl eines qualifizierten Beraters. AUFWENDUNGEN FÜR EINGESCHALTETE HILFSPERSONEN, die der Testamentsvollstrecker den Umständen nach für erforderlich halten durfte, sind von den Erben gem. § 2218 Abs. 1 BGB in Verbindung mit § 670 BGB zu erstatten. Ist der Testamentsvollstrecker generell der Erfüllung seiner Aufgaben nicht gewachsen, muss er die Annahme des Amtes ablehnen, bzw. nach erfolgter Annahme das Amt kündigen.

Die Pflichtverletzung des Testamentsvollstreckers muss für den eingetretenen Schaden URSÄCHLICH geworden sein. Daran kann es zB fehlen, wenn der Testamentsvollstrecker eine Nachlassforderung fahrlässigerweise verjähren lässt, eine gerichtliche Durchsetzung und Vollstreckung dieser Forderung wegen einer Vermögenslosigkeit des Schuldners jedoch ohnehin nicht möglich gewesen wäre.

Die BEWEISLAST für das Vorliegen einer objektiven Pflichtverletzung, das Verschulden des Testamentsvollstreckers und den Schadenseintritt trägt der klagende Erbe. Insbesondere wird das erforderliche Verschulden nach herrschender (nicht unstreitiger) Meinung nicht bereits im Falle einer objektiven Pflichtverletzung vermutet und ist aus diesem Grunde vom Anspruchsteller darzulegen und zu beweisen.

Schadenersatzansprüche gegen den Testamentsvollstrecker VERJÄHREN grundsätzlich innerhalb der dreijährigen Regelverjährung der §§ 195, 199 BGB.

Der Erblasser kann gem. § 2224 BGB auch MEHRERE Testamentsvollstrecker einsetzen. Diese haften dann gem. § 2219 Abs. 2 BGB gesamtschuldnerisch, wenn sie das Amt gemeinsam führten und jeden ein Verschulden trifft. Für mehrere nacheinander tätige Testamentsvollstrecker gilt dies nicht, wenn der Schaden nur von einem verursacht und ihm abgrenzbar zuzuordnen ist.

II. Haftung gegenüber Erben, Vermächtnisnehmern und Dritten

Der Testamentsvollstrecker haftet nach § 2219 Abs. 1 BGB gegenüber dem ERBEN; mehrere Erben zählen dabei als Gesamtgläubiger. Obwohl der Nacherbe erst mit Eintritt des Nacherbfalls (in der Regel mit dem Tod des Vorerben) zum Erben wird, hat der Testamentsvollstecker während der Zeit der Vorerbschaft auch die Interessen des Nacherben zu berücksichtigen. Eine Minderung oder Gefährdung der Nachlasssubstanz zum Nachteil des Nacherben kann deshalb zu einer Schadenersatzhaftung des Testamentsvollstreckers führen.

Ist bei einem so genannten „Berliner Testament" im Sinne des § 2269 BGB die Testamentsvollstreckung bereits über den Nachlass des erstversterbenden Ehegatten angeordnet, kann der eingesetzte SCHLUSSERBE hingegen keine eigenen Rechte aus § 2219 BGB gegen den Testamentsvollstrecker geltend machen.

Gem. § 2219 BGB haftet der Testamentsvollstrecker auch gegenüber einem VERMÄCHTNISNEHMER, wenn ein Vermächtnis zu vollziehen ist. Der Vermächtnisnehmer muss dabei nicht einen etwaigen Ersatzanspruch zunächst gegen die Erben geltend machen. Den sonstigen NACHLASSGLÄUBIGERN (insbesondere Pflichtteilsberechtigten), Auflagebegünstigten oder sonstigen Dritten haftet der Testamentsvollstrecker nicht nach § 2219 BGB, sondern allenfalls wegen unerlaubter Handlung gem. den §§ 823 ff. BGB.

III. Haftung vor und nach Amtsannahme

Das Testamentsvollstreckeramt beginnt gem. § 2202 BGB erst mit der förmlichen ANNAHMEERKLÄRUNG. Nimmt der Testamentsvollstrecker in der Zeit zwischen Erbfall und Abgabe der Annahmeerklärung vorläufige oder sichernde Maßnahmen betreffend den Nachlass vor, kann ihn in entsprechender Anwendung des § 2219 BGB für diesen Zeitraum eine Haftung treffen. Gleiches gilt für Handlungen, die der Testamentsvollstrecker nach Beendigung seines Amtes ausführt. Ist die Bestellung des Testamentsvollstreckers unwirksam (so genannter „VERMEINTLICHER" TESTAMENTSVOLLSTRECKER), ändert dies an der Haftung nach § 2219 BGB nichts.

IV. Mitverschulden des Geschädigten

Der Testamentsvollstrecker kann gegenüber dem Anspruch aus § 2219 BGB unter Umständen den Einwand eines MITVERSCHULDENS DES GESCHÄDIGTEN nach § 254 BGB erheben.

Beispiele zum Mitverschulden des Geschädigten:

- Der Erbe hat einer Maßnahme des Testamentsvollstreckers zugestimmt und war dabei hinreichend über die wirtschaftlichen und rechtlichen Folgen informiert.
- Der Erbe hat der Vollstreckertätigkeit entgegengearbeitet und dadurch den Schaden verursacht oder vergrößert.
- Der Erbe hätte eine pflichtwidrige Maßnahme oder Unterlassung des Testamentsvollstreckers durch rechtzeitige Klage gegen diesen oder durch Antrag auf dessen Entlassung verhindern können.

Auf den Punkt gebracht:
Da der Testamentsvollstrecker zu einer ordnungsgemäßen Verwaltung des Nachlasses und sonstigen Ausführung seines Amtes verpflichtet ist, haftet er im Falle einer schuldhaften Pflichtverletzung. Gesetzlich geregelt ist diese Haftung gegenüber Erben und Vermächtnisnehmern. Dritten gegenüber bestimmt sich die Haftung hingegen nur nach allgemeinen Regelungen, wie beispielsweise nach den Regelungen einer deliktischen Handlung gemäß §§ 823 ff. BGB.

11

Testamentsvollstreckervergütung und Aufwendungsersatz

Da das Gesetz lediglich regelt, dass der Testamentsvollstrecker grundsätzlich eine angemessene Vergütung erhält, jedoch keine konkreten Berechnungsmodelle liefert, entsteht häufig Streit über die Höhe der Testamentsvollstreckervergütung. Zur Vermeidung derartiger Streitigkeiten werden in diesem Kapitel Hinweise für testamentarische Regelungen zur Testamentsvollstreckervergütung ebenso erteilt, wie Hinweise zu möglichen Berechnungen der Vergütung durch den Testamentsvollstrecker im Falle einer nicht testamentarisch konkret geregelten Vergütung.

VI. Schuldner der Vergütung

VII. Mehrere Testamentsvollstrecker

VIII. „Vermeintlicher“ Testamentsvollstrecker

IX. Umsatzsteuer und Testamentsvollstreckervergütung

X. Auslagenersatz

11. Testamentsvollstreckervergütung und Aufwendungsersatz

I. Gesetzliche Grundlagen des Vergütungsanspruchs

EXPERTENTIPP ZUR REGELUNG DER VERGÜTUNG: Die positiven Wirkungen einer Testamentsvollstreckung auf die Abwicklung des Nachlasses werden erheblich geschmälert, wenn der Erblasser in seiner Verfügung von Todes wegen keine klare Regelung zur Testamentsvollstreckervergütung trifft, die sowohl den Interessen des Testamentsvollstreckers, als auch denen der Erben gerecht wird.

Der Gesetzgeber hat die VERGÜTUNG DES TESTAMENTSVOLLSTRECKERS in § 2221 BGB kurz und einfach – aber für die Praxis völlig unzureichend – wie folgt geregelt:

§ 2221 Vergütung des Testamentsvollstreckers:
Der Testamentsvollstrecker kann für die Führung seines Amts eine angemessene Vergütung verlangen, sofern nicht der Erblasser ein anderes bestimmt hat.

Diese Regelung verursacht sehr oft Streit zwischen dem Testamentsvollstrecker einerseits und den Erben andererseits, weil § 2221 BGB nichts Konkretes über die Höhe, die Berechnungsmethode und die Fälligkeit der Vergütung sagt.

II. Vorrang des Erblasserwillens bei der Vergütungsermittlung

Aus § 2221 BGB ergibt sich, dass der WILLE DES ERBLASSERS, ob der Testamentsvollstrecker überhaupt und wenn ja, in welcher Höhe für seine Amtsführung eine Vergütung erhalten soll, VORRANG hat.

EXPERTENTIPP ZUR HÖHE DER VERGÜTUNG: Der allzu sparsame Erblasser, der keine oder nur eine sehr geringe Testamentsvollstreckervergütung festlegt, muss damit rechnen, dass die angeordnete Testamentsvollstreckung „ins Leere läuft", weil niemand – insbesondere kein fachlich qualifizierter Testamentsvollstrecker – bereit ist, die umfangreichen Verpflichtungen ordnungsgemäß wahrzunehmen.

1. Der Wille des Erblassers ist maßgeblich

Der Testierende kann sogar bestimmen, dass der Testamentsvollstrecker sein Amt unentgeltlich zu führen hat. Einen derartigen Vergütungsausschluss kann der Testamentsvollstrecker zivilgerichtlich nicht überprüfen lassen. Ist der Testamentsvollstrecker mit der Vergütungsregelung nicht einverstanden, bleibt ihm nur die Möglichkeit, entweder das AMT ABZULEHNEN, bzw. nach Amtsannahme zu kündigen, oder mit den Erben eine Vereinbarung über die Höhe und die Art und Weise der Vergütung auszuhandeln.

2. Festlegung des Erblasserwillens in letztwilliger Verfügung

Der Erblasser kann nur im Rahmen einer LETZTWILLIGEN VERFÜGUNG Art und Höhe der Testamentsvollstreckervergütung festlegen. Mündliche Äußerungen des Erblassers oder zB maschinengeschriebene Briefe an den Testamentsvollstrecker können deshalb allenfalls eine Auslegungshilfe zur Ermittlung der Testamentsvollstreckervergütung darstellen.

Der Testierende kann auch anordnen, dass ein DRITTER die Höhe der Vergütung festsetzt oder der Testamentsvollstrecker selbst die Vergütung für seine Tätigkeit bestimmen soll. Die Festsetzung der Vergütung hat in diesen Fällen nach billigem Ermessen in entsprechender Anwendung des § 317 BGB zu erfolgen. Das Nachlassgericht ist dagegen nicht befugt, die Testamentsvollstreckervergütung festzusetzen.

Der Erblasser kann Art, Höhe, Bemessungsgrundlage und Zahlungsweise der Testamentsvollstreckervergütung FREI BESTIMMEN. Möglich ist etwa ein bezifferter Einmalbetrag, ein jährlicher Pauschalbetrag, ein gewisser Prozentsatz, errechnet aus dem Brutto- oder Nettovermögen oder den Einnahmen oder eine Stundensatzvergütung.

Mustertext „Prozentuale Testamentsvollstreckervergütung“:
Ich ordne Testamentsvollstreckung an. Der Testamentsvollstrecker hat die Aufgabe, meinen Nachlass bis zur Vollendung des 27. Lebensjahres des jüngsten Miterben zu verwalten. Zu seinen Aufgaben zählen insbesondere ...... Zum Testamentsvollstrecker ernenne ich ......

Der Testamentsvollstrecker erhält eine einmalige Gebühr von 2 % des bei meinem Tod vorhandenen Bruttonachlasses und für jedes Jahr der Verwaltung eine Gebühr von 2 % der jährlichen Bruttoeinnahmen des Nachlasses, bei angefangenen Jahren zeitanteilig. Die Mehrwertsteuer kann er zusätzlich verlangen.

Mustertext „Pauschale Testamentsvollstreckervergütung“:
Ich ordne Testamentsvollstreckung an. Der Testamentsvollstrecker hat die Aufgabe, ... Zum Testamentsvollstrecker bestimme ich ......

Der Testamentsvollstrecker erhält eine pauschale Gesamtvergütung in Höhe von 5 % meines Bruttonachlasses zum Zeitpunkt meines Todes. Die Mehrwertsteuer nebst Auslagen kann er zusätzlich verlangen.

EXPERTENTIPP ZUR ZEITABHÄNGIGEN VERGÜTUNG:
Bei einer zeitbezogenen Vergütungsabrechnung sollte der Testamentsvollstrecker Sorge dafür tragen, dass der angefallene Zeitaufwand stets ausreichend gegenüber den Erben DOKUMENTIERT wird. Ratsam ist weiter, die Abrechnungen in relativ KURZEN ZEITEINHEITEN zu stellen.

Der Erblasser kann auch anordnen, dass der Testamentsvollstrecker – in der Praxis üblich bei Rechtsanwälten, Steuerberatern und Sachverständigen – seine Tätigkeit ZEITABHÄNGIG auf Stundensatzbasis abrechnet. Für eine zeitbezogene Vergütung spricht zunächst, dass Testamentsvollstreckungen – abhängig von der Komplexität der Aufgaben und des Nachlasses und der Zahl der am Erbfall beteiligten Erben, Vermächtnisnehmern und Auflagenbegünstigten – einen sehr unterschiedlichen Arbeitsaufwand erfordern können. Von Vorteil mag auch sein, dass querulatorisch veranlagte Erben, die unnötigen zusätzlichen

Arbeitsaufwand verursachen, durch regelmäßige Teilabrechnung des Testamentsvollstreckers in ihrem Verhalten gemäßigt werden. Gegen eine Zeitabrechnung wird zB eingewandt, dass der Testamentsvollstrecker seine aufgewandte Zeit nachweisen muss, was in der Praxis schwierig sein kann. Nicht verkannt werden darf auch, dass derartige „Zeitnachweise" nicht immer dem tatsächlich erbrachten Zeitaufwand des Testamentsvollstreckers entsprechen müssen. Es gilt deshalb die Empfehlung, dass eine zeitbezogene Vergütung nur bei seriösen Testamentsvollstreckern, die den Testierenden persönlich bekannt sind, angeordnet werden soll.

Die Rechtsprechung hat – in Fällen, in denen der Erblasser KEINE Vergütungsanordnung getroffen hat – die Frage, ob zur Ermittlung der „angemessenen" Vergütung im Sinne des § 2221 BGB auf eine zeitbezogene Abrechnung abgestellt werden darf, eine ablehnende Haltung bezogen. Dies betrifft aber nicht den Fall, in dem der Erblasser selbst eine zeitbezogene Abrechnung angeordnet hat.

3. Verweisung auf Vergütungstabellen

EXPERTENTIPP ZUM VERWEIS AUF VERGÜTUNGSTABELLEN: In einer letztwilligen Verfügung kann somit durch einen einfachen VERWEIS AUF DIE ÜBLICHEN VERGÜTUNGSTABELLEN eine rechtssichere Regelung der Testamentsvollstreckervergütung getroffen werden.

Hat der Erblasser KEINE VERGÜTUNGSREGELUNG getroffen, muss im Rahmen des § 2221 BGB die „angemessene" Vergütung für die Führung des Amtes ermittelt werden. In der Literatur wurden dazu bereits seit dem Jahr 1925 verschiedene ZAHLENTABELLEN vorgeschlagen und weiterentwickelt. Da diese Tabellenwerke teilweise sehr umfangreich sind, wird in der Praxis regelmäßig nur auf diese Vergütungstabellen in der letztwilligen Verfügung verwiesen. Teilweise wird in der Literatur hieran kritisiert, dass dabei das Formerfordernis für die Regelung einer Testamentsvollstreckervergütung nicht gewahrt sei, da die Tabellen sich seit Abfassung der Verfügung von Todes wegen geändert haben könnten. Demgegenüber geht die ganz herrschende Meinung davon aus, dass eine derartige Verweisung zulässig ist, da es sich bei den veröffentlichten Tabellen um allgemein zugängliche Informationen handelt. Jedenfalls sind Verfügungen von Todes wegen geltungserhaltend auszulegen mit der Folge, dass der in der letztwilligen Verfügung angedeutete Wille des Erblassers eine bestimmte Vergütungsregelung festlegt, welche dann für die Ermittlung der Testamentsvollstreckervergütung zu beachten ist.

Mustertext „Vergütung des Testamentsvollstreckers":
Ich ordne an, dass für die Bemessung der Vergütung des Testamentsvollstreckers die Empfehlungen des Deutschen Notarvereins zugrunde gelegt werden sollen. Ist der Testamentsvollstrecker vorsteuerabzugsberechtigt, ist ihm die jeweils gültige Mehrwertsteuer zusätzlich zu erstatten. Seine Auslagen sind auf Nachweis gesondert zu erstatten.

III. Vereinbarung mit den Erben oder Vermächtnisnehmern

Hat der Testierende entweder keine Vergütungsvereinbarung getroffen, oder empfindet der Testamentsvollstrecker diese als zu niedrig, kann er nach dem Grundsatz der Vertragsfreiheit mit den am Erbfall beteiligten Personen, also den Erben, den Vermächtnisnehmern, evtl. auch den Auflagenbegünstigten, eine VERGÜTUNGSVEREINBARUNG treffen. Derartige Vereinbarungen sind auch dann zulässig, wenn sie mit der Vergütungsanordnung des Erblassers nicht übereinstimmen. Sofern hierdurch auch Rechte der Vermächtnisnehmer oder eines Nacherben beeinträchtigt werden können, müssen auch diese bei Abschluss der Vergütungsvereinbarung beteiligt werden. Eine Grenze für die Höhe der vereinbarten Vergütung wird gem. § 138 BGB bei SITTENWIDRIGKEIT bzw. WUCHER gezogen.

IV. Vergütung ohne Erblasseranordnung

1. „Angemessene" Vergütung

Hat der Erblasser in seiner Verfügung von Todes wegen keine Vorgaben zur Testamentsvollstreckervergütung getroffen, steht ihm gem. § 2221 BGB eine ANGEMESSEN Vergütung zu. Die Rechtsprechung und Literatur haben zur Feststellung der „Angemessenheit" folgende GESICHTSPUNKTE entwickelt:

- Umfang und Wert des Nachlasses
- Besonderheiten der sich daraus ergebenden Tätigkeiten und Geschäfte
- Dauer der Testamentsvollstreckung
- Einbringung besonderer Kenntnisse und Erfahrungen des Testamentsvollstreckers
- Zahl und Alter der Beteiligten
- Erfolg der Tätigkeit des Testamentsvollstreckers
- Steuerbelastung der Vergütung mit Umsatzsteuer

2. Gebührenarten

Abhängig von der Aufgabe des Testamentsvollstreckers und den verschiedenen Phasen seiner Tätigkeit hat die Praxis VERSCHIEDENE GEBÜHRENARTEN entwickelt. Der Sprachgebrauch ist diesbezüglich jedoch nicht einheitlich. Üblicherweise werden die Konstituierungsgebühr, die Regelgebühr und die Verwaltungsgebühr sowie die Abwicklungsvergütung und die Auseinandersetzungsgebühr unterschieden.

- REGELGEBÜHR: Die normale Abwicklungsvollstreckung gem. § 2203 BGB umfasst die Ermittlung und Inbesitznahme des Nachlasses, Erstellung der Verzeichnisse, Anfertigung der Erbschaftsteuererklärung, Zahlung der Steuer, Regulierung der Nachlassverbindlichkeiten sowie der Vermächtnisse, Schlussrechnung, Auseinandersetzung und Herausgabe des Nachlasses an die Erben, nicht aber die laufende Verwaltung oder eine schwierige Auseinandersetzung. Für diese Tätigkeit erhält der Testamentsvollstrecker eine Regelgebühr, die teilweise auch KONSTITUIERUNGSGEBÜHR genannt wird.
- VERWALTUNGSGEBÜHR: Hat der Erblasser den Testamentsvollstrecker mit einer langfristigen Verwaltung des Nachlasses (zB bis zur Volljährigkeit eines minderjährigen Erben) beauftragt, erhält er eine so genannte Verwaltungsgebühr.
- AUSEINANDERSETZUNGSGEBÜHR: Ist die Auseinandersetzung des Nachlasses mit besonderen Schwierigkeiten verbunden (Erstellung von Teilungsplänen, Nachlassverkauf), so fällt zusätzlich eine so genannte Auseinandersetzungsgebühr an.
- Einige Testamentsvollstrecker berechnen – zu Unrecht – zusätzlich eine so genannte ABSCHLUSSGEBÜHR bei Ende der Testamentsvollstreckung, für die aber keine Rechtsgrundlage besteht.

Der BGH hat (NJW 1963, 487) folgenden GRUNDSATZ FÜR DIE BEURTEILUNG DER ANGEMESSENHEIT der Testamentsvollstreckervergütung aufgestellt:

Zur Angemessenheit der Vergütung:

„Maßgebend für die Vergütung des Testamentsvollstreckers sind der ihm im Rahmen der Verfügung von Todes wegen nach dem Gesetz obliegende Pflichtenkreis, der Umfang der ihn treffenden Verantwortung und die von ihm geleistete Arbeit, wobei die Schwierigkeit der gelösten Aufgaben, die Dauer der Abwicklung oder der Verwaltung, die Verwertung besonderer Kenntnisse und Erfahrungen und auch die Bewährung einer sich im Erfolg auswirkenden Geschicklichkeit zu berücksichtigen sind.“

3. Berechnungsgrundlage der Vergütung

Maßgebliche Basis für die Berechnung der Gebührentatbestände ist der BRUTTONACHLASSWERT, also der Verkehrswert des Aktivvermögens ohne Abzug der Nachlassverbindlichkeiten, wenn die Vollstreckertätigkeit auch die Schuldenregulierung umfasst. BEWERTUNGSSTICHTAG ist grundsätzlich der Erbfall. Ändert sich die Zusammensetzung und der Wert des Nachlasses im Laufe einer längeren Verwaltungstätigkeit, so ist dies bei der Verwaltungs- und Auseinandersetzungsgebühr zu berücksichtigen. Hat der Erblasser dem Testamentsvollstrecker lediglich die Aufgabe der Erfüllung von Vermächtnissen übertragen, ist Berechnungsgrundlage für die Vergütung nur der Verkehrswert der Vermächtnisse.

Umstritten ist, ob VORAUSEMPFÄNGE DER ERBEN zum Wert des Nachlasses hinzuzurechnen sind. Die Rechtsprechung hat dies mit der Begründung verneint, dass die Problematik der Vorausempfänge erst im Rahmen von Zuschlägen zu berücksichtigen sei. Nach Meinung der Literatur gehören alle ausgleichungspflichtigen Vorempfänge und Schenkungen der letzten zehn Jahre vor dem Erbfall zur Nachlassmasse, die ein Testamentsvollstrecker verwalten und ebenso regeln muss wie die Nachlassverbindlichkeiten. Dies ergibt sich insbesondere aus § 14 Abs. 1 S. 1 Erbschaftsteuergesetz wegen der Zusammenrechnung der innerhalb von zehn Jahren angefallenen Zuwendungen bei der Erbschaftsteuer und aus der Berechnung von Pflichtteils- bzw. Pflichtteilsergänzungsansprüchen, auch wenn der Pflichtteilsanspruch nur gegen den Erben selbst geltend gemacht werden kann (§ 2213 Abs. 1 S. 3 BGB). Diese Vorempfänge sind somit bereits bei der Konstituierung und der Nachlassverwaltung zu berücksichtigen, führen häufig zu Differenzen zwischen den Erben und Vermächtnisnehmern und damit zwangsläufig zu einer Mehrarbeit des Testamentsvollstreckers.

4. Vergütungstabellen

Bereits im Jahre 1925 wurde versucht, die oben dargestellten allgemeinen Grundsätze für die Ermittlung der angemessenen Testamentsvollstreckervergütung in einer Zahlentabelle auszudrücken. Dieser so genannten „Rheinische Tabelle" wurden später verschiedene konkurrierende Tabellen gegenübergestellt und diese wiederum im Laufe der Zeit überarbeitet. Da – für ältere letztwillige Verfügungen – diese Vergütungstabellen immer noch für annehmbar erklärt werden, sollen die – praxisrelevanten – Vorschläge wiedergegeben werden.

Rheinische Tabelle:
Die im Jahre 1918 aufgestellten und im Jahre 1925 verbesserten Richtlinien des Rheinischen Notariats lauten wörtlich wie folgt:

Es wird empfohlen, als Gebühr für die Tätigkeit des Notars als Testamentsvollstrecker im Regelfall wie folgt zu berechnen:

BRUTTOWERT	
Bei einem Nachlasswert bis zu 20.000 RM (dies entspricht umgerechnet EUR 10.000)	4%
Darüber hinaus bis zu 100.000 RM (dies entspricht umgerechnet EUR 50.000)	3%
Darüber hinaus bis zu 1 Mio. RM (dies entspricht umgerechnet EUR 500.000)	2%
Darüber hinaus bis zu	1%

Diese Sätze gelten für normale Verhältnisse und eine glatte Abwicklung. Folgt dagegen eine längere Verwaltungstätigkeit, zB beim Vorhandensein von Minderjährigen, oder verursacht die Verwaltung eine besonders umfangreiche und zeitraubende Tätigkeit, so kann eine höhere Gebühr als angemessen erachtet werden, auch eine laufende, nach dem Jahresbetrag der Einkünfte zu berechnende Gebühr gerechtfertigt sein.

Expertentipp zur Rheinischen Tabelle:
Der BGH (NJW 1967, 2400) hat die „alte" Rheinische Tabelle schon in seiner Entscheidung aus dem Jahr 1967 als „bewährte Sätze" bezeichnet sowie als „GEEIGNETE GRUNDLAGE FÜR DIE BERECHNUNG EINER ANGEMESSENEN VERGÜTUNG IM REGELFALL".

In der Entscheidung des BGH (ZEV 2005, 22 = FamRZ 2005, 207) hatte sich der Testamentsvollstrecker auf die „alte" Rheinische Tabelle gestützt, ohne dass dies vom BGH kritisiert worden wäre. Das OLG Köln (FamRZ 1994, 328 = NJW-RR 1994, 269 = ZEV 1994, 120) meint, die „alte" Rheinische Tabelle könne als Grundlage für die Berechnung der Testamentsvollstreckervergütung herangezogen werden.

Auch das OLG Düsseldorf (MittRhNotK 1996, 172) nimmt an, dass „die Richtlinien des rheinpreußischen Notarvereins auch heute noch eine GEEIGNETE GRUNDLAGE für die Bemessung der Testamentsvollstreckergebühren sind".

Möhringsche Tabelle:
Die von Möhring/Beisswingert/Klingelhöffer entwickelte und zwischenzeitlich modifizierte „Möhringsche Tabelle" enthält folgende Werte:

Wert		Vergütung
bis zu einem Betrag von	EUR 12.500	7,5 %
bis zu einem Betrag von	EUR 25.000	7,0 %
bis zu einem Betrag von	EUR 50.000	6,0 %
bis zu einem Betrag von	EUR 100.000	5,0 %
bis zu einem Betrag von	EUR 200.000	4,5 %
bis zu einem Betrag von	EUR 500.000	4,0 %
bis zu einem Betrag von	EUR 1.000.000	3,0 %

Bei Nachlässen über EUR 1 Mio. ist die Vergütung dadurch zu ermitteln, dass aus dem über EUR 1 Mio. liegenden Wert 1 % errechnet und dieser Betrag dem Vergütungssatz für EUR 1 Mio. hinzugerechnet wird.

5. Vergütungsempfehlung des Deutschen Notarvereins
Die Vergütungsempfehlungen des Deutschen Notarvereins wurden aus der alten Rheinischen Tabelle fortentwickelt. Die hieraus abgeleitete Bezeichnung „Neue Rheinische Tabelle" ist aber nichtzutreffend, da beide Tabellen unterschiedliche Ansatzpunkte verfolgen.

Die Vergütungsempfehlungen unterscheiden zwischen einer Regelvergütung als Vergütungsgrundbetrag und verschiedenen Vergütungszuschlägen. Sie soll insbesondere der allgemeinen Kostensteigerung wie auch der Zunahme komplizierter Testamentsvollstreckungen Rechnung getragen werden. Da diese Empfehlungen in der Gestaltungspraxis zunehmend verwendet werden, wird der Text im Anhang vollständig wiedergegeben (abgedruckt in der ZEV 2000, 181 sowie im Internet abrufbar unter www.dnotv.de).

Stellungnahme der Rechtsprechung zu den Vergütungstabellen

Der BGH (ZEV 2005, 22 = FamRZ 2005, 207) hat sich bisher gegen jede schematische Anwendung von Tabellen gewandt:

Rechtsprechung des BGH zu Vergütungstabellen:
„In der Rechtsprechung des BGH ist geklärt, von welchen Grundsätzen gemäß § 2221 BGB bei der Ermittlung der angemessenen Vergütung auszugehen ist: Maßgebend ist der Pflichtenkreis, der dem Testaments-

vollstrecker im Rahmen der Verfügung von Todes wegen nach dem Gesetz obliegt, der Umfang seiner Verantwortung und die von ihm geleistete Arbeit, wobei die Schwierigkeit der gelösten Aufgaben, die Dauer der Abwicklung oder Verwaltung, die Verwertung besonderer Kenntnisse und Erfahrungen wie auch die Bewährung einer sich im Erfolg auswirkenden Geschicklichkeit zu berücksichtigen sind. Dabei ist die Berechnung der Vergütung nach Bruchteilen des Nachlasswerts möglich und im Grundsatz der Rechtssicherheit und dem Rechtsfrieden förderlich. Solche Richtsätze – wie etwa die hier herangezogene Rheinische Tabelle – dürfen jedoch nicht schematisch angewandt werden. Sie geben in der Regel nur einen Anhalt für Fälle, in denen der Testamentsvollstrecker die üblichen Aufgaben erfüllt.".

Einem Hinweisbeschluss des OLG Köln (ZEV 2008, 335) ist – entgegen vereinzelter Stimmen in der Literatur - nicht zu entnehmen, es gelte allgemein die „Neue" Rheinische Tabelle (= DNotV-Empfehlungen). Lediglich das OLG Schleswig (RNotZ 2010, 267) meint, dass „bei der Bestimmung der angemessenen Vergütung des Testamentsvollstreckers – wenn auch nicht schematisch – die sog. Neue Rheinische Tabelle als Anhalt herangezogen werden kann". Dieses Urteil enthält aber auch kein eindeutiges Bekenntnis zur Neuen Rheinischen Tabelle.

Expertentipp zur Begründung der Vergütung:
Nach der Rechtsprechung trägt der Testamentsvollstrecker bei einer gerichtlichen Überprüfung der Testamentsvollstreckervergütung die DARLEGUNGS- UND BEWEISLAST für die Höhe der Vergütung. Der Testamentsvollstrecker hat also die Kriterien für die Angemessenheit zu ermitteln, sie richtig zu differenzieren und in Zahlen zu übersetzen. Ein Ermessensspielraum wird ihm nicht zugestanden. Im Zivilprozess über die Vergütung ist die Angemessenheit voll nachprüfbar, also nicht beschränkt auf einen Ermessensmissbrauch.
In der Literatur wird deshalb die Auffassung vertreten, dass eine Berechnung der Testamentsvollstreckervergütung von der Rechtsprechung dann keine Beanstandung erfährt, wenn der Testamentsvollstrecker von der (alten) Rheinischen Tabelle ausgeht, die dort vorgesehene Vergütung als Regelvergütung begreift und die sich aus den Umständen des Einzelfalls ergebenden Zu- und Abschläge vornimmt.

V. Fälligkeit und Entnahme der Vergütung

Soweit der Erblasser nichts anderes bestimmt hat, ist die Testamentsvollstreckervergütung grundsätzlich erst nach Beendigung der Tätigkeit als einmalige Zahlung FÄLLIG. Da § 2218 BGB für das Rechtsverhältnis zwischen dem Testamentsvollstrecker und dem Erben grundsätzlich auf das Auftragsrecht verweist, aber die in § 669 BGB geregelte Vorschusspflicht nicht erwähnt, steht dem Testamentsvollstrecker KEIN ANSPRUCH AUF VORSCHUSS zu. Nur bei einer länger dauernden Verwaltung (§ 2218 Abs. 2 BGB), insbesondere bei einer Dauertestamentsvollstreckung (§ 2209 BGB), kann der Testamentsvollstrecker seine Vergütung in periodischen Abschnitten JÄHRLICH nachträglich verlangen. Seine Schlussvergütung kann der Testamentsvollstrecker erst mit Rechnungslegung verlangen.

Der Testamentsvollstrecker kann seine Vergütung nicht durch das Nachlassgericht verbindlich festsetzen lassen. Er ist deshalb darauf angewiesen, den Betrag, den er für angemessen hält, den Erben mitzuteilen und dem Nachlass zu entnehmen. Sind die Erben mit dem vom Testamentsvollstrecker angesetzten Betrag nicht einverstanden, weil sie ihn für zu hochhalten, kann der Testamentsvollstrecker FESTSTELLUNGSKLAGE (§ 256 ZPO) gegen die Erben erheben oder die Erben können gegen den Testamentsvollstrecker auf RÜCKZAHLUNG des zu viel entnommenen Vergütungsbetrages klagen.

Mustertext „Fälligkeit der Testamentsvollstreckervergütung“:
Der Testamentsvollstrecker erhält folgende Vergütung: ......

Die Vergütung ist fällig zu 50 % nach Erstellung des Nachlassverzeichnisses, die Restvergütung nach Erledigung aller dem Testamentsvollstrecker obliegenden Tätigkeiten.

EXPERTENTIPP ZUR TESTAMENTARISCHEN BESTIMMUNG DER FÄLLIGKEIT DER VERGÜTUNG:
Da die gesetzliche Regelung zur Fälligkeit der Vergütung den Testamentsvollstrecker über einen längeren Zeitraum hinweg in die VORLEISTUNGSPFLICHT zwingt, empfiehlt es sich für den Erblasser in der letztwilligen Verfügung eine interessensgerechte Lösung aufzunehmen. Dies verhindert auch, dass – rechtlich uninformierte – Testamentsvollstrecker verfrüht einen Vorschuss aus dem Nachlass entnehmen.

VI. Schuldner der Vergütung

§ 2221 BGB enthält keine Aussage darüber, wer für die Testamentsvollstreckervergütung ZAHLUNGSPFLICHTIG ist. Hat der Erblasser hierzu keine ausdrückliche Regelung in seiner Verfügung von Todes wegen getroffen, muss die Vergütung als Nachlassverbindlichkeit von den ERBEN ALS GESAMTSCHULDNER beglichen werden. Im Innenverhältnis tragen die Miterben die Kosten der Testamentsvollstrecker grundsätzlich nach ihren Erbquoten. Die Auslegung des Testaments kann ausnahmsweise ergeben, dass ein Erbe einen größeren Anteil an der Testamentsvollstreckervergütung zu tragen hat.

Gehört es zu den Aufgaben des Testamentsvollstreckers, dem VERMÄCHTNISNEHMER einen Einzelgegenstand zu verschaffen, trägt nach überwiegender Ansicht die hierfür anfallenden Kosten nicht der Vermächtnisnehmer, sondern der Erbe, in dessen Interesse die Erfüllung einer Nachlassverbindlichkeit liegt. Anders ist es hingegen, wenn dem Testamentsvollstrecker die Verwaltung des Vermächtnisgegenstandes obliegt.

Bei einer Vor- und Nacherbschaft ist zu UNTERSCHEIDEN:

- Betrifft die Testamentsvollstreckung nur den Vorerben bis zum Eintritt der Nacherbschaft, hat dieser die Testamentsvollstreckervergütung zu tragen.
- Bei der Nacherbenvollstreckung geht die herrschende Meinung davon aus, dass der Nacherbe Vergütungsschuldner ist.

VII. Mehrere Testamentsvollstrecker

Sind MEHRERE Testamentsvollstrecker nebeneinander in demselben Aufgabengebiet tätig, ist streitig, wie die Vergütung aufzuteilen ist. Das OLG Stuttgart hat zwar entschieden, dass bei zwei Testamentsvollstreckern jeder die Hälfte der Gebühr bekommen soll. Andererseits muss dem Erblasser bewusst gewesen sein, dass bei der Einsetzung von mehr als einem Testamentsvollstrecker auch höhere Kosten – nicht zwingend aber die doppelten – entstehen werden.

Expertentipp zur Vergütung mehrerer Testamentsvollstrecker: Legt der Erblasser Wert darauf, dass sein Nachlass durch mehrere Testamentsvollstrecker auseinandergesetzt oder verwaltet wird, muss er – um Streit zwischen den Testamentsvollstreckern und den Erben von vornherein zu vermeiden – die Höhe der Vergütung und deren AUFTEILUNG in seiner letztwilligen Verfügung klar festlegen.

VIII. „Vermeintlicher" Testamentsvollstrecker

Von einem „VERMEINTLICHEN" Testamentsvollstrecker spricht man, wenn sich nachträglich (zB weil eine aktuellere letztwillige Verfügung aufgetaucht ist) herausstellt, dass die Ernennung des Testamentsvollstreckers unwirksam ist, dieser aber bereits – gut- oder bösgläubig – tätig geworden ist. Nach Ansicht des BGH soll der GUTGLÄUBIGE Testamentsvollstrecker, dessen Tätigkeit von den Erben nicht von Anfang an abgelehnt wurde, gem. §§ 675, 612 BGB einen Vergütungsanspruch und gem. § 683 BGB einen Aufwendungsersatzanspruch haben. Beim BÖSGLÄUBIGEN Testamentsvollstrecker entfällt dagegen ein Vergütungsanspruch.

IX. Umsatzsteuer und Testamentsvollstreckervergütung

Hier müssen zwei Fragen unterschieden werden: Zum einen ist zu klären, ob der Testamentsvollstrecker UMSATZSTEUERPFLICHTIG ist, weil er Unternehmer im Sinne von § 2 UStG ist. In der Literatur wird verstärkt die Auffassung vertreten, dass eine einmalige Testamentsvollstreckung nicht unter die Umsatzsteuer falle, da es hierbei an einer nachhaltigen Tätigkeit zur Erzielung von Einnahmen fehle. Demgegenüber sieht der BFH auch in den Fällen, in denen nur eine einzige Testamentsvollstreckung durchgeführt wird, eine nachhaltige und damit unternehmerische Tätigkeit im Sinne des § 1 UStG.

EXPERTENTIPP ZUR UMSATZSTEUER:
Solange sich die gefestigte Rechtsprechung des BFH nicht geändert hat, muss der Testamentsvollstrecker von der Umsatzsteuerpflichtigkeit seiner Tätigkeit ausgehen.

Eine andere Frage ist, ob die UMSATZSTEUER in der dem Testamentsvollstrecker zustehenden Gesamtvergütung bereits ENTHALTEN ist. Nach der inzwischen vorliegenden obergerichtlichen Rechtsprechung und hM kann der Testamentsvollstrecker die Umsatzsteuer zusätzlich zu seiner Vergütung verlangen. Anders liegt es nur, wenn eine abweichende Anordnung des Erblassers vorliegt oder die in Bezug genommene Tabelle dies anders bestimmt.

X. Auslagenersatz

Neben der Vergütung kann der Testamentsvollstrecker den ERSATZ SEINER AUFWENDUNGEN beanspruchen, die er den Umständen nach für erforderlich halten durfte (§§ 2218, 670 BGB). Aus der Pflicht, den Nachlass ordnungsgemäß zu verwalten, folgt, dass für Aufgaben, die der Testamentsvollstrecker nicht aus eigener Kenntnis bewältigen kann, FACHLEUTE hinzuzuziehen sind. Wird einem Rechtsanwalt eine Vermögensverwaltung übertragen, so wird von ihm regelmäßig erwartet werden können, dass er die dabei anfallenden einfacheren Steuerangelegenheiten selbst erledigt, insbesondere auch die Erbschaftsteuererklärungen bearbeitet. Nur wenn komplexe oder schwierige Fragen die Heranziehung eines Spezialisten erforderlich machen, können die hierfür aufgewendeten Kosten dem Nachlass entnommen werden. Eingeschaltetes „Hilfspersonal“, zB Schreibkräfte, Sekretärinnen, usw. sind hingegen nicht aus dem Nachlass zu vergüten. Anders als der Vergütungsanspruch ist der Auslagenersatzanspruch sofort fällig.

Auf den Punkt gebracht:
Da das Gesetz die Höhe der Vergütung des Testamentsvollstreckers nicht genau bestimmt, sollte jeder Erblasser in seinem Testament die Testamentsvollstreckervergütung konkret regeln. Möglich ist dies über die Bestimmung von prozentualen Sätzen, Zeitvergütungen, Pauschalvergütungen oder auch den Verweis auf bekannte Vergütungstabellen, wie beispielsweise die Empfehlung des Deutschen Notarvereins. Letztere ermöglicht dem Testamentsvollstrecker einerseits seine Forderung konkret und rechtssicher zu bestimmen und andererseits auch Besonderheiten der Vollstreckung bei seiner Vergütung zu berücksichtigen. Liegt keine Anordnung des Erblassers vor, sollte der Testamentsvollstrecker die Grundlagen der von ihm berechneten Vergütung dezidiert darlegen, um die Vergütung notfalls auch gerichtlich durchsetzen zu können.

12

Testamentsvollstreckung im Handels- und Gesellschaftsrecht

Gerade im Unternehmensbereich kann sich die Anordnung einer Testamentsvollstreckung gebieten. Problematisch ist im Rahmen der Führung eines Unternehmens jedoch, dass sowohl handelsrechtliche Haftungsgrundsätze, als auch Grundsätze des Personengesellschaftsrechts einigen zwingenden gesetzlichen Regelungen der Testamentsvollstreckung widersprechen. Die Praxis hat aus diesem Grunde diverse Ersatzlösungen entwickelt, welche im Folgenden dargelegt werden.

12. Testamentsvollstreckung im Handels- und Gesellschaftsrecht

I. Zweck einer Testamentsvollstreckung im Unternehmensbereich

Für den Erblasser, der ein Handelsgeschäft betreibt oder an einer Gesellschaft beteiligt ist, besteht in folgenden FALLGRUPPEN ein großes praktisches Bedürfnis eine Testamentsvollstreckung anordnen zu können:

- Der als Unternehmensnachfolger vorgesehene Erbe ist bei Eintritt des Erbfalls minderjährig, zu jung oder geschäftlich unerfahren.
- Der Erbe ist für eine Unternehmensführung nicht geeignet.
- Das „Lebenswerk" des Unternehmers soll über seinen Tod hinaus erhalten und vor einer Einflussnahme der Erben geschützt werden.
- Der Nachlass soll vor dem Zugriff der Eigengläubiger des Erben geschützt werden (§ 2214 BGB).

Diese Zielvorstellungen könnten aus erbrechtlicher Sicht durch die Anordnung einer Testamentsvollstreckung umgesetzt werden, da ein fachlich qualifizierter Testamentsvollstrecker das Unternehmen für eine Interimszeit oder dauerhaft fortführen kann.

II. Einschränkung der Testamentsvollstreckung durch handels- und gesellschaftsrechtliche Prinzipien

Dem Einsatz der Testamentsvollstreckung zur Verwirklichung dieser Ziele werden aber durch handels- und gesellschaftsrechtliche Prinzipien relativ ENGE GRENZEN gesetzt. Da diese Schranken in der Rechtsprechung und Literatur noch nicht vollständig geklärt sind, stellt sich die Testamentsvollstreckung für den Unternehmensbereich als schwierig zu handhabendes Instrumentarium dar.

1. Unvereinbarkeit von handels- und erbrechtlichen Haftungsgrundsätzen
Die HAFTUNGSGRUNDSÄTZE DES HANDELSRECHTS sind mit denen eines Erbrechts nicht vereinbar:

- Ein Einzelkaufmann oder ein persönlich haftender Gesellschafter haftet grundsätzlich UNBESCHRÄNKT UND UNBESCHRÄNKBAR mit seinem PRIVATVERMÖGEN (§§ 22, 25, 27, 128, 130 HGB).

- Nach den erbrechtlichen Bestimmungen (§ 2206 BGB) kann der Testamentsvollstrecker dagegen VERBINDLICHKEITEN NUR FÜR DEN NACHLASS eingehen und er kann nicht verhindern, dass der Erbe die Beschränkung seiner Haftung für die Nachlassverbindlichkeiten herbeiführt (§§ 1967, 1973 ff., 1980, 1990, 2206 Abs. 2 BGB). Der Testamentsvollstrecker haftet auch mit seinem Privatvermögen nicht persönlich für diejenigen Verbindlichkeiten, die aus seiner ordnungsgemäßen Amtstätigkeit entstehen.

Könnte also der Testamentsvollstrecker das Unternehmen für die Erben fortführen, würde ein „UNTERNEHMEN MIT BESCHRÄNKTER HAFTUNG“ entstehen ohne dass man sich der hierfür vorgesehenen Rechtsformen (GmbH, Aktiengesellschaft) bedienen müsste. Wegen des VORRANGS DES HANDELSRECHTS vor dem Erbrecht (Art. 2 EGHGB) kann der Testamentsvollstrecker somit aufgrund seines Amtes kein Handelsgeschäft führen.

2. Gesellschaftsrechtliche Mitwirkungsrechte sind oft nicht übertragbar

Eine weitere Beschränkung der Testamentsvollstreckung ergibt sich aus GESELLSCHAFTSRECHTLICHEN MITWIRKUNGSRECHTEN, die nicht durch eine Testamentsvollstreckung eingeschränkt werden können:

- Die gesellschaftsrechtliche Mitwirkung (wie zB das Stimmrecht, Informations- und Kontrollrechte, Teilnahme an Gesellschafterversammlungen und Beschlüssen) können NUR EINGESCHRÄNKT EINER DIREKTEN Testamentsvollstreckung unterworfen werden, da die Erben nicht vollständig aus der vererbten Gesellschafterstellung verdrängt werden können.
- Grund ist unter anderem auch, dass sich die unbeschränkte Haftung des Gesellschaftererben nach den §§ 128, 130 HGB nicht mit der auf den Nachlass beschränkbaren Haftung des § 2206 BGB verträgt. Die PERSONENRECHTLICHE Seite der Gesellschafterstellung kann bei Personengesellschaften (BGB-Gesellschaft, OHG) nicht auf dritte Personen und damit auch nicht auf einen Testamentsvollstrecker übertragen werden. Zulässig ist es aber nach der Rechtsprechung die rein VERMÖGENSRECHTLICHE Seite der Gesellschafterstellung, also die Verwaltung und Fälligkeit von Gewinnansprüchen nach dem Erbfall oder Ansprüche auf ein Auseinandersetzungs- oder Abfindungsguthaben einer Testamentsvollstreckung zu unterstellen.

III. Ersatzlösungen

Zur LÖSUNG DES KONFLIKTS ZWISCHEN DEM HANDELS- UND GESELLSCHAFTSRECHT einerseits und dem Erbrecht andererseits werden verschiedene Lösungen vorgeschlagen:

1. „Vollmachtslösung"
Bei einer „Vollmachtslösung" führt der Testamentsvollstrecker das Handelsgeschäft ALS BEVOLLMÄCHTIGTER DER ERBEN, die Inhaber des Handelsgeschäfts sind und als solche auch im Handelsregister eingetragen werden. Diese haften dann für Geschäftsverbindlichkeiten, die aus der Tätigkeit des Testamentsvollstreckers als Bevollmächtigter entstehen, persönlich und unbeschränkt auch mit ihrem Privatvermögen.

Die Fortführung des Unternehmens durch den Testamentsvollstrecker setzt aber voraus, dass entweder die Erben „freiwillig" dem Testamentsvollstrecker eine entsprechende VOLLMACHT erteilen, oder dass der Erblasser testamentarisch entsprechende Anordnungen zur Erteilung einer derartigen Vollmacht getroffen hat.

Expertentipp zur Vollmachtslösung:
Vorteil der Vollmachtslösung ist, dass den Testamentsvollstrecker KEINE PERSÖNLICHE HAFTUNG für Geschäftsverbindlichkeiten trifft. Von Nachteil aber ist, dass die Erben eine von ihnen oder vom Erblasser erteilte Vollmacht jederzeit widerrufen können und die Gefahr besteht, dass die Erben selbst tätig werden und damit in Handlungskonkurrenz zum bevollmächtigten Testamentsvollstrecker treten. Dies kann im unternehmerischen Bereich fatale Folgen für das Handelsgeschäft haben. Diesem Verhalten der Erben kann der Erblasser in einem gewissen Umfang mit letztwilligen „STRAFANDROHUNGEN", wie zB einer bedingten Erbeinsetzung oder auch mit Auflagen entgegenwirken.

2. „Treuhandlösung"
Bei der „Treuhandlösung" übernimmt der Testamentsvollstrecker das Unternehmen als Treuhänder und führt es IM EIGENEN NAMEN, ABER FÜR RECHNUNG DER ERBEN fort. Im Außenverhältnis haftet der Testamentsvollstrecker dann persönlich und unbeschränkt auch mit seinem Privatvermögen.

In der Praxis werden regelmäßig nur wenige Testamentsvollstrecker bereit sein, diese mit der Treuhandlösung verbundenen HAFTUNGSRISIKEN einzugehen, auch wenn im Innenverhältnis zu den Erben Freistellung von der Haftung verlangt werden kann.

Bei der Treuhandlösung werden zwei VARIANTEN unterschieden:

- ERMÄCHTIGUNGSTREUHAND: Hierbei bleiben die Erben grundsätzlich Inhaber des Geschäftsvermögens; der Testamentsvollstrecker hat eine Stellung ähnlich eines PÄCHTERS.
- VOLLRECHTSTREUHAND: Hierbei muss dem Testamentsvollstrecker das EIGENTUM am Gesellschaftsvermögen übertragen werden.

3. „Weisungsgeberlösung"

Bei der Weisungsgeberlösung, die im Schrifttum noch nicht abschließend geklärt ist, gibt der Testamentsvollstrecker das Handelsgeschäft im AUSSENVERHÄLTNIS gem. § 2217 BGB frei, behält sich aber im INNENVERHÄLTNIS zum Erben die Entscheidungsbefugnis vor. Die Aufspaltung von Außen- und Innenverhältnis setzt eine entsprechende letztwillige Anordnung des Erblassers oder eine Einigung des Testamentsvollstreckers mit den Erben voraus.

EXPERTENTIPP ZUM NACHTEIL DER WEISUNGSLÖSUNG:
Ein NACHTEIL der Weisungsgeberlösung ist, dass Verstöße der Erben gegen Weisungen des Testamentsvollstreckers sich nur im Innenverhältnis, nicht aber nach außen auswirken.

4. „Beaufsichtigende" Testamentsvollstreckung

Der BGH hat entschieden, dass eine Testamentsvollstreckung zwar nicht die vererbten HÖCHSTPERSÖNLICHEN MITGLIEDSCHAFTSRECHTE (das Stimmrecht, das Recht auf Teilnahme an der Gesellschafterversammlung, das Recht auf Vertretung und Geschäftsführung und das Informationsrecht; die so genannte Innenseite der Beteiligung), wohl aber die „AUSSENSEITE" (dh die laufenden Gewinnansprüche, den künftigen Auseinandersetzungsanspruch, den Anteilswert) betreffen kann. Hieraus wird in der Literatur geschlossen, dass auch einem Einzelunternehmen auf der „Außenseite" eine „BEAUFSICHTIGENDE" Testamentsvollstreckung möglich sei, mit der Folge, dass der Erbe – obwohl er Inhaber des ererbten Unternehmens ist – ohne Mitwirkung des Testamentsvollstreckers nicht über dieses verfügen kann und dass Eigengläubiger des Erben nicht in das Unternehmen vollstrecken können (§ 2214 BGB). Im Innenverhältnis werden dagegen ausschließlich die Erben tätig.

Es bleibt abzuwarten, ob die Lösung der beaufsichtigenden Testamentsvollstreckung den Anforderungen der Praxis und einer effektiven Testamentsvollstreckung gerecht werden wird.

5. „Umwandlungslösung“

Die Testamentsvollstreckung an einer KAPITALGESELLSCHAFT (GmbH oder Aktiengesellschaft) begegnet grundsätzlich keinen erbrechtlichen oder gesellschaftsvertraglichen Bedenken. Der Gesellschaftsanteil des verstorbenen Gesellschafters ist vererblich und gehört zum Nachlass. Eine angeordnete Testamentsvollstreckung erfasst damit auch den Anteil des Erblassers an der Kapitalgesellschaft. Eine VERWALTUNGSVOLLSTRECKUNG ist nach allgemeiner Auffassung ZULÄSSIG und bedarf nicht der Zustimmung der Erben.

Eine gewisse Einschränkung ergibt sich aber aus der so genannten KERNBEREICHSLEHRE. Danach sind Eingriffe in den Kernbereich der Mitgliedschaft nur mit Zustimmung des Inhabers, also des Gesellschaftererben, zulässig. Soweit der Kernbereich der Mitgliedschaft betroffen ist, besteht eine Doppelzuständigkeit von Testamentsvollstrecker und Erbe. Zum KERNBEREICH des Erben als Gesellschafter einer Kapitalgesellschaft gehören:

- Gesellschaftsvertragliche Regelungen zur Beendigung der Beteiligung, Verringerung des Kapitalanteils, der Gewinnbeteiligung, des Auseinandersetzungsguthabens, Erhöhung der handelsrechtlichen Haftung oder der Leistungspflichten.
- Kündigung, Aufhebungs- oder Ausschließungsklage.

Die Testamentsvollstreckung bei Kapitalgesellschaften ist also leichter und zudem effektiver und es kann sich deshalb anbieten, das Unternehmen in eine GmbH oder AG gemäß den §§ 152 ff. Umwandlungsgesetz umzuwandeln, da an solchen Anteilen eine direkte Testamentsvollstreckung unproblematisch ist. Dies kann der Erblasser bereits zu Lebzeiten in Angriff nehmen oder den Erben im Wege einer Auflageverpflichtung aufgeben, das Unternehmen in eine Kapitalgesellschaft überzuführen.

Auf den Punkt gebracht:
Handels und gesellschaftsrechtliche Prinzipien widersprechen teilweise den Verwaltungs- und Haftungsgrundsätzen einer Testamentsvollstreckung. Aus diesem Grunde müssen statt einer reinen Testamentsvollstreckung im handels- und personengesellschaftsrechtlichen Bereich oft Ersatzlösungen angewendet werden. Möglich sind die so genannten Vollmachts-, Treuhand- und Weisungsgeberlösungen sowie eine beaufsichtigende Testamentsvollstreckung. Da sich diese Lösungen jedoch durch einen HOHEN THEORETISCHEN AUFWAND sowie teilweise in der Rechtsprechung noch nicht abschließend geklärte Kriterien auszeichnen,

ist eine Testamentsvollstreckung im Bereich einer Kapitalgesellschaft sinnvoller. Dies kann dazu führen, dass die Begründung einer KAPITALGESELLSCHAFT statt einer Personengesellschaft – notfalls im Wege einer Umwandlung – erfolgen sollte.

13

Beendigung des Testamentsvoll-streckeramts

Eine Testamentsvollstreckung ist nicht auf Ewigkeit angelegt. Wann sie endet, hängt von der jeweiligen Vollstreckung und von den Anordnungen des Erblassers ab. Von der Beendigung der Testamentsvollstreckung im Gesamten stets zu unterscheiden ist die Beendigung des einzelnen Amtes eines Testamentsvollstreckers. In diesem Kapitel erfahren Sie, welche Tatbestände die Testamentsvollstreckung insgesamt beendigen und was zum Ende des Amtes eines Testamentsvollstreckers führt.

13. Beendigung des Testamentsvollstreckeramts

Die Beendigung der Testamentsvollstreckung ist von entscheidender Bedeutung für die Verwaltungs-, Verfügungs- und Verpflichtungsbefugnis, welche vom Testamentsvollstrecker auf den oder die Erben übergehen. Eigengläubiger der Erben können mit dem Ende der Testamentsvollstreckung auf den Nachlass zu greifen (§ 2214 BGB).

Das ENDE DER TESTAMENTSVOLLSTRECKUNG ist im Gesetz nicht ausdrücklich geregelt und tritt mit Erledigung aller Testamentsvollstreckeraufgaben oder dem Fehlen einer Möglichkeit, einen Testamentsvollstrecker als Nachfolger zu bestellen, ein. Hiervon zu unterscheiden ist die (BLOSSE) BEENDIGUNG DES KONKRETEN TESTAMENTSVOLLSTRECKERAMTES, welche im Wesentlichen in den §§ 2225 bis 2227 BGB geregelt ist. Eine vom Nachlassgericht gem. § 2227 BGB ausgesprochene Entlassung des Testamentsvollstreckers führt nur ausnahmsweise dazu, dass die Testamentsvollstreckung als solche wegfällt und nicht nur das Amt des jeweiligen Testamentsvollstreckers endet

I. Ende der Testamentsvollstreckung

Die Dauer der Testamentsvollstreckung als solche – also nicht des konkreten Testamentsvollstreckeramtes – richtet sich vorrangig nach den ANORDNUNGEN DES ERBLASSERS, wobei die in § 2210 BGB gesetzte zeitliche Schranke zu beachten ist.

1. Maßgeblichkeit des Erblasserwillens

Die Testamentsvollstreckung als solche endet, wenn die AUFGABEN, die der Erblasser dem Testamentsvollstrecker zugewiesen hat, ERLEDIGT sind, ohne dass es dazu einer Niederlegung des Amtes oder einer Anzeige an das Nachlassgericht bedarf. Gleiches gilt, wenn die Erben nach Erledigung aller übrigen Aufgaben vereinbaren, die Auseinandersetzung zu unterlassen und die Erbengemeinschaft fortzusetzen. Die Testamentsvollstreckung endet auch, wenn der NACHLASS VÖLLIG ERSCHÖPFT ist. Hatte der Erblasser beispielsweise bestimmt, dass die Testamentsvollstreckung endet, sobald der Vorerbe keine Schulden mehr hat, insbesondere dessen Restschuldbefreiungsverfahren abgeschlossen ist, ist mit der Schuldenfreiheit auch die Testamentsvollstreckung beendet.

Expertentipp zur Regelung der Beendigung der Testamentsvollstreckung:
Wegen der relativ unvollständigen gesetzlichen Regelung sollte der Erblasser IN SEINER VERFÜGUNG VON TODES wegen die reguläre Dauer der Testamentsvollstreckung und die zu ihrem Ende führenden Tatbestände möglichst exakt regeln und dabei insbesondere klarstellen, ob mit der Beendigung eines konkreten Testamentsvollstreckeramtes auch die Testamentsvollstreckung insgesamt beendet ist oder ob die Testamentsvollstreckung durch einen Ersatztestamentsvollstrecker fortgesetzt werden soll.

Mustertext „Beendigung der Testamentsvollstreckung":
Die Testamentsvollstreckung endet mit dem Tod des von mir eingesetzten Erben.

Alternative:
Die Testamentsvollstreckung endet, wenn der jüngste Miterbe das 27. Lebensjahr vollendet hat. Sollte der von mir eingesetzte Testamentsvollstrecker vor diesem Zeitpunkt wegfallen, soll das Nachlassgericht eine andere geeignete Person als Testamentsvollstrecker bestimmen.

2. Beendigungsvereinbarung zwischen Testamentsvollstrecker und Erben

Vereinbarungen zwischen den Erben einerseits und dem Testamentsvollstrecker andererseits über die Beendigung der Testamentsvollstreckung sind gesetzlich nicht vorgesehen, aber in der PRAXIS anzutreffen. Derartige Vereinbarungen können aber weder die Testamentsvollstreckung als solche aufheben, noch das Amt des Testamentsvollstreckers beenden. Der Testamentsvollstrecker kann sich aber gegenüber den Erben verpflichten, sein Amt zu einer bestimmten Zeit oder bei Eintritt eines bestimmten Ereignisses niederzulegen oder gem. § 2226 BGB zu kündigen. UNZULÄSSIG ist aber eine Verpflichtung des Testamentsvollstreckers, sein Amt jederzeit auf Verlangen eines oder aller Erben niederzulegen, sofern der Erblasser dies nicht ausdrücklich oder stillschweigend gebilligt hat; andernfalls stünde das Ende der Testamentsvollstreckung alleine im Belieben der Erben, nicht jedoch unter den Vorgaben des Erblassers.

3. Gegenständlich beschränkte Beendigung der Testamentsvollstreckung

Die Testamentsvollstreckung kann auch HINSICHTLICH EINZELNER NACHLASSGEGENSTÄNDE beendet werden:

§ 2217 BGB Überlassung von Nachlassgegenständen:
(1) Der Testamentsvollstrecker hat Nachlassgegenstände, deren er zur Erfüllung seiner Obliegenheiten offenbar nicht bedarf, dem Erben auf Verlangen zur freien Verfügung zu überlassen. Mit der Überlassung erlischt sein Recht zur Verwaltung der Gegenstände.
(2) Wegen Nachlassverbindlichkeiten, die nicht auf einem Vermächtnis oder einer Auflage beruhen, sowie wegen bedingter und betagter Vermächtnisse oder Auflagen kann der Testamentsvollstrecker die Überlassung der Gegenstände nicht verweigern, wenn der Erbe für die Berichtigung der Verbindlichkeiten oder für die Vollziehung der Vermächtnisse oder Auflagen Sicherheit leistet.

Gibt der Testamentsvollstrecker einen Nachlassgegenstand gem. § 2217 BGB frei, so endet hieran die Testamentsvollstreckung. Wird ein Nachlassgegenstand wirksam veräußert (§ 2205 BGB), endet die Testamentsvollstreckung hieran, setzt sich aber am erzielten Erlös fort.

II. Beendigung des Testamentsvollstreckeramtes

Das Amt des Testamentsvollstreckers kann enden durch dessen Tod, Geschäftsunfähigkeit, Kündigung oder Entlassung durch das Nachlassgericht.

1. Beendigung durch Tod oder Geschäftsunfähigkeit des Testamentsvollstreckers

Das Amt des Testamentsvollstreckers erlischt mit seinem TOD, ist also nicht vererblich (§ 2225 BGB). Dies bedeutet aber nicht in jedem Fall, dass damit die Testamentsvollstreckung als solche erlischt. Lässt sich – notfalls durch Auslegung der letztwilligen Verfügung – ein Wille des Erblassers feststellen, dass die Testamentsvollstreckung fortgesetzt werden soll, hat das NACHLASSGERICHT – wenn der Erblasser in seiner Verfügung von Todes wegen keinen Ersatztestamentsvollstrecker bestimmt hat – gem. § 2200 BGB einen neuen Testamentsvollstrecker zu ernennen. Ein „Ersuchen des Erblassers" im Sinne des § 2200 Abs. 1 BGB kann auch durch Auslegung ermittelt werden, wenn zB den Erben die Verwaltung durch eine Dauertestamentsvollstreckung entzogen ist. Das Ersuchen kann dabei auch stillschweigend oder aus den gesamten Umständen als gestellt gelten. Es reicht grundsätzlich aus, dass der Ausschluss der Erben von der Nachlassverwaltung angeordnet ist oder klar ist, dass der Erblasser eine fortdauernde Testamentsvollstreckung wollte.

Das Amt des Testamentsvollstreckers endet ferner, wenn er GESCHÄFTSUNFÄHIG wird, oder einen BETREUER erhalten hat.

2. Kündigung des Testamentsvollstreckers
Der Testamentsvollstrecker kann sein Amt gem. § 2226 BGB grundsätzlich jederzeit ohne Angabe von Gründen durch formlose unwiderrufliche Erklärung gegenüber dem Nachlassgericht KÜNDIGEN. Erklärt er die Kündigung jedoch zur Unzeit, macht er sich gem. § 2219 BGB in Verbindung mit § 671 Abs. 2 S. 2 BGB schadenersatzpflichtig.

Im Falle der Eigenkündigung des Testamentsvollstreckers kann sich – notfalls durch Auslegung der letztwilligen Verfügung – ergeben, dass das Nachlassgericht einen ERSATZTESTAMENTSVOLLSTRECKER zu bestimmen hat.

EXPERTENTIPP ZUM ERSATZTESTAMENTSVOLLSTRECKER:
Der Erblasser sollte für den Fall, dass die an erster Stelle als Testamentsvollstrecker eingesetzte Person das Amt nicht antreten kann (zB wegen Vorversterben) oder will (zB wegen Krankheit) in seiner Verfügung von Todes wegen eine Regelung zur Bestimmung des ERSATZTESTAMENTSVOLLSTRECKERS aufnehmen.

Mustertext „Kündigung des Testamentsvollstreckers“:
An das Nachlassgericht (Ort)

Ich (Testamentsvollstrecker) kündige hiermit mein Amt als Testamentsvollstrecker über den Nachlass des am (Todestag) in (Ort) verstorbenen (Erblasser) mit Wirkung zum (Beendigungstermin). Ich gebe sämtliche mir erteilten Ausfertigungen des Testamentsvollstreckerzeugnisses vom (Datum) zurück.

(Unterschrift)

3. Entlassung des Testamentsvollstreckers durch das Nachlassgericht
Der Testamentsvollstrecker kann gem. § 2227 BGB auf Antrag eines Nachlassbeteiligten vom NACHLASSGERICHT entlassen werden, wenn ein WICHTIGER GRUND hierzu vorliegt.

EXPERTENTIPP ZU FOLGEN VORZEITIGER KÜNDIGUNG:
Bei vorzeitiger Beendigung des Testamentsvollstreckeramtes infolge Kündigung kann sich die dem Testamentsvollstrecker zustehende VERGÜTUNG (§ 2221 BGB) mindern.

§ 2227 BGB Entlassung des Testamentsvollstreckers:
Das Nachlassgericht kann den Testamentsvollstrecker auf Antrag eines der Beteiligten entlassen, wenn ein wichtiger Grund vorliegt; ein solcher Grund ist insbesondere grobe Pflichtverletzung oder Unfähigkeit zur ordnungsmäßigen Geschäftsführung.

Die zwei im Gesetz genannten Beispielsfälle („insbesondere“), somit die grobe Pflichtverletzung und die Unfähigkeit des Testamentsvollstreckers zur ordnungsgemäßen Geschäftsführung, sind nicht abschließend. Vielmehr kommen auch andere Gründe in Betracht.

Der BGH (Beschluss vom 17.5.2017 – IV ZB 25/1) hat entschieden, dass die Entscheidung zur Entlassung eines Testamentsvollstreckers nicht durch letztwillige Verfügung des Erblassers auf ein SCHIEDSGERICHT übertragen werden kann.

4. Grobe Pflichtverletzung als Entlassungsgrund

Eine GROBE Pflichtverletzung besteht in jedem schuldhaften Verhalten, das die Belange der Beteiligten erhebliche gefährdet, vor allem in strafbarer Untreue (§ 266 StGB), aber auch in minder schweren Verstößen, wie etwa die Nichtbefolgung von Anordnungen des Erblassers oder eine grob ordnungswidrige Verwaltung. BLOSS LEICHTE ODER DURCHSCHNITTLICHE Pflichtverletzungen genügen nicht für die Entlassung, können aber zur SCHADENERSATZHAFTUNG des Testamentsvollstreckers gem. § 2219 BGB führen. Die Pflichtverletzung muss SCHULDHAFT, also vorsätzlich oder fahrlässig, begangen worden sein. Hieran würde es zB fehlen, wenn die jährliche Rechnungslegung sich wegen Krankheit des Testamentsvollstreckers verzögert. Bei fehlendem Verschulden kann aber eine Unfähigkeit des Testamentsvollstreckers die Entlassung rechtfertigen.

Beispiele zu Entlassungsgründen:

Die Rechtsprechung hat eine GROBE PFLICHTVERLETZUNG in folgenden Fällen bejaht:

- Missachtung der letztwilligen Verwaltungsordnungen des Erblassers.
- Der Testamentsvollstrecker schlägt den Erben die Auseinandersetzung des Nachlasses vor, obwohl dies der Erblasser ausgeschlossen hat.
- Ermessensüberschreitung bei der Nachlassverwaltung.
- Völlige Untätigkeit.
- Bevorzugung einzelner Miterben.
- Eigennützige Geschäfte in größerem Umfang.
- Unzulässige Übertragung der Amtsführung auf eine ungeeignete Person.
- Schwerwiegender Verstoß gegen Anhörungspflichten (§ 2204 Abs. 2 BGB).
- Erstellen eines mangelhaften Nachlassverzeichnisses, das den Anforderungen des § 2215 BGB nicht genügt.
- Verweigerung des Testamentsvollstreckers den Erben ein Nachlassverzeichnis mitzuteilen.
- Hartnäckige Verweigerung von Auskünften über den Stand der Sache.
- Hartnäckige Verweigerung der Rechnungslegung.

- Entnahme einer absolut unangemessen hohen Vergütung aus dem Nachlass.
- Auszahlung hoher Beträge auf streitige Forderungen.
- Leichtfertiges Führen von Prozessen, die verlorengehen und den Nachlass zumindest kostenmäßig erheblich schädigen.
- Beauftragung eines Anwalts mit teuren und unsinnigen Einsprüchen gegen Erbschaftsteuerbescheide.
- Unzulässiges Insichgeschäft, weil sich der Testamentsvollstrecker selbst aus dem Nachlass ein Darlehen gibt.
- Weigerung des Testamentsvollstreckers, ein Vermächtnis zu erfüllen.
- Verstoß gegen eine Verwaltungsanordnung des Erblassers.

Bei der Beantwortung der Frage, ob eine grobe Pflichtverletzung vorliegt, kommt es immer auf die UMSTÄNDE DES EINZELFALLS an. Entscheidend ist, was der Erblasser getan hätte. Im Rahmen einer Gesamtschau sind dabei folgende KRITERIEN zu würdigen:

- Hätte der Erblasser diese Person entlassen oder im Amt behalten?
- Haben die Miterben ein Interesse daran, den Testamentsvollstrecker weiter im Amt zu lassen?
- Wie ist die Interessenlage der Miterben, welche die Entlassung beantragen?
- Entsteht ein größerer Schaden, wenn der Testamentsvollstrecker im Amt bleibt, als wenn er entlassen wird?
- Ein Testamentsvollstrecker, der zugleich Miterbe ist, wird eine schärfere Kontrolle akzeptieren müssen, als ein Nichterbe. Einem Testamentsvollstrecker, der vom Nachlassgericht ernannt wurde, kann man weniger nachsehen, als der vom Erblasser ernannten Vertrauensperson.
- Steht die Testamentsvollstreckung kurz vor ihrem Ende und sind nur noch wenige Aufgaben zu erledigen?
- Überwiegende Gründe können trotz Vorliegens einer schweren Pflichtverletzung für das Verbleiben des Testamentsvollstreckers in seinem Amt sprechen.

ENTLASSUNG DES TESTAMENTSVOLLSTRECKERS WEGEN UNFÄHIGKEIT. Bei diesem Entlassungsgrund ist ein Verschulden des Testamentsvollstreckers nicht erforderlich. Es reicht aus, dass eine Verhinderung aus tatsächlichen oder rechtlichen Gründen besteht, wodurch die Interessen der am Nachlass Beteiligten gefährdet werden.

Beispiele zur Entlassung wegen Unfähigkeit:
Die Rechtsprechung hat eine Entlassung wegen UNFÄHIGKEIT bejaht bei:

- längerer Abwesenheit oder Krankheit.
- Verhaftung, Insolvenz oder Bestrafung des Testamentsvollstreckers.
- wenn dem Testamentsvollstrecker aus psychischen Gründen die Fähigkeit fehlt, den Nachlass sachlich abzuwickeln.
- verhaltensbedingter Verzögerung der Auseinandersetzung eines einfachen Nachlasses um mehr als zehn Jahre.

5. Andere wichtige Gründe für eine Entlassung
Nach der Rechtsprechung ist eine Entlassung in folgenden drei Fallgruppen möglich:

- MISSTRAUEN: Objektiv gerechtfertigtes Misstrauen des Erben in die unparteiische Amtsführung, für das der Testamentsvollstrecker den Beteiligten Anlass gegeben hat, mag dies auch unverschuldet gewesen sein. Dies ist etwa dann der Fall, wenn der Testamentsvollstrecker durch einseitige oder sogar eigennützige Auslegung von Testamentsbestimmungen Besorgnis oder Misstrauen in seine Amtsführung auslöst. Eine Entlassung ist auch denkbar, wenn der Testamentsvollstrecker verdächtig ist, eine Generalvollmacht des Erblassers kurz vor Erbfall zum eigenen Vorteil ausgenutzt zu haben.
- FEINDSCHAFT: Ein gestörtes Vertrauensverhältnis bzw. Feindschaft zwischen dem Testamentsvollstrecker und den Erben genügt für eine Entlassung nur, wenn objektive Tatsachen hinzukommen, zB wenn dadurch die ordnungsgemäße Amtsführung gefährdet wird oder jede Verständigung bei der Nachlassverwaltung ausgeschlossen erscheint. Hierbei ist aber immer zu beachten, dass der Testamentsvollstrecker sein Amt aus dem Vertrauen des Erblassers und nicht aus dem Vertrauen der Erben herleitet. „Normale“ Feindschaft mit den Erben allein genügt daher nicht für eine Entlassung.
- INTERESSENGEGENSATZ: Ein erheblicher Interessengegensatz zwischen dem Testamentsvollstrecker und den Erben kann ein Entlassungsgrund sein. Hat der Testamentsvollstrecker zB eine ausbezahlte Lebensversicherung sich selbst als verzinsliches Darlehen gewährt, kann das seine Entlassung rechtfertigen. Weiter kann die Unterbreitung eines in hohem Maße eigennützigen Auseinandersetzungsvorschlages die Entlassung rechtfertigen. Gleiches gilt, wenn der Testamentsvollstrecker als Miterbe ein in Wirklichkeit nicht bestehendes Vorkaufsrecht an Nachlassgrundstücken für sich in Anspruch nimmt.

6. Entlassungsverfahren
Das Entlassungsverfahren zur gerichtlichen Entlassung des Testamentsvollstreckers wird gem. § 2227 BGB nie von Amts wegen, sondern NUR AUF ANTRAG eines Berechtigten eingeleitet. Der – formlose – Antrag kann durch das Gericht am Wohnsitz des Erblassers auch schon vor Amtsannahme gestellt werden. ANTRAGSBERECHTIGT ist der Erbe, jeder Miterbe für sich, der Vermächtnisnehmer, der Pflichtteilsberechtigte, nicht aber ein normaler Nachlassgläubiger.

Mustertext „Antrag auf Entlassung des Testamentsvollstreckers“:
In der Nachlasssache (Erblasser) verstorben am (Todestag) beantrage ich

den Testamentsvollstrecker (Name, Anschrift) zu entlassen und ihm die Kosten des Entlassungsverfahrens aufzuerlegen.

Obwohl für das Entlassungsverfahren nach § 2227 BGB KEIN ANWALTSZWANG besteht, kann dem Antragsteller nur dringend geraten werden, fachkundigen Rat eines erfahrenen Erbrechtsspezialisten einzuholen. Die Praxis zeigt, dass die Mehrzahl der Entlassungsanträge verfrüht und schlecht begründet gestellt werden.

7. Ermessungsentscheidung des Nachlassgerichts
Kommt das Nachlassgericht im Rahmen seiner Amtsermittlung (§ 26 FamFG) und etwaigen Anhörung der Beteiligten (§ 32 FamFG) zur Auffassung, dass ein wichtiger Grund für eine Entlassung vorliegt, muss es gleichwohl den Testamentsvollstrecker nicht zwingend entlassen. Dem Gericht ist insofern ein ERMESSEN eingeräumt („kann“), so dass es abzuwägen hat, ob nicht dennoch überwiegende Gründe für ein Verbleiben des Testamentsvollstreckers im Amt sprechen.

Gegen den ENTLASSUNGSBESCHLUSS des Nachlassgerichts ist die befristete Beschwerde zulässig (§§ 58, 63 FamFG), die beim Nachlassgericht einzulegen (§ 64 FamFG) und zu begründen ist (§ 65 FamFG).

EXPERTENTIPP ZU ETWAIGEN SCHADENSERSATZANSPRÜCHEN:
Lehnt das Nachlassgericht eine Entlassung des Testamentsvollstreckers ab, sollte geprüft werden, ob nicht eine SCHADENERSATZKLAGE gem. § 2219 BGB beim Prozessgericht erhoben wird. Hierdurch kann ein Testamentsvollstrecker, dessen Entlassung nicht gelungen ist, in seine rechtlichen Schranken verwiesen werden.

8. Kosten und Entlassungsverfahren
Weil das Entlassungsverfahren ein gerichtliches Verfahren ist, fallen hierfür auch Kosten an. Diese berechnen sich nach dem Gegenstandswert. Weil „die Testamentsvollstreckung“ nicht in einen Kostenwert gefasst werden kann, behilft sich die Rechtsprechung damit, zum Wertansatz eine einzelfallabhängige Betrachtung vorzunehmen.

Betreibt ein Miterbe das Verfahren auf Entlassung eines Testamentsvollstreckers, richtet sich der sog. Gegenstandswert für das Verfahren zunächst nach dem Rein- bzw. Nettonachlasswert. Das bedeutet, dass Schulden des Nachlasses vom Aktivnachlass abgezogen werden. Aus dem auf diese Weise berechneten Nettonachlass werden dann pauschal 10 % angenommen, die den „Streitwert" bilden.

Selbst wenn der Entlassungsantrag Erfolg hat, bedeutet dies aber noch nicht, dass die Verfahrenskosten dem unterlegenen Testamentsvollstrecker automatisch aufgebürdet werden. Grundsätzlich bezahlt derjenige alle Verfahrenskosten, der den Prozess verliert. Im Entlassungsverfahren kann das Nachlassgericht jedoch abweichend hiervon die Kostenverteilung „nach billigem Ermessen" regeln. Deshalb kann der erfolgreiche Antragsteller (der Erbe) auch zur Kostentragung herangezogen werden.

Auf den Punkt gebracht:
Die Beendigung der Testamentsvollstreckung setzt weder einen formalen Beendigungsakt voraus, noch ist sie im Gesetz konkret geregelt. Vielmehr tritt die Beendigung entsprechend den jeweiligen Anordnungen des Erblassers ein sowie auch im Falle einer vollständigen Erledigung der Aufgaben des Testamentsvollstreckers.
Von der Beendigung der Testamentsvollstreckung zu unterscheiden ist die bloße Beendigung des jeweiligen Amtes eines Testamentsvollstreckers. Diese führt meist nicht zur Beendigung der gesamten Testamentsvollstreckung, sondern häufig dazu, dass ein für diesen Fall vom Erblasser bereits benannter oder vom Nachlassgericht zu ernennender Ersatztestamentsvollstrecker die Testamentsvollstreckung übernimmt. Auch das Entlassungsverfahren führt deshalb häufig nicht zur Beendigung der Testamentsvollstreckung, sondern nur zur Entlassung des betroffenen Testamentsvollstreckers.

Die Rechte der Erben gegenüber dem Testamentsvollstrecker

Den Erben stehen nicht nur Auskunfts- oder Rechnungslegungsansprüche gegen den Testamentsvollstrecker zu, sondern auch allgemeine INFORMATIONSRECHTE. Er muss die Erben über bestimmte Entscheidungen, die er im Rahmen seiner Verwaltungstätigkeit trifft, informieren.

14. Die Rechte der Erben gegenüber dem Testamentsvollstrecker

I. Anhörungsrechte der Erben

Ein sehr starkes, in der Praxis allerdings häufig unbekanntes Recht der Erben ist das Anhörungsrecht. Da der Testamentsvollstrecker den Nachlass nicht für sich, sondern für die Erben verwaltet und ihnen später aushändigt, muss er bei bestimmten Maßnahmen die Erben zuvor anhören.Zu den Anhörungsrechten gehören insbesondere die Benachrichtigungs- und Anhörungspflichten, denen der Testamentsvollstrecker unterliegt. § 2218 Abs. 1 BGB verweist hierfür auf die Vorschriften des AUFTRAGSRECHTS, nämlich die §§ 666 ff. BGB. Die dort genannten Ansprüche stehen dem Erben zu, mehreren Miterben nach § 432 BGB, so dass der Testamentsvollstrecker gemeinschaftlich an alle Miterben die Informationen übermitteln muss. Die Ansprüche sind gegen den Testamentsvollstrecker persönlich zu richten, weil er für den Fall, dass er einen Gerichtsprozess in diesem Bereich verlieren würde, auch die Prozesskosten persönlich tragen muss und nicht dem Nachlass entnehmen darf. Sind mehrere Testamentsvollstrecker gleichzeitig berufen und im Amt tätig, ist jeder einzelne zur Erteilung der Informationen verpflichtet.

1. Gläubiger des Informationsanspruches

ANSPRUCHSBERECHTIGT für den Erhalt der Informationen gegenüber dem Testamentsvollstrecker ist auch der VORERBE, der Nacherbe dann, sobald der Nacherbfall eintritt. Da ein Erbteil übertragen oder gepfändet werden kann, kann auch ein PFÄNDUNGSPFANDGLÄUBIGER (§ 859 Abs. 2 ZPO) und ein Erbschaftserwerber den Informationsanspruch geltend machen.

Der Informationsanspruch steht auch dem Nachfolger des Testamentsvollstreckers (zB Ersatztestamentsvollstrecker) zu, damit dieser sich über die bisherigen Handlungen und verwaltende Nachlassmasse ins Bild setzen kann.

Checkliste „Informationsberechtigte gegenüber Testamentsvollstrecker“:
Informationsansprüche haben:

- ☐ Der Alleinerbe, Miterben, Vorerben
- ☐ Der Nacherbe, sobald der Nacherbfall eintritt
- ☐ Pfändungspfandgläubiger hinsichtlich des Erbteils, § 859 Abs. 2 ZPO

- ☐ Erbschaftserwerber
- ☐ Nachfolger des Testamentsvollstreckers
- ☐ Nießbraucher hinsichtlich des Nachlasses

An so gut wie jedem Erbfall sind PFLICHTTEILSBERECHTIGTE und/oder VERMÄCHTNISNEHMER beteiligt. Unterliegt der Nachlass einer Testamentsvollstreckung sind Pflichtteilsberechtigte bzw. Vermächtnisnehmer und auch Auflagenbegünstigte nicht berechtigt, Informationsansprüche gegen den Testamentsvollstrecker anzumelden.

Einem VERMÄCHTNISNEHMER können Information- und Auskunftsansprüche jedoch stillschweigend mit vermacht sein. Dies ist zB anerkannt, wenn der Gegenstand und/oder Umfang des Vermächtnisses nur nach entsprechenden Informationen bestimmt werden kann. Dies ist etwa der Fall, wenn ein bestimmter Prozentanteil am Bargeld vermacht ist. In diesen Fällen muss der Testamentsvollstrecker gegenüber dem Vermächtnisnehmer Auskunft über das Gesamtvermögen, aus dem der Prozentanteil berechnet wird, geben. Dasselbe gilt bei einem Vermächtnis über einen Sachinbegriff mit wechselndem Bestand (zB einem Warenlager). Nur auf Grund der Auskunft wird der Vermächtnisnehmer in die Lage versetzt, sein Vermächtnis berechnen, bezeichnen oder konkretisieren zu können.

Neben den Anhörungsrechten der Erben stehen ihnen weitere Informationsansprüche zu. Dies können Benachrichtigungs-, Aufklärungs- oder Warnpflichten sein, denen der Testamentsvollstrecker unterworfen ist. Eine BENACHRICHTIGUNGSPFLICHT hat der Testamentsvollstrecker immer unaufgefordert zu erfüllen, also aus Eigeninitiative heraus. Die Anhörungspflichten bestehen dagegen nur bei besonderen Umständen des Einzelfalles. Maßstab für den Testamentsvollstrecker ist, ob die jeweils objektive wirtschaftliche oder sonstige Situation des Nachlasses und der auf diesen bezogene Geschäfte für einen umsichtigen und gewissenhaften Testamentsvollstrecker die Information des Erben gebietet, damit der Erbe seine Rechte wahrnehmen und/oder sachgerechte eigene Entscheidungen treffen kann. Zu einer VORHERIGEN ANHÖRUNG DES ERBEN ist der Testamentsvollstrecker nur nach Lage des Einzelfalles verpflichtet.

2. Umfang der Informationspflicht

Weil die Informationspflicht des Testamentsvollstreckers umso größer ist, je stärker die Bindung des Beauftragten an die Weisungen des Auftraggebers ist, folgt aus der weisungsfreien und recht unabhängigen

Stellung des Testamentsvollstreckers eine inhaltlich nur abgeschwächte allgemeine Informationspflicht. Dennoch muss der Testamentsvollstrecker dem Erben alle ihm bis dahin unbekannten Informationen geben, damit der Erbe über alle Maßnahmen, die der Testamentsvollstrecker durchführt, zeitnah unterrichtet ist. Hintergrund ist, dass der Erbe durch die GESAMTÜBERSICHT über das Verwaltungshandeln des Testamentsvollstreckers in der Lage ist, zu prüfen, ob der Vollstrecker sein Amt ordnungsgemäß ausübt. Vor allem über wichtige Einzelfragen oder bedeutende Entscheidungen, die über die „gewöhnliche" Testamentsvollstreckung hinausreichen, muss er schon im Vorfeld den Erben informieren.

Expertentipp zur Kooperation statt Konfrontation:
Der Testamentsvollstrecker sollte auf eine OFFENE UND KOOPERATIVE INFORMATION DEN ERBEN gegenüber bedacht sein. So kann der Erbe in seinen Entscheidungsprozess frühzeitig eingebunden werden. Die Information sollte kontinuierlich und unaufgefordert dem Erben gegenüber erfolgen. So können frühzeitig Konflikte vermieden und eine effektive Nachlassabwicklung erreicht werden. Über lediglich vorbereitende Verwaltungsmaßnahmen muss der Testamentsvollstrecker den Erben grundsätzlich nicht unterrichten. Die Intensität dieser Pflicht steigert sich jeweils dann, wenn über die gewöhnliche Amtsführung hinaus objektiv die Gefährdung der Erbeninteressen durch das Verwaltungshandeln des Testamentsvollstreckers möglich erscheint.

Der Testamentsvollstrecker hat nicht nur die Möglichkeit, sondern gar die Pflicht, die Erben dann über seine Verwaltungsmaßnahmen zu unterrichten, wenn sein Handeln die Erbeninteressen berührt. Besonders wichtig ist diese Informationspflicht, sobald der Testamentsvollstrecker mit Nachlassmitteln SPEKULATIVE GESCHÄFTE, zB Geldanlagen, vornimmt. Da diese recht schnell zum Nachteil des Nachlasses – und damit zum Nachteil der Erben – umschlagen können, müssen die Miterben hierüber zunächst benachrichtigt werden, um ggf. dieses Verwaltungshandeln unterbinden zu können. Dasselbe gilt, wenn der Erblasser Anordnungen in seiner letztwilligen Verfügung getroffen hat, von denen der Testamentsvollstrecker abweichen möchte. In diesen Fällen verlässt er die „Richtschnur", welche der Erblasser vorgegeben hat. Auch hier müssen die Erben rechtzeitig informiert sein, um ihre Mitspracherechte anmelden zu können.

Ist der Testamentsvollstrecker selbst MITERBE und beabsichtigt, Rechtsgeschäfte, die den Nachlass betreffen, mit sich selbst in seiner Eigenschaft als Testamentsvollstrecker abzuschließen, müssen dies die anderen Erben zuvor erfahren. Andernfalls könnte der Testamentsvollstrecker seine herausgehobene Stellung zu seinem Vorteil ausnutzen. In all diesen, für den Nachlass oder einzelne Erben möglicherweise nachteiligen Verwaltungsmaßnahmen, erstarkt der zunächst nur freiwillige Informationsfluss des Testamentsvollstreckers gegenüber den Erben zur Informationspflicht.

Checkliste „Informationspflicht des Testamentsvollstreckers“:
Informationspflicht des Testamentsvollstreckers gegenüber den Erben bestehen:

- ☐ falls die beabsichtigte Maßnahme nur für einzelne Erben vorteilhaft ist,
- ☐ bei Insichgeschäften des Testamentsvollstreckers,
- ☐ bei risikoreichen Geschäften, zB spekulative Geldanlagen, sowie
- ☐ bei beabsichtigten wesentlichen Abweichungen der Verwaltungstätigkeit.

Eine ausdrücklich vom Gesetz vorgesehene Anhörungspflicht, welcher ein Anhörungsanspruch gegenübersteht, besteht zu Gunsten des Erben bei der AUFSTELLUNG DES AUSEINANDERSETZUNGSPLANES zur Vorbereitung der Erbauseinandersetzung (§ 2204 Abs. 2 BGB).

3. Inhalt der Informationspflicht

Eine allgemein gültige Aussage über den Inhalt der Informationsansprüche des Erben gegen den Testamentsvollstrecker ist nur schwer zu treffen. Leitlinie der Benachrichtigungspflichten ist die TREUEPFLICHT, die dem Auftragsrecht entspringt (§§ 2218 Abs. 1, 666 BGB). Je nach entsprechender Situation können hier Aufklärungs-, Warn- oder Beratungspflichten des Testamentsvollstreckers gegenüber den Erben entstehen. Dabei kann die Benachrichtigungspflicht auch Beziehungen des Nachlasses zu Dritten umfassen, zB Geschäftsbeziehungen, die auf den Nachfluss einwirken.

Ist der Testamentsvollstrecker besonderen berufsspezifischen Pflichten unterworfen, zB als Rechtsanwalt oder Steuerberater, obliegen ihm besondere Benachrichtigungspflichten, die weiter reichen als diejenigen, die jeden anderen Testamentsvollstrecker treffen. Der als Testamentsvollstrecker eingesetzte RECHTSANWALT muss daher den Erben auf mögliche, gegen ihn selbst gerichtete Schadensersatzansprüche von sich aus hinweisen. Auch den STEUERBERATER trifft diese Hinweispflicht, wenn er seinen Mandanten wegen eines Irrtums über seine vorrangige

EXPERTENTIPP ZUR SCHRIFTLICHEN BENACHRICHTIGUNG DER ERBEN:
Aus Gründen der Beweissicherung empfiehlt sich, die Benachrichtigung der Erben immer in SCHRIFTFORM vorzunehmen.

Belehrungspflicht nicht auf die drohende Verjährung einer gegen ihn selbst gerichtete Schadenersatzforderung hinweist. Nach Mandatsende trifft den Steuerberater jedoch keine Prüfungs- und Hinweispflicht mehr auf einen möglichen, gegen ihn bestehenden Regressanspruch und dessen Verjährung. Einen ARCHITEKTEN treffen ebenfalls gesteigerte Hinweis- und Benachrichtigungspflichten. Er muss vor allem einen Bauherren über Gewährleistungsansprüche umfassend beraten und informieren, selbst dann, wenn sich diese Ansprüche gegen ihn selbst richten können, weil er zB einen Planungsfehler verursacht hat.

II. Folgen fehlerhafter Anhörungen durch den Testamentsvollstrecker

Einen EINKLAGBAREN Anspruch auf Informationserteilung hat der Erbe nicht. Ist eine Anhörungs- oder Benachrichtigungspflicht vom Testamentsvollstrecker verletzt worden, kann dies allerdings einen Schadenersatzanspruch gegen ihn gem. § 2219 BGB begründen.

Die zentrale Vorschrift für den Schadenersatzanspruch des § 2219 Abs. 1 BGB lautet:

§ 2219 Abs. 1 BGB:
Verletzt der Testamentsvollstrecker die ihm obliegenden Verpflichtungen, so ist er, wenn ihm ein Verschulden zur Last fällt, für den daraus entstehenden Schaden dem Erben und, soweit ein Vermächtnis zu vollziehen ist, auch dem Vermächtnisnehmer verantwortlich.

III. Rechenschaftslegungs- und Auskunftsansprüche der Erben

EXPERTENTIPP ZUR ERTEILUNG EINER AUSKUNFT NUR AUF ANFORDERUNG:
Auskunft muss der Erbe AUSDRÜCKLICH vom Testamentsvollstrecker verlangen. Sie muss so umfassend erteilt werden, dass der Erbe den aktuellen Sachstand hinsichtlich der Testamentsvollstreckertätigkeit kennt.

Einen „stärkeren" Anspruch als einen reinen Informationsanspruch hat der Erbe gegenüber dem Testamentsvollstrecker hinsichtlich zu erteilender AUSKUNFT und auch auf RECHNUNGSLEGUNG.

Die Auskunftspflicht setzt voraus, dass der berechtigte Erbe die Auskunft AKTIV VERLANGT und geltend macht. Das Auskunftsrecht ist aber nicht grenzenlos. Es geht nur soweit, um dem berechtigten Erben die Informationen, Nachrichten und denjenigen Kenntnisstand zu verschaffen, den er braucht, um seine Rechtsposition und tatsächliche Stellung für die Dauer der Testamentsvollstreckung richtig und vollständig beurteilen zu können.

Der Erbe kann die Auskunft auf einzelne rechtsgeschäftliche Handlungen des Testamentsvollstreckers beschränken, um sich über den STAND SPEZIELLER HANDLUNGEN DES TESTAMENTSVOLLSTRECKERS zu informieren.

1. Auskunftsklage
Verweigert der Testamentsvollstrecker die Auskunft, steht dem Erben das Klagerecht auf Erteilung der Auskunft über den Stand der Geschäfte zu. Das Recht auf Auskunft, welches zur Not von den Erben im Wege der Klage eingefordert werden kann, stellt ein sehr starkes „Kontrollmittel" gegenüber dem Verwaltungshandeln des Testamentsvollstreckers dar. Wird eine solche Auskunftsklage erhoben, ist nicht selten das Vertrauensverhältnis der Erben zum Testamentsvollstrecker brüchig, wenn nicht gar zerstört. Die Durchführung der weiteren Testamentsvollstreckung unterliegt dann in der Regel erheblichen Schwierigkeiten. Daher sollte der umsichtige Testamentsvollstrecker die Erben immer von sich aus über anstehende Maßnahmen vorab informieren, um nicht einer Auskunftsklage über den Stand seiner Geschäftstätigkeit ausgesetzt zu sein.

Mustertext „Klageantrag des Erben auf Auskunft über den Stand der Geschäfte":
Der Beklagte (als Testamentsvollstrecker) wird verurteilt, dem Kläger Auskunft darüber zu erteilen, welche Briefmarken er aus der im Nachlass des am ...... verstorbenen Herrn ...... befindlichen Briefmarkensammlung wann und zu welchem Preis und an wen veräußert hat.

Die Klagemöglichkeiten für die Auskunft auf die Vornahme der einzelnen Geschäfte des Testamentsvollstreckers sind so mannigfaltig, wie die Handlungen des Vollstreckers selbst. Hat er zB Eigentumswohnungen verkauft, kann auf entsprechende Auskunft über den Käufer und den erzielten Kaufpreiserlös ebenso geklagt werden, wie bei der Veräußerung beweglicher Gegenstände.

Die fachliche Spezialisierung bei den Gerichten nimmt zu und ist auch vom Gesetzgeber gewünscht. Vor allem im Erbrecht sind bereits bei vielen Landgerichten Spezialkammern eingerichtet, die sich ausschließlich mit erbrechtlichen Sachverhalten beschäftigen. So hat das OLG Saarbrücken im Jahr 2022 entschieden, dass die Klage auf Auskunft und Rechnungslegung gegen einen Testamentsvollstrecker eine erbrechtliche

EXPERTENTIPP ZUR ERMITTLUNG DES ZUSTÄNDIGEN GERICHTS FÜR KLAGE:
Ist eine Auskunftsklage gegen den Testamentsvollstrecker zu erheben, muss diese vor einer erbrechtlichen Spezialkammer des Landgerichts erhoben werden, sofern das zuständige Landgericht eine solche Sonderabteilung eingerichtet hat.

Streitigkeit darstellt. Über diese entscheidet nicht der Einzelrichter, sondern eine Kammer des Landgerichts, die für erbrechtliche Streitigkeiten eingerichtet wurde, sofern eine solche beim Streitgericht existiert.

2. Inhalt des Auskunftsanspruchs

Inhalt und Umfang der Auskunftspflicht des Testamentsvollstreckers hängen von dem Auskunftsverlangen des Erben sowie dem Zweck der Auskunftserteilung ab. Der Testamentsvollstrecker darf präzise und genaue einzelne Fragen knapp, jedoch zutreffend beantworten. Wird Auskunft über weitreichende Entscheidung gefordert, zB bei prognose- oder planungsrechtlichen Entscheidungen (Geldanlagen, Vermögensumschichtung, usw.) muss der Testamentsvollstrecker dies ausführlich darlegen und begründen, sowie seine Motivation für die Abwägung gerade zu Gunsten der von ihm getroffenen Anlageentscheidung darlegen. Kann der Testamentsvollstrecker die Auskunft nicht geben, weil er nicht über eigenes Wissen verfügt, muss er sich dieses Wissen verschaffen.

EXPERTENTIPP ZUM EINHOLEN EINES GUTACHTEN VOR DEM IMMOBILIENKAUF:
Will der Testamentsvollstrecker zB ein Grundstück verkaufen und kennt die Marktlage bzw. den Marktpreis nicht, muss er dem Erben ein Sachverständigengutachten vorlegen, um seine Auskunft zu untermauern.

3. Einwendungen des Testamentsvollstreckers

Der Auskunftsanspruch wird durch das allgemeine SCHIKANEVERBOT sowie dem Grundsatz von TREU UND GLAUBEN (§ 242 BGB) begrenzt. Die umfassenden Auskunftsansprüche darf der Erbe nicht missbrauchen, zB dazu, den Testamentsvollstrecker mit Auskunftsverlangen derart zu überziehen, dass dieser sein Amt letztendlich aufgibt. Hier kommt es immer auf den Einzelfall an. Es kann jedoch durchaus geboten sein, dass der Testamentsvollstrecker eine Auskunftserteilung auch wiederholen muss, zB wenn sie unvollständig oder unklar ist.

Ist das Interesse des Erben an der Auskunft von einer solch untergeordneten Bedeutung, dass es in keinem angemessenen Verhältnis zum Aufwand für die Erfüllung dieser Auskunftspflicht auf Seiten des Testamentsvollstreckers steht, begrenzt der VERHÄLTNISMÄSSIGKEITSGRUNDSATZ ebenfalls den Auskunftsanspruch. Dies ist jeweils im einzelnen Fall abzuwägen.

Expertentipp zum Auskunftsverweigerungsrecht des Testamentsvollstreckers:
Dem Testamentsvollstrecker steht kein Recht zu, die AUSKUNFT ZU VERWEIGERN, selbst dann nicht, wenn er durch die Auskunft eine eigene Straftat aufdecken müsste. Auch eine etwa bestehende SCHWEIGEPFLICHT des Testamentsvollstreckers aus seiner Stellung als Steuerberater oder Rechtsanwalt, schützt diese Art von Testamentsvollstrecker nicht davor, Auskünfte geben zu müssen. Erst wenn Geheimnisse Dritter hierdurch offenbart werden müssten, kann sich die zur beruflichen Verschwiegenheit verpflichtete Gruppe auf das Schweigerecht berufen.

IV. Vorlage eines Bestandsverzeichnisses

Von dem Nachlassverzeichnis, welches der Testamentsvollstrecker nach § 2215 Abs. 1 BGB zu erstellen und welches den von ihm zu Amtsbeginn verwalteten Nachlass zu umfassen hat, ist das Bestandsverzeichnis zu unterscheiden. Dieses kann unter bestimmten Voraussetzungen während der Verwaltungstätigkeit zu erstellen sein.

Im Gesetz ist der Anspruch auf Auskunftserteilung besonders geregelt, sofern Auskunft über einen Inbegriff von Sachen oder über ein Sondervermögen verlangt wird. Als Sondervermögen gilt auch Nachlass, welcher der Testamentsvollstreckung unterliegt (§ 260 Abs. 1 BGB). Schon bei Amtsantritt muss der Testamentsvollstrecker unaufgefordert den Erben ein Nachlassverzeichnis vorlegen. Einzelheiten zum Nachlassverzeichnis nach Amtsannahme finden sich im 4. Kapitel.

1. Vorlagepflicht auf Verlangen des Erben

Während der laufenden Testamentsvollstreckung ist ein WEITERES BESTANDSVERZEICHNIS auf Verlangen der Erben dann vorzulegen, wenn der Testamentsvollstrecker Maßnahmen vornimmt, welche den Nachlass erheblich beeinflussen. Wird der Nachlass umstrukturiert (zB Umwandlung einer Gesellschaft bürgerlichen Rechts in eine GmbH, Verkauf von Nachlassimmobilien und Neuerwerb mit den Erlösen von Nachlassgegenständen, usw.) oder sind substanzielle Eingriffe in den Gesamtnachlass erfolgt, muss der Testamentsvollstrecker auf Anforderung der Erben dies in einem weiteren Bestandsverzeichnis aufführen und mitteilen.

Wie das ursprüngliche Nachlassverzeichnis muss auch das Bestandsverzeichnis getrennt die Nachlassaktiva und -passiva, die einzelnen Nachlassgegenstände, usw. beinhalten. Der Testamentsvollstrecker muss darauf achten, so genau als möglich das Bestandsverzeichnis zu erstellen, da dies Grundlage für sein weiteres Verwaltungshandeln ist.

EXPERTENTIPP ZUR DOKUMENTATION DER VERÄNDERUNGEN DES NACHLASSES:
Die seit Erstellung des Nachlassverzeichnisses eingetretenen ÄNDERUNGEN DES NACHLASSES müssen im Bestandsverzeichnis dokumentiert werden. Kann er Angaben zu bestimmten Themen nicht machen, sollte er dies im Verzeichnis auch dokumentieren.

2. Belegvorlagepflicht

BELEGE müssen für diese Art der Auskunftserteilung (anders als bei der Rechenschaftslegung nach § 259 BGB) dem Bestandsverzeichnis grundsätzlich nicht beigelegt werden. Ein BELEGANSPRUCH besteht hier nur, wenn

- die bisherigen Auskünfte des Testamentsvollstreckers unvollständig waren oder
- die Belege (zB Urteile, Steuerbescheide, Kontoauszüge usw.) für den Erben notwendig sind, um seine Lage korrekt einzuschätzen und danach handeln zu können.

V. Kosten der Auskunft

In der Praxis entsteht nicht selten Streit darüber, wer die Kosten für die vom Testamentsvollstrecker zu erteilende Auskunft trägt. Dabei kann es sich um Aufwendungen und Kosten für die Beschaffung von Unterlagen, Kontoauszügen usw. handeln. Die Einzelheiten in diesem Bereich sind zum Teil von der Rechtsprechung noch ungeklärt.Grundsätzlich trägt die Kosten der Auskunft derjenige, der zur Auskunft verpflichtet ist. Gesicherte Rechtsprechung zu diesem Bereich fehlt allerdings. Teilweise wird in der Literatur gefordert, dass analog § 2215 Abs. 5 BGB im Verhältnis vom Testamentsvollstrecker zum Erben die Kosten dem NACHLASS zur Last fallen. Ist in einem Gerichtsprozess der Testamentsvollstrecker hingegen zur Auskunftserteilung verurteilt worden, weil er die Auskunft zu Unrecht verweigerte oder nur zum Teil erbracht hatte, trägt die Gerichts- und Verfahrenskosten der Testamentsvollstrecker. Stehen ihm selbst noch Vergütungs- oder Aufwendungsansprüche gegen den Erben zu, darf er jedoch die Auskunftskosten nicht zurückbehalten, bis seine eigenen Vergütungsansprüche bezahlt sind. Ein ZURÜCKBEHALTUNGSRECHT steht im nicht zu.

Ist der Testamentsvollstrecker gleichzeitig einer der Miterben, bleibt er ebenfalls auskunftspflichtig und hat entsprechende Prozesskosten aus eigener Tasche zu zahlen, wenn er dazu verurteilt wird.

VI. Eidesstattliche Versicherung durch den Testamentsvollstrecker

Der Testamentsvollstrecker kann nicht einfach ins Blaue hinein Auskünfte geben, Verzeichnisse erstellen oder sonstige Informationen liefern. Über ihm schwebt das Damoklesschwert der eidesstattlichen Versicherung, die bei bestimmten Maßnahmen abzugeben ist. Die dafür grundlegende Vorschrift des § 259 Abs. 2 BGB lautet:

§ 259 Abs. 2 BGB:
Besteht Grund zu der Annahme, dass die in der Rechnung enthaltenen Angaben über die Einnahmen nicht mit der erforderlichen Sorgfalt gemacht worden sind, so hat der Verpflichtete auf Verlangen zu Protokoll an Eides statt zu versichern, dass er nach bestem Wissen die Einnahmen so vollständig angegeben habe, als er dazu im Stande sei.

VERSICHERUNG AN EIDES STATT:
Die eidesstattliche Versicherung ist die besondere Beteuerung einer Person, durch welche diese versichert, dass ihre Angaben und Auskünfte der Wahrheit entsprechen und nach bestem Wissen und Gewissen gemacht wurden.

Wenn Grund zur Annahme besteht, dass der Testamentsvollstrecker das Bestandsverzeichnis NICHT MIT DER ERFORDERLICHEN SORGFALT aufgestellt hat, kann der Erbe als Auskunftsberechtigter verlangen, dass der Testamentsvollstrecker die Richtigkeit seiner Angaben an Eides statt versichern muss, § 260 Abs. 2 BGB. Diese Pflicht besteht auch für nur einzelne vom Testamentsvollstrecker erteilte Auskünfte. Nur wenn die Angelegenheit „geringe" Bedeutung hat, ist die Pflicht zur Abgabe der eidesstattlichen Versicherung ausgeschlossen (§ 259 Abs. 3 BGB). Ein Grund zur Annahme, dass das Verzeichnis vom Testamentsvollstrecker nicht mit der notwendigen Sorgfalt errichtet wurde, kann auch darin begründet sein, dass er die AUSKUNFT MEHRFACH BERICHTIGEN musste, oder wenn der Auskunftspflichtige mit allen Mitteln versucht hat, die Auskunftserteilung zu VERHINDERN.

Gibt der Testamentsvollstrecker eine FALSCHE EIDESSTATTLICHE VERSICHERUNG ab, geht er das Risiko ein, sich einem Strafverfahren und der Verurteilung zu einer empfindlichen Strafe auszusetzen.

Expertentipp zu den Rechten der Erben bei zweifelhafter Auskunft:
Haben die Erben berechtigte und belegbare Zweifel daran, dass der Testamentsvollstrecker das Nachlassverzeichnis nicht korrekt erstellt hat, beispielsweise weil Bestandteile des Nachlasses nicht angegeben wurden, sollten sie ihn auf deren Bedenken hinweisen und ihn zugleich auffordern, ihren Bedenken Rechnung zu tragen. Dies kann zum Beispiel dadurch tun, dass er Auskünfte von (angeblich) Beschenkten einholt und

deren Angaben im Nachlassverzeichnis dokumentiert; tut er dies nicht, können die Erben auf Abgabe der eidesstattlichen Versicherung gegen den Testamentsvollstrecker klagen.

VII. Anspruch auf Rechnungslegung gegen den Testamentsvollstrecker

Die Erben haben einen Anspruch darauf, dass der Testamentsvollstrecker ihnen seine Geschäftstätigkeit und Verwaltungsmaßnahmen erläutert und belegt. Dies ist wichtig, damit die Erben den Testamentsvollstrecker kontrollieren können.

Die Ansprüche auf Benachrichtigung, Auskunft und Rechenschaft werden häufig vermischt, enthalten aber graduell unterschiedliche Ausgestaltungen des Informationsflusses. Während die Auskunfts- und Rechenschafts-/Rechnungslegungspflicht zeitlich „nach vorne", also auf ein KÜNFTIGES Verhalten des Testamentsvollstreckers, gerichtet ist, ist die Aufklärungspflicht grundsätzlich retrospektiv, also RÜCKBLICKEND. Dort wird über bisher verborgene, jedoch entscheidungserhebliche Umstände der Tätigkeit des Testamentsvollstreckers aufgeklärt.

1. Rechnungslegung auf Verlangen des Erben

Die Pflicht zur Rechnungslegung besteht NUR AUF VERLANGEN des Erben. Hier sind wesentlich genauere Informationen als bei einer bloßen Auskunft vom Testamentsvollstrecker geschuldet. Er muss also den gesamten Ablauf seiner Geschäftstätigkeit ebenso darstellen, wie die erreichten Ziele und Ergebnisse seiner geschäftlichen Tätigkeit. Dieser Anspruch des Erben kann auch gerichtlich eingeklagt werden. Dabei ist darauf zu achten, dass der KLAGEANTRAG „vollstreckungsfähig" ist, also für eine sich anschließende Zwangsvollstreckung geeignet ist, wenn die Rechnungslegung nicht erteilt wird. Es reicht daher nicht aus, lediglich „auf Rechnungslegung" zu klagen, weil dann im anschließenden vollstreckungsrechtlichen ZWANGSGELDVERFAHREN die Frage auftaucht, was genau zur Rechnungslegung gehört. Diese Vorfrage muss bereits mit einem klaren und eindeutigen Klageantrag erledigt werden. Bei mehreren Miterben kann jeder für sich den Anspruch auf Rechnungslegung geltend machen, muss dann aber Leistung an alle Miterben beantragen.

Mustertext „Klageantrag für Anspruch auf Rechnungslegung bei Miterben":
Der Beklagte (Testamentsvollstrecker) wird verurteilt, dem Kläger sowie folgenden Miterben: ...... (Name und genaue Anschrift der Miterben) eine geordnete Zusammenstellung aller Einnahmen und Ausgaben des seiner Verwaltung unterlegenen Nachlasses des am ...... verstorbenen ...... nebst Belegen für die Zeit vom ...... bis ...... zu erteilen.

Der Beklagte wird verurteil, an Eides statt zu versichern, die Zusammenstellung nach bestem Wissen so vollständig vorgenommen zu haben, wie er hierzu im Stande war.

Der Anspruch auf Rechnungslegung entsteht grundsätzlich zu dem ZEITPUNKT, zu dem die Testamentsvollstreckung abgeschlossen ist. Dann kann der Erbe die Rechnungslegung einfordern, § 259 BGB, und zwar – bei einer Abwicklungsvollstreckung – ein Mal. Der Anspruch auf Rechnungslegung zu Gunsten des Erben kann durch Zeitablauf verwirken. Um dem Verwirkungseinwand nicht ausgesetzt zu sein, ist dem Erben zu empfehlen, unmittelbar nach Abschluss der Testamentsvollstreckung die Rechnungslegung anzufordern.

EXPERTENTIPP ZU DEN KONTROLLMÖGLICHKEITEN DES ERBEN GEGEN TESTAMENTSVOLLSTRECKER:
Nach Abschluss der Tätigkeit des Testamentsvollstreckers sollte der Erbe immer die Rechnungslegung anfordern. Nur so kann er prüfen, ob der Testamentsvollstrecker seine Aufgaben richtig und vollständig erfüllt hat.

Bei LÄNGER DAUERNDER VERWALTUNG des Nachlasses (also länger als ein Jahr) kann der Erbe eine JÄHRLICHE RECHNUNGSLEGUNG verlangen (§ 2218 Abs. 2 BGB). Dabei kommt es nicht darauf an, ob es sich um eine reine Abwicklungs- oder eine Verwaltungsvollstreckung handelt. Allerdings muss die jährliche Rechnungslegung nicht so umfassend sein, wie die Schlussabrechnung; die jährliche Rechnungslegung ist eine Art Zwischenbilanz. Wenn Nachlassbestände unverändert geblieben sind (zB Sammlungen, Warenbestände), müssen diese nicht immer wieder neu aufgeführt werden. Hingegen sind alle jährlichen Einnahmen und Ausgaben genau anzugeben. Zugänge und Abflüsse von Vermögensbestandteilen sind ZEITLICH CHRONOLOGISCH aufzustellen und am besten mit Belegen zu versehen.

2. Inhalt der Rechnungslegung

Bezogen auf das jeweilige Jahresende ist eine geordnete Vermögensübersicht in Form eines VERMÖGENSSTATUS zu erstellen, woraus der Erbe sowohl die Entwicklung als auch das Ergebnis vermögensbezogener Handlungen des Testamentsvollstreckers innerhalb des letzten Rechnungsjahres ersehen kann. Der Testamentsvollstrecker sollte deshalb jede seiner Tätigkeiten dokumentieren und Belege dazu archivieren, um dies dem Erben vorlegen zu können. Je besser der Testamentsvollstrecker seine Handlungen belegen kann, umso schwieriger ist es für den Erben, den Testamentsvollstrecker in eine etwaige Haftung zu nehmen.

Checkliste „Mindesterfordernisse der jährlichen Rechnungslegung":

- ☐ Auflistung von Einnahmen und Ausgaben lückenlos mit Angabe des Datums
- ☐ Getrennte Einnahmen-/Ausgabenaufstellung für verschiedene Immobilien (zB Mieterträge, Nebenkostenabrechnungen, Reparaturaufwendungen, Versicherungen, Steuern und Erschließungskosten)
- ☐ Auf eine kaufmännische Buchführung oder Handelsbilanz kann Bezug genommen werden, wenn diese nach handelsrechtlichen Vorschriften erstellt werden. Hier genügt die Verweisung auf den Jahresabschluss (Bilanz, Gewinn-/Verlustrechnung)
- ☐ Einnahme-/Überschussrechnung genügt bei nicht buchführungspflichtigen Unternehmen (zB bei Freiberuflern)

Da die Erben nicht selten diese jährliche Rechnungslegung für ihre eigene EINKOMMENSTEUERERKLÄRUNG benötigen, muss der Testamentsvollstrecker – abhängig vom Objekt der von ihm verwalteten Immobilie – eine detaillierte Rechnungslegung jedes Jahr erstellen und aushändigen. Ist eine jährliche Rechnungslegung notwendig auf Grund länger dauernder Verwaltung, empfiehlt es sich, dass der Testamentsvollstrecker mit den Erben einen jährlich wiederkehrenden, genauen Zeitpunkt vereinbart, um seine Rechnungslegung durchzurühren. Beginnt der Testamentsvollstrecker seine Tätigkeit während eines laufenden Kalenderjahres, muss er die jährliche Rechnungslegung bis Anfang Mai des Folgejahres erteilen.

Beispiel für eine Rechnungsauslegung bei einer Dauervollstreckung:
Beginn der Testamentsvollstreckung am 3.7.2017.
Abrechnungszeitraum: 3.7.2017 bis 31.12.2017.
Frist zur Abgabe der Rechnungslegung: Anfang Mai 2011.

Zu beachten ist, dass die Pflicht zur Rechnungslegung KEINEN ANSPRUCH DER ERBEN AUF WERTERMITTLUNG beinhaltet. Der Testamentsvollstrecker muss also Nachlassgegenstände weder bewerten noch Gutachten für deren Wert einholen, um sie in der Rechnungslegung zu bezeichnen. Sofern der Erbe die Rechenschaftsablegung verlangt, muss der Testamentsvollstrecker eine geordnete Zusammenstellung der Einnahmen und Auslagen nebst Belegen vorlegen, aber nur, soweit solche zu erteilt werden pflegen.

Checkliste „Rechnungslegung des Testamentsvollstreckers“:
Die Rechnungslegung des Testamentsvollstreckers muss:

- ☐ vollständig sein, also alle maßgeblichen Tatsachen enthalten,
- ☐ soweit als möglich richtig sein, ist also mit größtmöglicher Sorgfalt zu erfüllen,
- ☐ übersichtlich und verständlich sowie
- ☐ nachprüfbar sein.

3. Umfang der Rechnungslegung

In welchem Umfang die Rechenschaftslegung erfolgt, hängt immer vom Einzelfall der Testamentsvollstreckung ab. Auf jeden Fall sind die grundsätzlichen Angaben zum Umfang der Testamentsvollstreckung in die Rechenschaftslegung aufzunehmen. Der Testamentsvollstrecker ist gut beraten, wenn er eher mehr als zu wenige Informationen in die Rechenschaftslegung aufnimmt. Auch ist es immer vorteilhaft, die einzelnen Positionen durch Belege, Quittungen, Unterlagen usw. zu dokumentieren und diese der Rechenschaftslegung beizufügen. Damit wird auch dokumentiert, dass der Testamentsvollstrecker offen mit den Erben umgeht und diese in seine Entscheidungsprozesse sowie die von ihm erzielten Ergebnisse umfassend einbindet.

Checkliste „Umfang der Rechenschaftslegung“:
Zu behandelnde Themenbereiche bei der Rechenschaftslegung:

- ☐ Nachlassumfang
- ☐ Anzahl der einzelnen Nachlasspositionen und -gegenstände
- ☐ Darstellung aller Aktiva und Passiva des Nachlasses
- ☐ Umfang der Tätigkeit des Testamentsvollstreckers
- ☐ Informationsinteresse des Erben.

4. Schlussabrechnung des Testamentsvollstreckers

Die Schlussabrechnung geht weiter als die jährliche Rechnungslegung bei der Verwaltungsvollstreckung. Sie muss alles beinhalten, was eine Beziehung zum Nachlass hat oder haben kann. Der Erbe muss in die Lage versetzt werden, dass er prüfen kann, ob und in welcher Höhe ihm ggf. Schadenersatzansprüche gegen den Testamentsvollstrecker zustehen. Das dazu Erforderliche hängt immer von den Einzelfallumständen ab. Eine „statische“ Rechenschaft gibt es daher nicht. Um die Auskunft zu untermauern, muss der Testamentsvollstrecker auch BELEGE beifügen,

EXPERTENTIPP ZUM RICHTIGEN VERHALTEN BEI VERLORENGEGANGEN BELEGEN:
Sind erforderliche BELEGE verloren gegangen, muss der Testamentsvollstrecker Ersatzbelege beschaffen.

soweit diese üblicherweise erteilt werden (zB Kontoauszüge, Rechnungen für von ihm getätigte Ausgaben).

Der Anspruch auf Vorlage der Belege zu Gunsten des Erben geht so weit, dass die Belege in einer übersichtlichen Aufstellung geordnet und verbunden mit dem Angebot, diese notfalls mündlich dem Erben zu erklären, der Rechnungslegung beigelegt werden müssen.

5. Durchsetzung der Rechnungslegung

Wird die Rechenschaft vom Testamentsvollstrecker verlangt, ist ihm eine ANGEMESSENE FRIST zu gewähren, um diese Pflicht zu erfüllen. Wann die Frist als „angemessen" angesehen wird, hängt vom jeweiligen Einzelfall ab (zB Nachlassumfang, Strukturierung und Zusammensetzung des Nachlasses, Anzahl und Art der vom Testamentsvollstrecker durchgeführten Rechtsgeschäfte und sonstigen Tätigkeiten).

Ist die Rechenschaftslegung unvollständig, steht dem Erben ein Anspruch auf ERGÄNZUNG zu. Einen Anspruch auf Überprüfung der Rechnung durch einen SACHVERSTÄNDIGEN hat der Erbe hingegen nicht. Sind mehrere Miterben vorhanden, kann jeder von ihnen unabhängig von den anderen Miterben den Rechnungslegungsanspruch in der Weise geltend machen, dass die Auskunft an alle Miterben verlangt wird (§ 2039 BGB).

VERSTIRBT DER TESTAMENTSVOLLSTRECKER, sind dessen Erben verpflichtet, die Miterben, deren Nachlass verwaltet wurde, unverzüglich über den Tod des Testamentsvollstreckers zu informieren. Unaufschiebbare Maßnahmen müssen die Erben des Testamentsvollstreckers so lange selbst wahrnehmen, bis der neue Testamentsvollstrecker (oder der Erbe) selbst handeln darf. Damit sich der Erbe des Testamentsvollstreckers nicht derselben, weitreichenden Haftung wie der verstorbene Testamentsvollstrecker aussetzt, darf sich der Testamentsvollstreckererbe in die bisherige Tätigkeit des Testamentsvollstreckers einarbeiten. Für seine eigene Rechenschaftspflicht wird ein weniger strenger Sorgfaltsmaßstab angelegt, als für den eigentlichen Testamentsvollstrecker.

EXPERTENTIPP: TESTAMENTSVOLLSTRECKER DARF GESETZLICHER VERTRETER SEIN!
Ist der Testamentsvollstrecker gleichzeitig gesetzlicher Vertreter eines MINDERJÄHRIGEN, bedarf es keiner Pflegschaft zur Wahrung der Rechte des Minderjährigen bei der Rechnungslegung.

Ist der Testamentsvollstrecker zugleich MITERBE, bleibt er ebenfalls zu Rechenschaftsablegung verpflichtet. Soll die Rechenschaftslegung dem Testamentsvollstrecker erlassen werden, können nur alle Erben gemeinsam den VERZICHT auf die Rechenschaftsablegung aussprechen.

Die Pflicht, Rechenschaft abzulegen, besteht auch seitens des NACHFOLGERS des Testamentsvollstreckers, also zB des Ersatztestamentsvollstreckers. Weil der Auskunftsanspruch in seiner Stärke hinter der

Rechenschaftspflicht zurück bleibt, besteht nach der Ablegung der Rechenschaft kein Anspruch auf Auskunftserteilung mehr wegen desselben Sachverhaltes.

VIII. Anspruch des Testamentsvollstreckers auf Entlastung

Nicht selten entsteht Streit darüber, ob die vom Testamentsvollstrecker erteilte Abrechnung richtig und/oder vollständig ist. Einen ENTLASTUNGSANSPRUCH hat der Testamentsvollstrecker nicht, weil eine entsprechende gesetzliche Bestimmung fehlt. Wird von den Erben die Richtigkeit der Abrechnung angezweifelt, müssen diese den Testamentsvollstrecker vor dem Prozessgericht verklagen.

Es steht den Erben selbstverständlich frei, aus freien Stücken den Testamentsvollstrecker zu entlasten. Wird dies auf Wunsch des Testamentsvollstreckers verweigert, kann auch der Testamentsvollstrecker eine FESTSTELLUNGSKLAGE gegen die Erben erheben. Das Klageziel ist darauf gerichtet, dass keine weiteren Ansprüche der Erben mehr bestehen, da die Vollstreckung beendet ist und ordnungsgemäß durchgeführt war. Die Entscheidung über diese Feststellungsklage obliegt funktional dem Landgericht als Streitgericht, nicht dem Nachlassgericht.

IX. Herausgabe nicht benötigter Gegenstände an die Erben

Den Erben stehen sowohl während der laufenden Testamentsvollstreckung als auch nach deren Abschluss HERAUSGABEANSPRÜCHE gegen den Testamentsvollstrecker zu. Nicht selten können sich die Erben mit einer Testamentsvollstreckung nicht anfreunden und verlangen schon während der angeordneten Testamentsvollstreckung Nachlassgegenstände heraus.

1. Freigabeanspruch des Erben

Der Testamentsvollstrecker muss Nachlassgegenstände, die er zur Erfüllung seiner Aufgaben offenbar nicht benötigt, den Erben auf deren Verlangen ZUR FREIEN VERFÜGUNG ÜBERLASSEN (§ 2217 Abs. 1 S. 1 BGB). In der Regel möchten die mit der Testamentsvollstreckung belasteten Erben so viele Nachlassgegenstände zur freien Verfügung erhalten, als möglich.

Der Testamentsvollstrecker darf sich auf ein solches Verlangen nicht schon deshalb einlassen, weil er nach § 2217 Abs. 1 BGB verpflichtet ist, die einzelnen Gegenstände herauszugeben, soweit sie zur Erfüllung seiner Obliegenheiten offenbar nicht notwendig sind. Er läuft Gefahr, gerade diejenigen Nachlassgenstände herauszugeben, die er zur Erfüllung seiner Pflichten braucht. Selbst wenn alle Miterben ihn übereinstimmend anweisen, Nachlassgegenstände freizugeben, darf er dem nicht bedenkenlos nachkommen.

2. Zeitpunkt der Freigabe

Problematisch ist die Freigabe des Nachlassgegenstandes durch den Testamentsvollstrecker WÄHREND DER LAUFENDEN VERWALTUNG, sofern und sobald sich im Nachhinein zeigt, dass er entgegen der ursprünglichen Ansicht den freigegebenen Gegenstand dennoch zur Erfüllung seiner Obliegenheiten benötigt. Deshalb sollte sich der Testamentsvollstrecker von allen Erben gegenzeichnen lassen, dass der Empfänger des freigegebenen Gegenstandes bereit ist, bei Auftreten einer solchen Möglichkeit den Gegenstand unverzüglich wieder zurückzugeben. Andernfalls hätte der Testamentsvollstrecker gegen seine Pflicht zur ordnungsgemäßen Nachlassverwaltung (hierzu gehört auch die Freigabe von Nachlassgegenständen nach § 2217 Abs. 1 BGB) verstoßen. Dies kann zu einer nicht unerheblichen Haftung zu seinen Lasten führen.

EXPERTENTIPP ZUR FREIGABE GEGEN SICHERHEITSLEISTUNG: Um dem zu entgehen, kann der Erbe gem. § 2217 Abs. 2 BGB eine SICHERHEIT stellen und dies dem Testamentsvollstrecker nachweisen.

Die Überlassungspflicht des Testamentsvollstreckers besteht jedoch nur dann, wenn er zur Erfüllung seiner Aufgaben des Nachlassgegenstands „OFFENBAR" nicht mehr bedarf. Ob und zu welchem Zeitpunkt dies der Fall ist, ist im jeweiligen Einzelfall zu prüfen. Da der Testamentsvollstrecker vorrangig die NACHLASSVERBINDLICHKEITEN befriedigen muss, sollte er im Zweifel die Freigabe nicht vornehmen. Dasselbe gilt für die vom Testamentsvollstrecker zu entrichtende ERBSCHAFTSTEUER, so dass der Erbe die Überlassung nicht verlangen kann, soweit nicht feststeht, dass ein Teil des Nachlasses zur Steuerzahlung nicht benötigt wird. Drängt der Erbe dennoch auch Überlassung eines entsprechenden Nachlassgegenstandes, kann der Testamentsvollstrecker von diesem eine Sicherheit für die eventuelle Nachlassverbindlichkeit verlangen und erst im Anschluss daran den Gegenstand freigeben.

Hatte der Testamentsvollstrecker IRRTÜMLICH DIE FREIGABE vorgenommen, kann er die Wiedereinräumung seiner Verfügungsgewalt gegen den Empfänger des Nachlassgegenstandes vor dem Prozessgericht (nicht Nachlassgericht) einklagen.

3. Grundbuchberichtigung nach Freigabe
In fast jedem Nachlass befinden sich Grundstücke, Immobilien oder sonstiges unbewegliches Vermögen. Wird nach § 2217 Abs. 1 BGB eine Immobilie aus der Vollstreckung freigegeben, muss das GRUNDBUCH geändert werden. Der Testamentsvollstreckervermerk bleibt zunächst trotz Freigabe eingetragen. Die Löschung des Testamentsvollstreckervermerks im Grundbuch kann nur durch einen neuen Erbschein, auf dem kein Testamentsvollstreckervermerk mehr aufgeführt ist, erfolgen; dieser ist dann dem Grundbuchamt zur Umschreibung vorzulegen.

Expertentipp zur Immobilienübertragung mit neuem Erbschein:
Wird eine Immobilie gem. § 2217 Abs. 1 BGB vom Testamentsvollstrecker aus der laufenden Verwaltung an die Erben freigegeben, müssen diese einen neuen ERBSCHEIN beantragen, auf dem kein Testamentsvollstreckervermerk für dieses Grundstück ausgewiesen ist. Die Ausfertigung des neuen Erbscheins ist dem Grundbuchamt zur Berichtigung vorzulegen.

X. Nachlassherausgabe nach der Beendigung des Amtes

Sobald der Testamentsvollstrecker seine Aufgaben erledigt hat, muss er den Nachlass verteilen und an die Berechtigten (Erben, Vermächtnisnehmer) herausgeben. Aufgrund der in der Regel länger dauernden Verwaltungstätigkeit fragt sich, ob auch Nachlasserträge, die zwischenzeitlich erzielt wurden, oder Gegenstände, die anderweitig in den Nachlass gelangten, von der Herausgabepflicht umfasst sind.

1. Umfang der Herausgabe
Nach der Beendigung seines Amtes muss der Testamentsvollstrecker den NACHLASS HERAUSGEBEN (§§ 2218, 667 BGB).

Bei der Verteilung von Bankguthaben an einen Miterben, der unter BETREUUNG steht, ist allerdings eine Besonderheit zu beachten: Ist ein Konto eines Betreuten mit einem SPERRVERMERK versehen, sind Verfügungen über das Kontoguthaben seitens des Testamentsvollstreckers nur mit Genehmigung des Betreuungsgerichts möglich. Das gilt zB immer dann, wenn der Betreuer den Testamentsvollstrecker bevollmächtigt hat, über dieses Kontoguthaben zu verfügen, denn der Sperrvermerk auf dem Konto gilt immer auch zu Lasten des Testamentsvollstreckers.

Herausgeben muss er auch die ERTRÄGE des Nachlasses und die sog. SURROGATE. Das sind Gegenstände, die durch Umschichten einzelner Nachlassgegenstände in andere während seiner Tätigkeit dem Nachlass einverleibt wurden, zB ist bei einem Verkauf eines Pkw der Kaufpreis das Surrogat, das statt des Pkws dem Nachlass zufließt; dasselbe gilt auch für Zinsen, Mieterträge, Pachteinnahmen usw., welche der Testamentsvollstrecker während der Verwaltung des Nachlasses beispielsweise durch Kapitalanlagen eingenommen hat. Sofern er Nachlassgelder für sich persönlich verbraucht hat, muss er diese ersetzen und ab Verbrauch mit 4 % p.a. verzinsen (§§ 668, 2218 Abs. 1 BGB). Außerdem muss er das BESTANDSVERZEICHNIS den Erben vorlegen, dessen Vollständigkeit er ggf. eidesstattlich versichern muss. Zur Erfüllung seiner Herausgabepflicht ist ERFÜLLUNGSORT der Wohnsitz des Testamentsvollstreckers. Die Erben müssen die Nachlassgegenstände also auf deren Kosten beim Testamentsvollstrecker abholen. Ist der Anspruch auf Vergütung des Testamentsvollstreckers sowie sein Anspruch auf Auslagenersatz noch nicht bezahlt, hat er ein ZURÜCKBEHALTUNGSRECHT an den herauszugebenden Nachlassgegenständen. In der Praxis empfiehlt es sich daher, eine Einigung über die Herausgabe des Nachlasses an die Miterben dergestalt mit den Vergütungs- und Aufwendungsersatzansprüchen zu verbinden, dass die Miterben bestätigen, dass die Erbschaft erst dann herauszugeben ist, wenn die Zahlungspositionen vom Testamentsvollstrecker entnommen sind. Insoweit greift das Verbot des § 181 BGB nicht ein, weshalb der Testamentsvollstrecker seine Vergütungsansprüche an sich selbst erfüllen und aus dem Nachlass entnehmen darf.

EXPERTENTIPP ZUR VEREINFACHTEN HERAUSGABE VON UNTERLAGEN AN MITERBEN:
Miterben sollten einen von ihnen bevollmächtigen, den Nachlass als STELLVERTRETER für alle in Empfang zu nehmen.

Neben dem verwalteten Vermögen muss er auch die dazugehörenden UNTERLAGEN (zB Mietverträge, Kontoauszüge, Sparbücher, Versicherungspolicen, Depotscheine) an die Erben herausgeben. Hat der Testamentsvollstrecker Akten angelegt, die er zur Verwaltung des Nachlasses braucht und dort Unterlagen gesammelt (zB Rechnungen, Unterlagen der Amtsführung), muss er diese ebenfalls herausgeben. Sind Miterben vorhanden, die den Herausgabeanspruch geltend machen, muss die Herausgabe an alle Miterben erfolgen.

EXPERTENTIPP ZUR AUSHÄNDIGUNG VON KOPIEN ANSTATT ORIGINALE:
Wegen der STEUERLICHEN AUFBEWAHRUNGSPFLICHTEN sollte der Testamentsvollstrecker die für die Steuererklärung notwendigen Unterlagen zunächst nur als Kopie den Erben aushändigen und ihnen mitteilen, dass nach Ablauf der Aufbewahrungsfristen ihnen die Originale zugeleitet werden.

2. Steuerliche Aufbewahrungspflichten

Regelmäßig obliegt es dem Testamentsvollstrecker auch, die ERBSCHAFTSTEUERERKLÄRUNGEN zu fertigen. Diejenigen Unterlagen, die er hierzu benötigt, muss er laut § 147 Abs. 3 Abgabenordnung zwischen sechs und zehn Jahre noch selbst aufbewahren. Sind dem Testamentsvollstrecker die steuerrechtlichen Aufbewahrungsfristen nicht bekannt, kann er diese direkt beim Erbschaftssteuerfinanzamt oder einem Sachkundigen, zB Fachanwalt für Erbrecht oder Steuerberater, nachfragen. Da er in der Regel die Originalunterlagen zu verwahren hat, sollte er den Erben zunächst nur Kopien an die Hand geben.

3. Zusammenfassung „Rechte des Erben gegen den Testamentsvollstrecker“

Der Testamentsvollstrecker kann nicht „frei“ oder nach eigenem Gutdünken die Nachlassabwicklung durchführen. Er ist immer den Informations- und Auskunftsansprüchen der Erben während seiner Verwaltungstätigkeit ausgesetzt. Letztlich unterliegt seine Amtstätigkeit der laufenden Überwachung und auch Kontrolle durch die Erben. Das Gesetz stellt dazu abgestufte, jedoch auch umfangreiche INFORMATIONS- UND AUSKUNFTSRECHTE den Erben zur Seite. Die Ansprüche bestehen sowohl während als auch nach Ende der Amtsführung durch den Testamentsvollstrecker. Deshalb sollte der Testamentsvollstrecker von sich aus die Erben eher zu viel als zu wenig jederzeit informieren.

Checkliste „Rechte der Erben gegen den Testamentsvollstrecker“:

WÄHREND DER AMTSFÜHRUNG:

- ☐ Auf ordnungsgemäße Verwaltung des Nachlasses (§ 2216 BGB)
- ☐ Anspruch, eine mangelhafte Amtsführung zu unterlassen
- ☐ Anspruch, Schenkungen zu unterlassen (§ 2205 S. 3 BGB)
- ☐ Übersendung eines Nachlassverzeichnisses (§ 2215 BGB)
- ☐ Allgemeine Informationsrechte (§ 2218 Abs. 2, 666 Alt. I BGB)
- ☐ Auf Verlangen: Recht auf Auskunft (§ 2218 Abs. 1, 666 Alt. 2 BGB)
- ☐ Herausgabe einzelner Nachlassgegenstände, die zur Amtsführung offenbar nicht benötigt werden (§ 2217 BGB)
- ☐ Bei Dauerverwaltung: jährliche Rechnungslegung (§ 2218 Abs. 2 BGB)
- ☐ Anspruch auf rechtliches Gehör zum Teilungsplan (§ 2204 Abs. 2 BGB)
- ☐ Anspruch auf Auseinandersetzung des Nachlasses (§ 2204 Abs. 1 BGB)
- ☐ Schadensersatzanspruch (§ 2219 BGB)

NACH AMTSBEENDIGUNG:

- ☐ Anspruch auf Rechenschaftslegung
- ☐ Herausgabe des gesamten Nachlasses nebst Unterlagen
- ☐ Herausgabe der Handakten

Auf den Punkt gebracht:
Während der Verwaltung des Nachlasses bis zu dessen Verteilung stehen den Erben verschiedene Informationsansprüche gegen den Testamentsvollstrecker zu. Diese sind in Informationsansprüche, Rechenschaftslegungsansprüche und Anhörungsansprüche untergliedert, je nach beabsichtigter Maßnahme des Testamentsvollstreckers während seiner Verwaltungstätigkeit. Die Erben tun gut daran, diese Ansprüche auszuüben, da sie keine Verwaltungsbefugnis über die Erbschaft besitzen und auf diese Weise Informationen über die Geschäftstätigkeit des Testamentsvollstreckers erlangen können. Letztendlich stellt diese Anspruchsebene eine Kontrollmöglichkeit der Erben gegenüber den Tätigkeiten des Testamentsvollstreckers dar, auf die nicht verzichtet werden sollte. Über den Informationsanspruch geht der Anspruch auf Rechnungslegung hinaus, da insoweit auch Belege für die Verwaltungstätigkeiten vom Testamentsvollstrecker angefordert werden können. Insbesondere bei Rechtsgeschäften größerer Art, die den Nachlass betreffen (zB vor der Veräußerung eines Nachlassgrundstücks), können die Erben über die beabsichtigten Verkaufsmaßnahmen Informationen vom Testamentsvollstrecker verlangen. Auch ein Bestandsverzeichnis während der Verwaltungstätigkeit kann unter bestimmten Voraussetzungen gefordert werden. Bestehen Bedenken über die Richtigkeit der Informationen, die der Testamentsvollstrecker liefert, kann auch eine eidesstattliche Versicherung von diesem über seine Angaben verlangt werden. Über all diese Ansprüche bestehen einzelne, spezielle Klagemöglichkeiten vor Gericht.
Ausnahmsweise besteht während der Verwaltungstätigkeit des Testamentsvollstreckers, und somit vor der Schlussverteilung der Erbschaft, ein Anspruch der Erben auf Frei- bzw. Herausgabe der Nachlassgegenstände aus der Verwaltung. Dies allerdings nur dann, wenn der Testamentsvollstrecker des Nachlassgegenstandes offenbar nicht mehr bedarf, da der Gesetzgeber im Grundsatz eine Schlussverteilung sämtlicher Nachlassgegenstände vorsieht. Dies geschieht erst nach bzw. mit Beendigung des Amtes des Testamentsvollstreckers.

15

Schadenersatzansprüche

Testamentsvollstreckung ist ein haftungsgeneigtes Amt und setzt den Testamentsvollstrecker für fehlerhaftes Handeln Schadenersatzansprüchen aus. Ob ein Testamentsvollstrecker das Amt überhaupt annimmt, sollte er nicht zuletzt im Hinblick auf mögliche Schadenersatzpflichten, die sich aus seinem künftigen Handeln oder bei Abschluss des Verfahrens ergeben können, immer vertieft überlegen.

15. Schadenersatzansprüche

I. Voraussetzungen der Haftung des Testamentsvollstreckers

Testamentsvollstreckung ist ein haftungsträchtiges Amt. § 2219 Abs. 1 BGB sieht vor, dass der Testamentsvollstrecker für jegliche PFLICHTVERLETZUNG seiner Amtsführung auf den dadurch entstandenen Schaden dem Erben gegenüber haftet, sofern ihm ein Verschulden zur Last fällt. Sobald der Testamentsvollstrecker das Amt gegenüber dem Nachlassgericht annimmt, beginnt es bereits (§ 2202 BGB). Ab diesem Zeitpunkt ist der Testamentsvollstrecker der HAFTUNGSGEFAHR ausgesetzt. Zwischen dem Erben und dem Testamentsvollstrecker besteht ein gesetzliches Schuldverhältnis, welches den Testamentsvollstrecker zu einer gewissenhaften und sorgfältigen Ausführung seiner ihm übertragenen Aufgaben verpflichtet.

Da zwischen dem Testamentsvollstrecker und dem Erben – und auch einem Vermächtnisnehmer – kein Vertrag besteht, ist die Haftungsgrundlage für den Testamentsvollstrecker gesetzlich geregelt, nämlich in § 2219 Abs. 1 BGB. Sehen berufsrechtliche Vorschriften andere Haftungsmaßstäbe vor, zB bei Steuerberatern oder Rechtsanwälten, sind diese Sondervorschriften nicht anwendbar; es gilt allein die HAFTUNGSGRUNDLAGE des § 2219 Abs. 1 BGB. Einzelheiten zu den Haftungsgrundlagen finden sich im 9. Kapitel.

EXPERTENTIPP ZUR HAFTUNG EINER JURISTISCHEN PERSON:
Ist eine JURISTISCHE Person zum Testamentsvollstrecker bestellt, haftet diese für die Fehler ihrer Organe und verfassungsmäßig berufenen Vertreter (zB Vorstand) nach § 31 BGB.

TATBESTANDSVORAUSSETZUNG für die Haftung ist die Verletzung einer dem Testamentsvollstrecker obliegenden Pflicht. Diese muss er schuldhaft verletzt haben und aus der schuldhaften Pflichtverletzung muss ein Schaden entstehen. Weil der Haftungsumfang gesetzlich unbegrenzt ist, kann ein Schadenersatzanspruch für den Testamentsvollstrecker weit reichende Folgen haben.

II. Gläubiger des Schadenersatzanspruches

Laut § 2219 Abs. 1 BGB haftet der Testamentsvollstrecker gegenüber dem Erben auf Schadenersatz. Ein NACHERBE wird erst mit Eintritt des Nacherbfalles zum Erben. Gegenüber dem VORERBEN hat er lediglich Auskunftsrechte gem. § 2127 BGB. Dennoch muss der Testamentsvollstrecker auch während der Zeit, in welcher er die Vorerbschaft verwaltet, die Interessen des NACHERBEN bereits berücksichtigen. Unterlässt er dies, kann nach Eintritt des Nacherbfalls auch aus einer solchen Pflichtverletzung ein Schadenersatzanspruch des Nacherben gegen den Testamentsvollstrecker entstehen.

Bei der Verwaltung eines Nachlasses, welcher der Vor- und Nacherbfolge unterliegt, darf der Testamentsvollstrecker bei Berücksichtigung des zwischen Vor- und Nacherben bestehenden Interessengegensatzes weder die dem Vorerben zustehenden Nutzungen schmälern, noch die Nachlasssubstanz zum Nachteil des Nacherben mindern oder gefährden.

Hat der Testamentsvollstrecker die Aufgabe, die Rechte eines NACHERBEN nach § 2222 BGB wahrzunehmen, muss er auch die Kontroll- und Aufsichtsrechte des Nacherben gegenüber dem Vorerben wahrnehmen. Andernfalls haftet er ebenfalls auf Schadenersatz wegen schuldhafter Unterlassung dieser Pflichten. Betrifft der Schaden den gesamten Nachlass, steht der Haftungsanspruch bei mehreren Miterben diesen als Gesamtgläubiger zu.

Der Testamentsvollstrecker haftet GEGENÜBER DRITTEN (Pflichtteilsberechtigten, Auflagenbegünstigten, usw.) aus § 2219 BGB grundsätzlich nicht. In jüngster Zeit hat die Rechtsprechung allerdings eine neue Tendenz eingeschlagen: Die SCHUTZWIRKUNG der Testamentsvollstreckung über den Nachlass kann sich auch auf andere Beteiligte, außer dem Erben oder Vermächtnisnehmer, erstrecken. Es zeichnet sich die Tendenz in der Rechtsprechung derzeit ab, auch Dritte (zB Pflichtteilsberechtigte) in den Schutzbereich des § 2219 BGB einzubeziehen und ihnen diesen Haftungsanspruch zuzusprechen.

EXPERTENTIPP ZU KEINER HAFTUNG BEI EINER GEWISSENHAFTEN AMTSFÜHRUNG:
Der Testamentsvollstrecker sollte seine Verwaltungstätigkeit so gewissenhaft ausüben, als er dazu in der Lage ist. Tut er dies, kann ihm kein Verschuldensvorwurf gemacht und damit keine Haftung angelastet werden.

III. Pflichtverletzungen des Testamentsvollstreckers

Zentrale Haftungsgrundlage aus § 2219 Abs. 1 BGB ist eine OBJEKTIVE PFLICHTVERLETZUNG durch den Testamentsvollstrecker. Die ihm obliegenden Pflichten, die er bei seiner Amtstätigkeit zu beachten hat, ergeben sich vorrangig aus dem WILLEN DES ERBLASSERS. Dieser findet sich in der Regel in der letztwilligen Verfügung (Testament, Erbvertrag) des Verstorbenen. Ist dem Testamentsvollstrecker der Wille des Erblassers aus anderen Quellen bekannt (zB aus einem Briefwechsel), muss er diesen ebenfalls beachten. Stützt sich der Testamentsvollstrecker bei seinen Tätigkeiten auf einen Erblasserwillen, der sich nicht aus einer letztwilligen Verfügung ergibt, trägt er dafür im Streitfall die BEWEISLAST.

Im Übrigen ergeben sich der Handlungsauftrag und damit die vom Testamentsvollstrecker zu beachtenden Pflichten aus § 2216 Abs. 1 BGB. Dort ist geregelt, dass der Testamentsvollstrecker zur ORDNUNGSMÄSSIGEN VERWALTUNG des Nachlasses verpflichtet ist. Ihm obliegen besondere Gewissenhaftigkeit und Sorgfalt bei der Amtstätigkeit. Dazu hat er das ihm anvertraute Nachlassvermögen zu sichern, zu erhalten und zu verwalten. Verluste muss er verhindern, Nutzungen (zB Miet- oder Zinseinnahmen) ziehen. Drohende Gefahren oder Verluste zu Lasten des Nachlasses muss er durch rechtzeitige KONTROLLMASSNAHMEN versuchen zu ermitteln.

Dem gegenüber steht das Recht des Testamentsvollstreckers, eigenverantwortlich und weitgehend nach eigenem Ermessen die Verwaltung des Nachlasses vorzunehmen. Überschreitet er diese Grenzen des Ermessens, handelt er pflichtwidrig, vor allem wenn er UNENTGELTLICHE VERFÜGUNGEN (SCHENKUNGEN) aus dem Nachlass vornimmt. Das gilt auch dann, wenn es sich nur um teilunentgeltliche Verfügungen handelt, also aus dem Nachlass Gegenstände durch den Testamentsvollstrecker ausgegliedert werden, ohne dass eine volle Gegenleistung in den Nachlass gelangt. Dies ist beispielsweise der Fall, wenn eine Immobilie unter Wert veräußert wird.

EXPERTENTIPP ZUR MINDERUNG DES HAFTUNGSRISIKOS DURCH EINVERSTÄNDNIS DER ERBEN: Um sein Haftungsrisiko zu minimieren, sollte sich der Testamentsvollstrecker bei bedeutsamen oder auch Risiko behafteten Verwaltungsmaßnahmen vorab das EINVERSTÄNDNIS der betroffenen Erben oder Vermächtnisnehmer schriftlich einholen.

Die konkreten Handlungspflichten ergeben sich zunächst immer aus den AUFGABEN, welche der Erblasser dem Testamentsvollstrecker in seiner letztwilligen Verfügung übertragen hat. Diese muss er notfalls auch gegen den Willen der Erben durchsetzen.

Da seine Leitlinie der Erblasserwille ist, haben die Interessen des Testamentsvollstreckers zunächst vollständig zurückzutreten. Dazu zählen auch seine Gebührenansprüche. Aus diesem Grund kann er seine Vergütung erst nach Abschluss seiner Aufgaben und nach Amtsende dem Nachlass entnehmen, sofern der Verstorbene keine anderweitige Regelung getroffen hat. Die Vergütung des Testamentsvollstreckers ist erst dann fällig, wenn er das Amt beendet hat, wozu alle Pflichten, insbesondere die Rechnungslegungspflicht gegenüber den Erben, erfüllt sein muss. Die verfrühte Entnahme der Testamentsvollstreckervergütung stellt daher einen typischen Pflichtverstoß dar, was in der Praxis häufig vorkommt.

EXPERTENTIPP ZUR RICHTIGEN VERMEIDUNG VON HAFTUNG BEI UNKLAREM TESTAMENT: Ist die Auslegung des Testamentes unklar, kann der Testamentsvollstrecker eine FESTSTELLUNGSKLAGE erheben, die darauf gerichtet ist, dass die Auslegung vom Gericht vorgenommen wird. Dadurch vermeidet er, dass er wegen fehlerhafter Testamentsauslegung – und dadurch bedingte fehlerhafte Verwaltungstätigkeit – in die Haftung gerät.

Um den Erblasserwillen zu ermitteln, ist es oft notwendig, das Testament AUSZULEGEN. Das ist vor allem der Fall, wenn es unklar formuliert und somit mehrere Deutungsmöglichkeiten zulässt. Damit der Testamentsvollstrecker weiß, nach welcher Richtschnur er bei seiner Vermögensverwaltung und Tätigkeit verfahren muss, kann er das Testament bis zu einem gewissen Grad selbst auslegen. Er muss jedoch zu einer zumindest vertretbaren Auslegung gelangen, die noch vom Erblasserwillen gedeckt sein kann. Dies stellt den „Rahmen" dar, welche die Rechtsprechung dem Testamentsvollstrecker zur eigenen Auslegungsbefugnis gewährt. Da die eigene Auslegung letztwilliger Verfügungen durch den Testamentsvollstrecker für ihn ein hohes Haftungsrisiko bietet, sollte der Testamentsvollstrecker die Auslegung selbst nicht vornehmen.

IV. Typische Pflichtverstöße des Testamentsvollstreckers

Bei der Abwicklungs- und Verwaltungstestamentsvollstreckung ist die Anlage von Geldern, die zum Nachlass gehören, der Umgang mit Grundstücken des Nachlasses, die Handhabung von Mietobjekten, usw., also der Umgang mit Vermögenswerten, der Hauptschwerpunkt der Tätigkeit des Testamentsvollstreckers. Entsprechend obliegen ihm im Rahmen ordnungsgemäßer Verwaltung des Nachlasses hier besondere Pflichten. Diese sind jeweils auf den Einzelfall bezogen zu ermitteln und hängen – neben dem Erblasserwillen – auch von Art und Umfang des Nachlasses ab. In der Praxis besonders wichtig sind etwaige Vorempfänge, welche die Erben schon zu Lebzeiten vom Verstorbenen erhalten haben. Diese müssen bei der Erbauseinandersetzung in aller Regel beachtet werden. Verteilt der Testamentsvollstrecker den Nachlass und übersieht er solche Vorempfänge, macht er sich schadenersatzpflichtig. Dies gilt umso mehr für den Fall, dass im Testament die Berücksichtigung solcher Vorempfänge zu Gunsten einzelner Miterben ausdrücklich angeordnet ist.

In der Rechtsprechung sind verschiedene PFLICHTVERSTÖSSE als Schadenersatz begründend zu Lasten des Testamentsvollstreckers anerkannt worden:

- Keinerlei Tätigkeit des Testamentsvollstreckers
- Fehlerhafte Geldanlage, zB nichtverzinsliche Geldanlage über längeren Zeitraum
- Fehlerhafte Erstellung der Erbschaftsteuererklärung
- Erfüllung von erkennbar unwirksam angeordneten Vermächtnissen
- Nichtberücksichtigung von Vorempfängen
- Öffentliche Versteigerung statt freihändigem Verkauf von Nachlassgegenständen
- Unterlassen gerechtfertigter Mieterhöhungen

- Nichtdurchführung von Vollstreckungsmaßnahmen
- Erheben haltloser Klagen sowie erkennbar überflüssige Prozessführung
- Einlegen unsinniger Rechtsmittel
- Freihändiger Verkauf eines Grundstücks, ohne zuvor Inserate oder Makler zu beauftragen
- Freihändiger Grundstücksverkauf, ohne zuvor ein Gutachten einzuholen und ohne es den Erben anzubieten
- Nicht genügende Kontrolle von Dritten, welche die Verwaltung übernehmen (zB Hausverwalter)
- Mangelhafte Überwachung der GmbH-Geschäftsführung, die zum Nachlass gehört
- Löschung einer Vormerkung im Grundbuch, ohne dass die gesicherte Gegenleistung erbracht ist
- Nichtbeachtung von Verkehrssicherungspflichten (zB Räum- und Streupflicht bei Nachlassimmobilien)

So vielfältig wie die Tätigkeit des Testamentsvollstreckers im Einzelfall ist, so vielfältig sind die ihm obliegenden Verwaltungsmaßnahmen bezogen auf den Nachlass im Einzelfall. Besonders schwere Pflichtverletzungen könne sogar zum Verlust des Honoraranspruchs des Testamentsvollstreckers führen: Werden wesentliche Bestandteile des Nachlasses vom Testamentsvollstrecker im Nachlassverzeichnis gar nicht angegeben, und das Verzeichnis erst drei Jahre nach dem Todesfall erstellt, liegen eine grob fahrlässige Amtspflichtverletzungen vor, die zur VERWIRKUNG DES VERGÜTUNGSANSPRUCHS des Testamentsvollstreckers führen.

EXPERTENTIPP ZUM RICHTIGEN VORGEHEN GEGEN BLOCKIERENDE MITERBEN:
Widerspricht der Erbe einer beabsichtigten Vermächtniserfüllung durch den Testamentsvollstrecker, kann der Vollstrecker gegen den Erben auf Feststellung klagen, dass er zur Vermächtniserfüllung berechtigt ist.

Häufig hat der Testamentsvollstrecker ein VERMÄCHTNIS zu erfüllen, welchem die Erben widersprechen. Dem Testamentsvollstrecker stehen gegen den Erben dann gerichtliche Möglichkeiten zu, damit er sich selbst nach der Gerichtsentscheidung richten kann.

V. Klagemöglichkeiten des Erben bei Pflichtverletzungen

Die angeblichen Pflichtverletzungen des Testamentsvollstreckers während seiner Amtstätigkeit kann der Erbe vor dem PROZESSGERICHT prüfen lassen. Das Prozessgericht ist in der Regel das Land- oder Amtsgericht, nicht aber das Nachlassgericht. Vor dem Prozessgericht darf der Erbe den Testamentsvollstrecker auf Erfüllung der sich nach § 2216 BGB ergebenden ordnungsgemäßen Handlungen verklagen. Der Erbe darf hierbei zB auf die Vornahme bestimmter Verwaltungshandlungen gegen den Testamentsvollstrecker klagen, was insbesondere dann zu empfehlen ist, wenn der Testamentsvollstrecker wirtschaftliche Maßnahmen zu Gunsten des Nachlasses unterlässt. Vermietet er zB eine leer stehende Nachlassimmobilie nicht und verliert dadurch die Erbmasse Mieteinnahmen, kann eine entsprechende Leistungsklage erhoben werden. Auch eine gewinnbringende GELDANLAGE, die der Testamentsvollstrecker nicht durchführt, kann auf diesem Prozessweg erreicht werden. Umgekehrt kann auch das Unterlassen bestimmter ordnungswidriger Verwaltungshandlungen über das Prozessgericht untersagt werden. Will der Testamentsvollstrecker zB eine Nachlassimmobilie verkaufen, kann bei entsprechender Klagbegründung auf UNTERLASSUNG dieser Maßnahme geklagt werden.

Verletzt – was nicht selten bei juristisch nicht vorgebildeten Testamentsvollstreckern der Fall ist – der Amtsinhaber seine Pflicht, ein korrektes NACHLASSVERZEICHNIS (§ 2215 BGB) zu erstellen, kann dieses ebenfalls eingeklagt werden. Der Testamentsvollstrecker ist zur Auskunft und Rechenschaft, bei einer Dauertestamentsvollstreckung zur jährlichen Rechnungslegung verpflichtet. Führt er diese ihm obliegenden Informationen nicht oder nur ungenügend durch, kann ebenfalls vor dem Prozessgericht eine Auskunftsklage erhoben werden.

EXPERTENTIPP ZUR GEWINNUNG VON MITERBEN ALS ZEUGEN:
Bei Miterben sollte nur ein Miterbe als Kläger auftreten, um die übrigen Miterben als Zeugen für dessen Tatsachenvortrag zu gewinnen, denn wer in einem Prozess Kläger oder Beklagter ist, kann in aller Regel nicht zugleich Zeuge sein.

Sind mehrere Miterben vorhanden, steht die KLAGEBEFUGNIS jedem einzelnen Miterben zu. Jeder Miterbe wird damit verfahrensrechtlich zum Kläger. In prozessrechtlicher Hinsicht ist zu beachten, dass derjenige, der Kläger (oder Beklagter) ist, in aller Regel nicht gleichzeitig Zeuge für seine vorgetragenen Behauptungen (zB pflichtwidrige Handlung des Testamentsvollstreckers) sein kann. Die Behauptungen des Klägers in der Klage müssen, damit der Prozess erfolgreich verlaufen kann, aber durch Beweismittel unterlegt werden. Als BEWEISMITTEL im Zivilverfahren sind gesetzlich nur vorgesehen:

- Zeugen
- Urkunden
- Sachverständigengutachten
- Gerichtlicher Augenschein
- Parteivernehmung

EXPERTENTIPP FÜR EINEN ENTLASSUNGSANTRAG OHNE BEFUGNIS DES NICHT-BELASTETEN MITERBEN:
Ist Testamentsvollstreckung jedoch nur beispielsweise für einen Immobilienteil angeordnet, für den anderen nicht, kann der Miteigentümer der Nachlassimmobilie keinen Entlassungsantrag gegenüber dem Testamentsvollstrecker stellen, wenn sein Immobilienanteil nicht mit der Testamentsvollstreckung belastet ist.

Für die Erben ist zu beachten, dass, wenn deren Antrag auf Entlassung des Testamentsvollstreckers erfolgreich ist und der Verstorbene dem Vollstrecker in seinem Testament die Befugnis eingeräumt hatte, dass er seinen Nachfolger selbst bestimmen darf, dieses Recht der Nachfolgerbestimmung dem entlassenen Testamentsvollstrecker dennoch erhalten bleibt.

Als Begründung für einen Entlassungsantrag des Testamentsvollstreckers kann auch die überhöhte Abrechnung der Vergütung dienen. Grundsätzlich kann auf den Vergütungsgrundbetrag ein Zuschlag vorgenommen werden. Übersteigt dieser aber mindestens 45 % der Grundvergütung, ist dies gesondert zu begründen, andernfalls läuft der Testamentsvollstrecker Gefahr, entlassen zu werden.

So vielfältig wie die Verwaltungsmaßnahmen des Testamentsvollstreckers sind, so vielfältig sind die prozessualen Klagemöglichkeiten vor dem Prozessgericht. Inhaltliche Streitpunkte zwischen den Erben und dem Testamentsvollstrecker (und auch umgekehrt!) werden vor dem Land- bzw. Amtsgericht als Prozessgericht ausgetragen, was jedoch oft langwierig und teuer ist.

Der Möglichkeit, einen Prozess auf Entlassung des Testamentsvollstreckers vor einem Schiedsgericht durchzuführen – was zügiger, billiger und nervenschonender für alle Beteiligten wäre – hat der Bundesgerichtshof leider einen Riegel vorgeschoben: Er hat gegen Ende 2017 entschieden, dass ein Erblasser in seinem Testament nicht anordnen dürfe, diese spezielle Frage einem Schiedsgericht zuzuweisen. Für andere Auseinandersetzungen, beispielsweise die Vergütungsfrage des Testamentsvollstreckers, bleibt dieser besondere Prozessweg allerdings eröffnet.

EXPERTENTIPP FÜR EINE MINDERUNG DES HAFTUNGSRISIKOS DURCH EINE OFFENSIVE KOMMUNIKATION: Der UMSICHTIGE TESTAMENTSVOLLSTRECKER arbeitet mit den Erben im Rahmen seiner Tätigkeit zusammen, informiert diese, ohne hierzu gesondert aufgefordert zu werden, über seine Geschäftstätigkeit und vermeidet damit kostenträchtige Konfrontationen.

Dabei darf nicht übersehen werden, dass unter Umständen der Testamentsvollstrecker persönlich in die Kosten eines Gerichtsverfahrens verurteilt wird und dann die Prozesskosten aus eigenen Mitteln bestreiten muss. Da den Erben umfangreiche Informations- und Anhörungsrechte zustehen, welche durch ein Verkennen, Übersehen oder schlichtes Nichtbeachten durch den Testamentsvollstrecker verletzt werden können, sollte er eher zuviele als zu wenig Informationen über seine Tätigkeiten laufend und unaufgefordert den Erben zuleiten.

VI. Verschulden des Testamentsvollstreckers an der Pflichtverletzung

Damit der Erbe gegenüber dem Testamentsvollstrecker einen Schadenersatzanspruch herleiten kann, muss der Vollstrecker seine Pflicht schuldhaft verletzt haben. SCHULDHAFTES HANDELN setzt voraus, dass der Testamentsvollstrecker die „im Verkehr erforderliche Sorgfalt" verletzt hat (§ 276 BGB). Daher haftet der Testamentsvollstrecker nicht nur für diejenigen Sorgfalt, der er in seinen eigenen Angelegenheiten zu beachten pflegt. Vielmehr haftet er sowohl für leichte, mittlere als auch grobe Fahrlässigkeit sowie für vorsätzliches Handeln. Für ihn ist deshalb das Maß an Umsicht und Sorgfalt erforderlich, welches „nach dem Urteil besonnener und gewissenhafter Angehöriger des in Betracht kommenden Verkehrskreises zu beachten ist", wie die Rechtsprechung immer wieder betont. Wegen der vom Testamentsvollstrecker übernommenen Vertrauensstellung sind an seine Tätigkeiten HOHE ANFORDERUNGEN zu stellen.

Braucht der Testamentsvollstrecker für seine Tätigkeit SPEZIELLE KENNTNISSE, die er selbst nicht besitzt, zB steuer- oder erbrechtliche Kenntnisse, muss er einen fachkundigen Berater einschalten (zB Fachanwalt für Erbrecht, Steuerberater, Anlageberater bei Wertpapieranlagen). Er muss die AUSWAHL des qualifizierten Beraters gewissenhaft vornehmen, andernfalls er schon für die fehlerhafte Auswahl haftet. Hat der Testamentsvollstrecker den Berater gewissenhaft ausgewählt, haftet er für dessen Fehler nicht.

EXPERTENTIPP FÜR DIE EINSCHALTUNG VON ERBRECHTSEXPERTEN BEI PROBLEM:
Wegen der vielschichtigen erbrechtlichen Fragestellungen sollte der Testamentsvollstrecker in der Regel einen FACHANWALT FÜR ERBRECHT zur Problemlösung beiziehen. Bereits der Erblasser sollte einen solchen mit der Übernahme der Testamentsvollstreckung in seinem Testament bezeichnen. Erfahrene Erbrechtsspezialisten finden Sie im Internet unter www.NDEEX.de oder www.NDTV.info.

Einer etwaigen Haftung kann sich der Testamentsvollstrecker auch nicht dadurch entziehen, dass er untätig bleibt. BLOSSES NICHTSTUN stellt keine ordnungsgemäße Verwaltungsmaßnahme dar, deren Unterlassen ein Verschulden gem. § 276 BGB darstellt. Die Gefahr, dass der Testamentsvollstrecker seine Verwaltungshandlung gar nicht erst durchführt und meint, die Beteiligten werden sich auch ohne ihn einigen, ist groß. Besonders wenn der Testamentsvollstrecker rechtlich unerfahren ist, sich scheut den Erblasserwillen umzusetzen oder schlichtweg darauf vertraut, dass auch ohne sein Zutun die Nachlassauseinandersetzung unter den Miterben einvernehmlich erfolgen wird, ist dieses Phänomen in der Praxis zu beobachten. Hat der Testamentsvollstrecker sein Amt angenommen, ist er verpflichtet, seine ihm übertragenen Aufgaben auch faktisch auszuführen. Dem kann er sich nur durch Kündigung seines Amtes selbst entziehen; seine bloße Untätigkeit genügt hier nicht.

Ist der Testamentsvollstrecker untätig und erfüllt die ihm obliegenden Aufgaben nicht, können die Erben ihn vor dem Prozessgericht auf entsprechende Vornahme der ordnungsgemäßen Verwaltungshandlungen VERKLAGEN. Darüber hinaus kann der klagende Erbe verlangen, dass der Testamentsvollstrecker entlassen wird. Die Untätigkeit des Testamentsvollstreckers beinhaltet in der Regel die Unfähigkeit zur Amtsführung.

VII. Maßnahmen zur Haftungsbeschränkung

Der umsichtige Testamentsvollstrecker wird vor Annahme seines Amtes versuchen, seine Haftung zu beschränken. Nicht selten unbekannt ist, dass Testamentsvollstrecker mit ihrem Privatvermögen für etwaige Fehler den Erben gegenüber haften. Hier sollte der Testamentsvollstrecker rechtzeitig durch eine Haftungsvereinbarung mit den Erben vorsorgen.

1. Keine Haftungsfreistellung durch den Testierenden

EXPERTENTIPP FÜR DIE MÖGLICHKEIT AUF KEINEN HAFTUNGSAUSSCHLUSS DURCH EINEN TESTATOR: Die Anordnung des Erblassers im Testament, dass der Testamentsvollstrecker nur für Vorsatz oder grobe Fahrlässigkeit haftet, ist unwirksam.

Nicht selten versucht der ERBLASSER in seinem Testament den von ihm benannten Testamentsvollstrecker soweit als möglich von Haftungsansprüchen der Erben freizustellen. Dies ist allerdings nicht möglich, da das Gesetz ausdrücklich bestimmt, dass der Erblasser das Maß der vom Testamentsvollstrecker einzuhaltenden Sorgfalt nicht reduzieren oder gar ausschließen kann (§§ 2220, 2219 Abs. 1 BGB).

Allerdings können DIE ERBEN mit dem Testamentsvollstrecker eine gesonderte Vereinbarung abschließen, in welcher sie auf bereits entstandene und/oder weitere künftige Schadenersatzansprüche verzichten. Ein solcher Verzicht kann auch in einen Auseinandersetzungsvertrag oder einen Auseinandersetzungsplan aufgenommen werden. Durch Einverständnis aller Beteiligten mit diesem Plan bzw. Vertrag ist auch der Verzicht auf Schadenersatzansprüche gegen etwa fehlerhafte Tätigkeiten des Testamentsvollstreckers vereinbart. Der Verzicht auf Schadenersatzansprüche kann auch in einem gesonderten Vertrag zwischen dem Testamentsvollstrecker und den Erben vereinbart werden. Der Testamentsvollstrecker sollte aus haftungsrechtlichen Gründen versuchen, einen Erlassvertrag mit den Erben abzuschließen.

2. Haftung mit dem Privatvermögen

Die Haftung auf Schadenersatz trifft den Testamentsvollstrecker immer PERSÖNLICH. Er haftet daher mit seinem PRIVATVERMÖGEN für schuldhafte Pflichtverletzungen während seiner Amtstätigkeit. Vor der Übernahme des Amtes sollte sich der Testamentsvollstrecker darüber im Klaren sein. Insbesondere bei einem umfangreichen, unstrukturierten oder unübersichtlichen Nachlass sollte sich der Testamentsvollstrecker genau überlegen, ob er das Amt überhaupt annimmt. Ist im Nachlass zB Auslandsvermögen, Geschäftsanteile, Firmenvermögen, kann es recht schnell zu einer Pflichtverletzung durch den Testamentsvollstrecker kommen, die ihn der privaten Haftung aussetzt.

EXPERTENTIPP ZUR ABSICHERUNG EINER AMTSTÄTIGKEIT DURCH HAFTUNGSPFLICHTVERSICHERUNG:
Fachanwälte für Erbrecht sind über eine VERMÖGENS-HAFTPFLICHTVERSICHERUNG für etwaige Schäden aus einer Testamentsvollstreckertätigkeit versichert. Wird ein solcher zum Testamentsvollstrecker vom Erblasser in dessen Testament eingesetzt, läuft der Erbe nicht Gefahr, bei einem fehlerhaften Handeln des Vollstreckers „leer auszugehen".

Auf den Punkt gebracht:
Begeht der Testamentsvollstrecker während der Verwaltungstätigkeit oder bei der Nachlassverteilung eine schuldhafte Pflichtverletzung, haftet er persönlich auf den dadurch entstandenen Schaden gegenüber den Erben. Voraussetzung ist immer, dass eine Pflichtverletzung vorliegt. Hierzu hat sich ein umfangreicher Katalog in der Rechtsprechung darüber entwickelt, was alles ein fehlerhaftes Verhalten in Form einer Pflichtverletzung darstellen kann. Die Kenntnis dieser Einzelfallrechtsprechung ist zur erfolgreichen Durchsetzung eines Schadenersatzanspruches zu Gunsten der Erben unerlässlich. Zwingend notwendig ist immer, dass die Pflichtverletzung durch den Testamentsvollstrecker schuldhaft begangen wurde, wobei die Rechtsprechung für den Grad des Verschuldens eigene Leitlinien herausgearbeitet hat. Einen schuldhaft verursachten Schaden muss der Testamentsvollstrecker mit seinem Privatvermögen abdecken; der Erblasser kann den Testamentsvollstrecker von dessen Haftung auf Schadenersatz im Testament nicht freistellen.

16

Ansprüche Dritter gegenüber dem Testamentsvoll-strecker

Neben den Erben haben auch andere, außerhalb des Nachlass stehende Personen, Ansprüche gegenüber dem Testamentsvollstrecker. Dies können zB Vermächtnisnehmer, Pflichtteilsberechtigte oder Nachlass-gläubiger sein. Je nach deren Stellung sind die Rechte stärker oder schwächer ausgeprägt.

16. Ansprüche Dritter gegenüber dem Testamentsvollstrecker

I. Rechte des Vermächtnisnehmers

Teilweise wird eine Testamentsvollstreckung vom Erblasser alleine mit dem Ziel angeordnet, dass der Testamentsvollstrecker ein Vermächtnis erfüllen soll (zB Übertragung eines Grundstückes, Auszahlung eines bestimmten Geldbetrages an Dritte). Die ERFÜLLUNG VON VERMÄCHTNISSEN kann auch Teil der gesamten Nachlassabwicklung sein. Daher gesteht der Gesetzgeber dem Vermächtnisnehmer verschiedene Rechte gegen den Testamentsvollstrecker zu. Auf Grund dieser Rechte haftet der Testamentsvollstrecker nicht nur gem. § 2219 Abs. 1 BGB wegen schuldhafter Pflichtverletzungen gegenüber den Erben auf Schadenersatz, sondern aus denselben Gründen auch gegenüber Vermächtnisnehmern. Der mit dem Vermächtnis Bedachte ist deshalb befugt, einen ihm zustehenden Schadenersatzanspruch direkt gegenüber dem Testamentsvollstrecker einzufordern; er muss sich nicht vorrangig an die Erben halten.

1. Auskunftsanspruch des Vermächtnisnehmers

Zu Beginn der Amtsführung muss der Testamentsvollstrecker den Erben ein NACHLASSVERZEICHNIS übersenden (§ 2215 Abs. 1 BGB). Einem Vermächtnisnehmer steht ein Anspruch auf Überlassung des Nachlassverzeichnisses grundsätzlich nicht zu. Nur wenn er zB mit dem Nießbrauch am Nachlass bedacht ist, muss er sich aus dem Nachlassverzeichnis über den gesamten Nachlass informieren können. Diese Information braucht der Vermächtnisnehmer auch dann, wenn ein ihm vermachter Gegenstand nicht bestimmt und damit nicht übergeben werden kann, zB wenn ihm ein bestimmter Prozentanteil am Barnachlass vermacht wurde. Nur anhand des Nachlassverzeichnisses kann der Vermächtnisnehmer seinen Vermächtnisgegenstand bestimmen, bzw. diesen der Höhe nach berechnen du auf diese Weise beziffern. In diesen Ausnahmefällen steht ihm der Anspruch auf Übersendung des Nachlassverzeichnisses zu. Ebenso kann der Vermächtnisnehmer die Vorlage von Unterlagen und/oder BELEGEN fordern, wenn er nur auf diese Weise seine Ansprüche konkretisieren kann, was vor allem dann der Fall ist, wenn ein prozentualer Anteil am Jahresgewinn eines Unternehmens vermacht wurde. Dann muss ihm der Testamentsvollstrecker zB Geschäftsunterlagen, Bilanzen, Unterlagen der Gewinnfeststellung, Jahresabschlüsse usw. aushändigen, um die erteilten Auskünfte für den Vermächtnisnehmer zu untermauern. Der Erblasser kann dem Vermächtnisnehmer den AN-

EXPERTENTIPP ZUM RICHTIGEN ABSICHERN VON VERZEICHNISZUSENDUNGEN: Ist der Testamentsvollstrecker im Zweifel, ob er einem Vermächtnisnehmer ein Nachlassverzeichnis übersenden darf, kann er sich dadurch absichern, dass er sich zuvor schriftlich das EINVERSTÄNDNIS ALLER MITERBEN einholt. Diese können ihm eine möglicherweise unberechtigte Übersendung des Verzeichnisses dann nicht als schuldhafte Pflichtverletzung seiner Amtstätigkeit vorwerfen.

SPRUCH AUF ÜBERSENDUNG DES NACHLASSVERZEICHNISSES oder auf Vorlage von Belegen zusätzlich vermachen.

2. Vermächtnisnehmer als Testamentsvollstrecker

Den Problemen einer – uU verzögerten - Vermächtniserfüllung kann der Erblasser durch vorausschauende Testamentsgestaltung entgegentreten. Er kann in seinem Testament den Vermächtnisnehmer selbst zum Testamentsvollstrecker einsetzen, dem dann allein die Aufgabe obliegt, die (eigene) Vermächtniserfüllung umzusetzen. Diese Möglichkeit der Testamentsgestaltung ist oft unbekannt. Es empfiehlt sich daher auch aus diesem Grunde, bei der Errichtung eines Testaments, in welchem Testamentsvollstreckung angemeldet werden soll, fachkundige Beratung einzuholen. Einzelheiten zur Anordnung einer Testamentsvollstreckung im Zusammenhang mit Vermächtnissen finden sich im 2. Kapitel I. 4.

Mustertext „Testamentsvollstreckung zur Vermächtniserfüllung":
Als Vermächtnis erhält Herr ...... meine Briefmarkensammlung. Allein zur Erfüllung dieses Vermächtnisses setze ich Herrn ...... als Testamentsvollstrecker ein. Er hat allein die Aufgabe, sich diese Sammlung selbst zu Eigentum zu übertragen.

3. Klage auf Vermächtniserfüllung

Steht dem Bedachten der Vermächtnisanspruch zu, muss ihn der Testamentsvollstrecker erfüllen. Unterlässt er dies, steht dem Vermächtnisnehmer gegen den Testamentsvollstrecker das Recht zu, ihn auf Erfüllung zu verklagen. Unterlässt der Testamentsvollstrecker eine eindeutige Anordnung zur Vermächtniserfüllung, handelt er fahrlässig pflichtwidrig. Ein gegen ihn ergehendes Urteil wird ihn daher auch persönlich in die Kosten verurteilen. Dies bedeutet, dass er die Prozesskosten nicht dem Nachlass entnehmen kann, sondern aus eigenen Mitteln zu bezahlen hat.

Mustertext „Klageantrag auf Erfüllung des Vermächtnisses":
Der Beklagte (Testamentsvollstrecker) wird verurteilt, dem Kläger folgenden Vermächtnisgegenstand (......) herauszugeben und zu übereignen: ...... Der Beklagte trägt die Kosten des Rechtsstreits.

Wird ein Vermächtnis vom Testamentsvollstrecker erfüllt, ohne dass er hierzu verklagt wird - was in der Praxis die Regel sein dürfte -, fragt sich, wer die dafür anfallenden Kosten zu tragen hat. Vor allem bei der Erfüllung von Immobilienvermächtnissen fallen Notar- und Grundbuchvollzugskosten an, die nicht unerheblich sein können. Da der Testamentsvollstrecker mit einer solchen Vermächtniserfüllung den letzten Willen

EXPERTENTIPP ZUR REGELUNG DER KOSTENPFLICHT BEREITS IM TESTAMENT:
Der Erblasser kann in seinem Testament vorgeben, dass der Vermächtnisnehmer die zur Vermächtniserfüllung anfallenden Kosten tragen muss.

erfüllt und eine Nachlassverbindlichkeit erledigt, handelt er für den Nachlass. Demzufolge muss auch der Nachlass diese Kosten tragen. Dies bringt die Erben in die psychologisch missliche Situation, dass sie einen Nachlassgegenstand abgeben müssen und hierfür auch noch Kosten zu tragen haben.

Mustertext „Kostentragung durch Vermächtnisnehmer":
Sämtliche Kosten für den schuldrechtlichen Vermächtniserfüllungsvertrag sowie die Kosten seines Vollzugs im Grundbuch – mit Ausnahme der Testamentsvollstreckergebühren – trägt der Vermächtnisnehmer (für den Fall eines angeordneten Grundstücksvermächtnisses).

EXPERTENTIPP ZUR RICHTIGEN VORBEREITUNG BEI EINER KLAGE AUF VERMÄCHTNISERFÜLLUNG: Vor einer übereilten Klage auf Vermächtniserfüllung gegen den Testamentsvollstrecker ist zu warnen. Zuvor muss der Testamentsvollstrecker zur Erfüllung des Vermächtnisses unter angemessener Fristsetzung aufgefordert werden.

Bevor die Klage erhoben wird, muss der Vermächtnisnehmer das Vermächtnis annehmen und sollte den Testamentsvollstrecker auffordern, innerhalb einer BESTIMMTEN FRIST das Vermächtnis zu erfüllen. Andernfalls besteht kein Klageanlass. Damit der Vermächtnisnehmer in einem etwaigen Klageverfahren beweisen kann, dass er den Testamentsvollstrecker zur Vermächtniserfüllung aufgefordert hat, sollte er das Aufforderungsschreiben per Einschreiben/Rückschein an den Testamentsvollstrecker versenden. Durch Unterzeichnung des Rückscheins weist der Vermächtnisnehmer im Klageverfahren den Zugang seines Erfüllungsverlangens unter Fristsetzung nach. Alternativ kann das Schreiben des Vermächtnisnehmers auch über den örtlich zuständigen Gerichtsvollzieher zugestellt werden. Der Gerichtsvollzieher ist neben seiner Vollstreckungstätigkeit auch Zustellungsorgan nach der Zivilprozessordnung (§ 192 ff. ZPO). Der Gerichtsvollzieher führt den Zustellungsauftrag aus und sendet dem Auftraggeber (Vermächtnisnehmer) eine Zustellungsurkunde zurück, welche dem Nachweis der Zustellung dient (§ 182 ZPO). Bestreitet der Testamentsvollstrecker im Klageverfahren, dass er unter ordnungsgemäßer Fristsetzung zur Erfüllung des Vermächtnisses aufgefordert wurde, kann sich der Vermächtnisnehmer auf die Beweiskraft der Zustellungsurkunde als öffentliche Urkunde gem. § 418 ZPO berufen und die Zustellungsurkunde als Beweismittel dem Gericht präsentieren.

Kommt es tatsächlich zu einer Nichterfüllung eines testamentarisch angeordneten Vermächtnisses durch den Testamentsvollstrecker, kann diese Untätigkeit ein Grund sein, den Testamentsvollstrecker aus seinem Amt zu entlassen.

II. Rechte des Pflichtteilsberechtigten

In der Regel ist so gut wie keine Nachlassabwicklung durchzuführen, ohne Pflichtteilsrechte zu berücksichtigen. In so gut wie jedem Erbfall spielt das Pflichtteilsrecht eine zentrale Rolle und muss auch vom Testamentsvollstrecker berücksichtigt werden.

1. Keine Passivlegitimation des Testamentsvollstreckers

Der Pflichtteilsberechtigte steht, da er kein Erbe ist, außerhalb des Nachlasses. Er hat darauf keinerlei Zugriffsmöglichkeiten. Dennoch muss er seinen Pflichtteilsanspruch berechnen können. Dazu ist er auf Informationen über den Nachlassumfang und dessen Wert angewiesen. Ist der Testamentsvollstrecker zur Nachlassabwicklung bzw. -verwaltung berufen, besteht bei Pflichtteilsberechtigten oft die Fehlvorstellung, dass der Vollstrecker auch die REGULIERUNG UND AUSZAHLUNG DER PFLICHTTEILSANSPRÜCHE vorzunehmen hat. Dem steht jedoch § 2213 Abs. 1 S. 3 BGB entgegen, wonach Pflichtteilsrechte allein gegen den Erben geltend zu machen sind. Die Vorschrift schützt insoweit den Erben, denn der Gesetzgeber wollte nicht, dass über Pflichtteilsansprüche (durch den Testamentsvollstrecker) entschieden wird, ohne dass der jeweilige Erbe hieran mitwirkt. Der Pflichtteilsberechtigte muss deshalb die Auskunft über den Nachlassumfang vom Erben anfordern. Bei der Testamentsvollstreckung ist in aller Regel der Erbe jedoch nicht verfügungsbefugt über den Nachlass. Dies ist allein dem Testamentsvollstrecker vorbehalten. Daher muss der Erbe den Testamentsvollstrecker auffordern, ihm die für das Pflichtteilsverlangen notwendige AUSKUNFT über den Nachlassbestand zu erteilen, damit er diese dann weiterreichen kann.

EXPERTENTIPP ZUR NICHTANMELDUNG DES PFLICHTTEILS GEGENÜBER DEM TESTAMANTSVOLLSTRECKER: Grundsätzlich kann der Pflichtteilsberechtigte GEGENÜBER DEM TESTAMENTSVOLLSTRECKER weder Auskunfts- noch Wertermittlungsansprüche über den Nachlass geltend machen. Er ist damit allein an die Erben verwiesen, außer der Erblasser hat den Testamentsvollstrecker mit dem Aufgabenbereich „Regulierung der Pflichtteilsansprüche" ausdrücklich betraut oder die Erben haben den Testamentsvollstrecker mit dieser Aufgabe gesondert beauftragt.

2. Duldungstitel gegen den Testamentsvollstrecker

Dem Pflichtteilsberechtigten ist regelmäßig mit einem Zahlungstitel (Urteil, Anerkenntnis) GEGEN DEN ERBEN alleine nicht gedient: Der Erbe hat mangels Verfügungsbefugnis über den Nachlass keine Möglichkeit, das zur Pflichtteilszahlung Notwendige aus dem Nachlass zu entnehmen. Zugriff auf den Nachlass hat alleine der Testamentsvollstrecker. Der Pflichtteilsberechtigte muss daher einerseits den Erben auf ZAHLUNG seines Pflichtteilsanspruches, zum anderen den Testamentsvollstrecker auf Duldung der VOLLSTRECKUNG in den Nachlass verklagen. Aus Kostengründen sollten die Ansprüche in einer gemeinsamen Klage erhoben werden. Die Gerichts- und Anwaltsgebühren sind vom Streitwert abhängig. Zwei getrennte Klageverfahren sind in der Regel teurer, als wenn die Ansprüche gegen denselben Beklagten in einer Klage verbunden werden.

Mustertext „Klageanträge des Pflichtteilsberechtigten“:

a) Der Beklagte (Erbe) wird verurteilt, an den Kläger (Pflichtteilsberechtigten) ...... EUR nebst Zinsen hieraus iHv 5 %-Punkten über dem Basiszinssatz seit ...... zu bezahlen.
b) Der Beklagte (Testamentsvollstrecker) wird verurteilt, wegen des vorgenannten Betrages nebst Zinsen die Zwangsvollstreckung in den Nachlass des am ...... in ...... Verstorbenen (Erblasser) zu dulden.
c) Die Kosten tragen die Beklagten als Gesamtschuldner.

EXPERTENTIPP ZUM HAFTUNGSVORBEHALT: Der Erbe sollte immer beantragen, dass ihm die BESCHRÄNKUNG SEINER HAFTUNG AUF DEN NACHLASS vorbehalten bleibt (§ 780 Abs. 1 ZPO).

Weil aus einem Zahlungsurteil der Erbe auf die Leistung des Pflichtteilsanspruchs nicht nur mit dem Nachlass, sondern auch mit seinem eigenen Privatvermögen haftet, sollte der Erbe eine HAFTUNGSBESCHRÄNKUNG herbeiführen. Dies kann dadurch geschehen, dass er im Fall seiner Verurteilung die Haftung auf den Nachlass beschränkt. Der Pflichtteilsberechtigte kann sich dann wegen seines Pflichtteilsanspruchs nicht aus dem Privatvermögen des Erben bedienen. Diese Haftungsbeschränkung kann der Pflichtteilsberechtigte nicht verhindern. Sie ist dem Erben als Verteidigungsmittel dringend anzuraten.

Mustertext „Haftungsbeschränkungsvorbehalt“:
Es wird beantragt, für den Fall der ganzen oder teilweisen Stattgabe der Klage die Aufnahme eines Haftungsbeschränkungsvorbehalts nach § 780 ZPO in den Urteilstenor des Inhalts aufzunehmen, dass dem Beklagten (Erbe) die Beschränkung der Haftung bezüglich des Hauptanspruchs, der Nebenforderungen und der Kosten des Rechtsstreits auf den Nachlass des am ... ... verstorbenen Herrn ... ., vorbehalten wird.

3. Entlassungsantrag gegen den Testamentsvollstrecker

Dem Pflichtteilsberechtigten steht auch die Befugnis zu, einen Entlassungsantrag gegen den Testamentsvollstrecker zu stellen, wenn jener eine schuldhafte Pflichtverletzung nach § 2227 BGB begangen hat. Dieses Antragsrecht steht demjenigen zu, der ein rechtliches Interesse an der Testamentsvollstreckung besitzt; ein Pflichtteilsberechtigter zählt zu diesem Personenkreis, denn der Testamentsvollstrecker muss den Erblasserwillen auch gegenüber dem Nichterben umsetzen. Verletzt er seine Pflichten, kann sich der Pflichtteilsberechtigte durch Einreichung eines Entlassungsantrages beim Nachlassgericht dagegen wehren.

III. Zwangsvollstreckung der Nachlassgläubiger

Es ist nicht selten, dass der Erblasser noch einen Auftrag erteilte, zB an einen HANDWERKER, dieser den Auftrag noch vor dem Tode des Erblassers ausführte, aber vor Bezahlung des Auftraggebers verstirbt. Der Handwerker als NACHLASSGLÄUBIGER hat dadurch seinen Werklohnanspruch nicht verloren. Er muss ihn vielmehr nun gegen die Erben seines Auftraggebers durchsetzen. Sein Zahlungsanspruch stellt zu Lasten des Nachlasses eine Nachlassverbindlichkeit dar. Um diese zu realisieren, kann der Nachlassgläubiger WÄHLEN:

- Er kann ALLEIN DEN TESTAMENTSVOLLSTRECKER auf Zahlung verklagen und mit dem Titel in den Nachlass vollstrecken.
- Er kann sowohl den TESTAMENTSVOLLSTRECKER ALS AUCH DEN ERBEN auf Zahlung verklagen, wobei er gegen den Erben den Zahlungsanspruch, gegen den Testamentsvollstrecker den Anspruch auf Duldung der Zwangsvollstreckung in den Nachlass einklagen kann.

Wird der Erbe mitverklagt, kann dieser wiederum beantragen, dass sich seine Haftung nur auf den Nachlass beschränkt (§ 780 ZPO).

Auf den Punkt gebracht:
Nicht nur die Erben, sondern auch sonstige am Nachlass Beteiligte haben Ansprüche gegen den Testamentsvollstrecker. Dies können vor allem Vermächtnisnehmer sein, die Auskunft über den Stand der Vermächtniserfüllung haben können. Ihnen steht bei grundloser Verweigerung der Vermächtniserfüllung auch eine Klagemöglichkeit offen, um den Testamentsvollstrecker gerichtlich zur Vermächtniserfüllung zu zwingen. Pflichtteilsberechtigte stehen außerhalb des Nachlasses und können ihren Pflichtteilsanspruch nicht direkt gegen den Testamentsvollstrecker anmelden; dies muss gegenüber den Erben geschehen, außer die Erben haben den Testamentsvollstrecker gesondert zur Regulierung der Pflichtteilsansprüche beauftragt bzw. bevollmächtigt. Verklagen Pflichtteilsberechtigte die Miterben auf Zahlung des Pflichtteils, müssen diese auf den Nachlass zugreifen können im Wege der Zwangsvollstreckung. Der Nachlass unterliegt jedoch der Verfügungs- und Verwaltungsbefugnis ausschließlich des Testamentsvollstreckers. Deshalb benötigen Pflichtteilsberechtigte auch einen Duldungstitel dergestalt, dass der Testamentsvollstrecker die Zwangsvollstreckung in die Erb-

schaft dulden muss, sofern der Zahlungsanspruch gegen die Erben im Urteil festgeschrieben ist.
Sonstige außenstehende Dritte als Nachlassgläubiger können, um ihre Forderungen durchzusetzen, gegen den Testamentsvollstrecker auf Zahlung klagen, sofern dieser die Zahlung grundlos verweigert.

17

Testamentsvollstrecker und das Nachlassgericht

Das Nachlassgericht hat während der Amtsausübung weder die Pflicht, den Testamentsvollstrecker zu beaufsichtigen noch das Recht, diesen zu kontrollieren. Vielmehr gibt es dem Testamentsvollstrecker nur den „formellen Rahmen" vor, um ihm sein Amt mittels eines Testamentsvollstreckerzeugnisses zu bescheinigen oder ihn aus seinem Amt zu entlassen.

17. Testamentsvollstrecker und das Nachlassgericht

I. Amtsannahme

Ob die genannte Person das Amt der Testamentsvollstreckung annimmt oder nicht, obliegt deren eigener und ausschließlicher Entscheidungsbefugnis. Zu einer Amtsannahme kann niemand gezwungen werden.

1. Keine Pflicht zur Annahme des Amtes

Der AMTSBEGINN setzt voraus, dass die Testamentsvollstreckung in der letztwilligen Verfügung angeordnet wurde, der Testamentsvollstrecker als Person ernannt wird und dieser die ANNAHME DES AMTES gegenüber dem Nachlassgericht erklärt (§§ 2200, 2202 Abs. 1 BGB). Regelmäßig wird der im Testament eingesetzte Testamentsvollstrecker vom zuständigen Nachlassgericht angeschrieben und angefragt, ob er bereit ist, das Amt zu übernehmen. Eine ANNAHMEVERPFLICHTUNG besteht für diesen nicht. Übernimmt der Testamentsvollstrecker sein Amt, muss er die Annahmeerklärung – ebenso wie dessen Ablehnung – gegenüber dem NACHLASSGERICHT abgeben (§ 2202 Abs. 2 S. 1 BGB). Die Annahmeerklärung ist an dasjenige Nachlassgericht zu richten, welches für die Eröffnung der Verfügung von Todes wegen ZUSTÄNDIG ist.

2. Annahmezeugnis

Da zwischen Testamentseröffnung und Erteilung des Testamentsvollstreckerzeugnisses meist eine längere Zeit vergeht, der Testamentsvollstrecker jedoch bereits handlungsfähig sein muss, kann dieser ein ANNAHMEZEUGNIS beantragen. Dieses ist ein Zeugnis über die Rechtswirksamkeit der Amtsannahme und dient zB gegenüber dem Grundbuchamt als Nachweis für die Tätigkeit des Testamentsvollstreckers. Das Annahmezeugnis bescheinigt aber nur, dass der Testamentsvollstrecker das Amt angenommen hat. Es besagt nichts über Art, Umfang der Aufgaben und die Dauer des Amtes.

Damit das Annahmezeugnis im Rechtsverkehr wirksam ist, muss die Erklärung des Testamentsvollstreckers, das Amt anzunehmen, in öffentlich beglaubigter Form vor einem Notar oder dem Nachlassgericht abgegeben werden. Die bloß privatschriftliche Mitteilung an das Nachlassgericht, das Amt als Testamentsvollstrecker anzunehmen, ist unzureichend. Solche formunwirksamen Erklärungen darf zB das GRUNDBUCHAMT zurückweisen und die Vorlage eines Testamentsvollstreckerzeugnisses verlangen.

EXPERTENTIPP ZUR RICHTIGEN ÜBERBRÜCKUNG DER SPANNE ZWISCHEN TOD UND AMTSANNAHME:
Der zwischen Erbfall und Amtsannahme bestehende Schwebezustand bezüglich der Nachlassverwaltung kann durch eine POSTMORTALE VOLLMACHT des Erblassers zu Gunsten des späteren Testamentsvollstreckers überbrückt werden. Einzelheiten zur postmortalen Vollmacht finden sich im 2. Kapitel III.

II. Testamentsvollstreckerzeugnis

Damit sich der Testamentsvollstrecker, der das Amt angenommen hat, im Rechtsverkehr ausweisen kann, benötigt er in aller Regel ein Testamentsvollstreckerzeugnis. Für dessen Beantragung und Erteilung gelten Besonderheiten, vor allem dann, wenn dem Testamentsvollstrecker vom Erblasser nur einzelne Aufgaben – und nicht die gesamte Nachlassauseinandersetzung – testamentarisch zugeordnet wurden.

1. Antrag auf Erteilung eines Testamentsvollstreckerzeugnisses
Damit der Testamentsvollstrecker sein Amt und seine Befugnisse gegenüber dem Rechtsverkehr nachweisen kann, erteilt ihm das Nachlassgericht auf dessen Antrag hin ein TESTAMENTSVOLLSTRECKERZEUGNIS. Es stellt die Legitimationsurkunde des Vollstreckers gegenüber Dritten dar. Dies ist zB unumgänglich, wenn die Testamentsvollstreckung im GRUNDBUCH oder Handelsregister eingetragen werden soll. Es kann bereits ausgestellt werden, auch wenn noch kein Erbschein erteilt ist. Wenn der Testamentsvollstrecker die Berichtigung des Grundbuchs beantragt, darf das GRUNDBUCHAMT kein Testamentsvollstreckerzeugnis verlangen, wenn ein notarielles Testament nebst Eröffnungsniederschrift vorliegt und eine formgerechte Annahmeerklärung des Testamentsvollstreckers gegenüber dem Nachlassgericht existiert; darauf muss der Testamentsvollstrecker hinweisen, denn die Erteilung des Zeugnisses ist teuer, wohingegen die bloße Annahmeerklärung (Annahmezeugnis, s. oben) wesentlich billiger ist, um das Grundbuch in diesen Fällen berichtigen zu können.

Nicht selten existiert die Meinung, dass dann, wenn man ein handschriftliches Testament in die amtliche Verwahrung gibt, dieses zu einem „öffentlichen" Testament wird. Dies ist allerdings unrichtig, da durch die bloße Verwahrung keine Urkundeneigenschaft eines privatschriftlichen Testaments begründet wird. Eine Ausnahme besteht nur in folgendem Sonderfall: Wird einem Notar ein handschriftliches Testament in einem verschlossenen Umschlag übergeben, fertigt dieser eine Niederschrift über die Entgegennahme des privatschriftlichen Testaments an. Diese Niederschrift begründet dann eine Urkundeneigenschaft des handschriftlichen Testaments. Ist in diesem die Testamentsvollstreckung handschriftlich angeordnet, kann das eröffnete handschriftliche Testament mit der notariellen Niederschrift als Nachweis des Testamentsvollstreckeramtes dienen und beispielsweise dem Grundbuchamt zur Eintragung des Testamentsvollstreckervermerks vorgelegt werden.

Mustertext „Antrag auf Testamentsvollstreckerzeugnis":
Ich beantrage, mir folgendes Testamentsvollstreckerzeugnis zu erteilen:

Herr/Frau ......, wohnhaft ...... ist zum Testamentsvollstrecker über den Nachlass des am ...... in ...... verstorbenen ......, zuletzt wohnhaft gewesen in ......, ernannt worden.

EXPERTENTIPP ZU DER VORLAGE RICHTIGER UNTERLAGEN BEIM GRUNDBUCHAMT:
Gegenüber dem Grundbuchamt muss der Testamentsvollstrecker die Urschrift (das Original) seines Testamentsvollstreckerzeugnisses oder eine Ausfertigung desselben vorlegen. Die Einreichung einer beglaubigten Abschrift oder Kopie des Zeugnisses genügt nicht, da diese keine „Urkunden" darstellen, deren Vorlage beim Grundbuchamt jedoch zwingend ist, denn das Grundbuchamt nimmt Eintragungen nur vor, wenn Urkunden vorgelegt werden.

EXPERTENTIPP ZUR HINDERUNG DER TESTAMENTSVOLLSTRECKUNG DURCH EINE STRAFTAT:
Wird der im Testament benannte Testamentsvollstrecker gegen den Nachlass straffällig, kann ihm kein Testamentsvollstreckerzeugnis erteilt werden.

Der auf Erteilung des Zeugnisses gestellte Antrag muss auch begründet werden. Dazu ist darzulegen, dass die Ernennung des Testamentsvollstreckers aufgrund eines bestimmten Testament erfolgt ist. Auch ist anzugeben, dass der Testamentsvollstrecker das Amt annimmt und ein Rechtsstreit über die Gültigkeit der Anordnung der Testamentsvollstreckung nicht anhängig ist. Der Testamentsvollstrecker hat regelmäßig eine eidesstattliche Versicherung über diese Angaben abzugeben. Das Nachlassgericht kann jedoch gebeten werden, diese zu erlassen. Besteht das Nachlassgericht auf Abgabe der eidesstattlichen Versicherung, genügt es nicht, diese in einer privatschriftlichen Erklärung dem Gericht vorzulegen. Vielmehr muss diese vor einem Notar oder direkt beim Nachlassgericht abgegeben werden. Der Testamentsvollstrecker, der sein Zeugnis beantragt, muss sich selbstverständlich ausweisen und kann, wenn sich das Testament bereits in den Nachlassakten befindet, auf diese Akten verweisen. Wer hingegen als STRAFTÄTER infrage kommt oder wegen einer Straftat bereits verurteilt ist, kann kein Testamentsvollstrecker sein. Insbesondere dann, wenn zum Nachteil des Nachlasses Untreuehandlungen oder Diebstähle erfolgten, kann der Straftäter nicht mit der Verfügungsmacht eines Testamentsvollstreckers ausgestattet werden.

Einen Antrag auf Erteilung des Testamentsvolltreckerzeugnisses zu stellen ist sogar dann (noch) möglich, wenn gegen die Erteilung des Zeugnisses von den Erben Gründe vorgebracht werden, die auf die Entlassung des Testamentsvollstreckers wegen einer Pflichtverletzung abzielen; in diesem Fall prüft das Nachlassgericht gerade nicht, ob die Pflichtverletzungen tatsächlich zur Entlassung führen werden, denn das ist ein vom Erteilungsverfahren gesonderter Prozess. Der Testamentsvollstrecker ist also zunächst berechtigt, sein Zeugnis auch in diesen Fällen zu erhalten, denn er muss sich damit im Rechtsverkehr ausweisen können.

Sind EINSCHRÄNKUNGEN über bestimmte Aufgaben der Testamentsvollstreckung testamentarisch vorgegeben, müssen diese im Zeugnis ausgewiesen werden. Dies kann zB die Beschränkung der Testamentsvollstreckung nur auf einen Erbteil, auf einen bestimmten Nachlassgegenstand, eine bestimmte Dauer der Testamentsvollstreckung sein. Hat der Testamentsvollstrecker nur Vermächtnisse zu erfüllen, ist dies im Testamentsvollstreckerzeugnis als Einschränkung des Aufgabenkreises auch dann auszuweisen, wenn er dazu den gesamten Nachlass verwerten muss (Einzelheiten zu den verschiedenen Arten einer Testamentsvollstreckung finden sich im 2. Kapitel).

2. Kosten des Testamentsvollstreckerzeugnisses

Die Kosten für die Erteilung des Testamentsvollstreckerzeugnisses berechnen sich seit dem 1.8.2013 nach Nr. 12210 GNotKG aus einem Geschäftswert, der sich nach § 40 Abs. 5 GNotKG richtet. Als Geschäftswert sind 20 % des Bruttonachlasswertes (also ohne Abzug der Nachlassverbindlichkeiten) vorgeschrieben. Daraus wird eine Gebühr erhoben. Hierbei gelten folgende Gebührenansätze:

GESCHÄFTSWERT BIS EUR	1/1 GEBÜHR BETRÄGT EUR	GESCHÄFTSWERT BIS EUR	1/1 GEBÜHR BETRÄGT EUR .....
5.000	45	440.000	835
19.000	99	500.000	935
35.000	135	600.000	1.095
50.000	165	700.000	1.255
110.000	273	800.000	1.415
155.000	354	900.000	1.575
200.000	435	1.000.000	1.735
260.000	535	1.500.000	2.535
320.000	635	2.000.000	3.335
350.000	685	2.500.000	4.135
410.000	785	3.000.000	4.935

Wird für die Erteilung des Testamentsvollstreckerzeugnisses noch die eidesstattliche Versicherung vom Nachlassgericht verlangt (was die Regel ist), fällt eine weitere Gebühr in derselben Höhe an.

Für die zuvor erfolgte Ernennung des Testamentsvollstreckers erhebt das Nachlassgericht eine halbe Gebühr, die sich jedoch aus einem Geschäftswert berechnet, der 10 % des Bruttonachlasswertes entspricht.

Klärungsbedürftig war in der Rechtsprechung die Frage, wer die Kosten trägt, wenn der Testamentsvollstrecker seinen Antrag auf Erteilung des Testamentsvollstreckerzeugnisses in einem Gerichtsverfahren zurücknimmt. Bei Rücknahme des Antrags auf Erteilung des Zeugnisses findet durch das Nachlassgericht keine inhaltliche Prüfung des Antrages statt. Daher sieht das Gesetz keinen Grund vor, dem (vermeintlichen) Testamentsvollstrecker seine außergerichtlichen und gerichtlichen Kosten zu erstatten. Grundsätzlich trägt daher der Testamentsvollstrecker bei einer solchen Antragsrücknahme die entsprechenden Kosten, die er auch nicht aus dem Nachlass ersetzt verlangen kann.

3. Rückgabe des Testamentsvollstreckerzeugnisses

EXPERTENTIPP ZU DER ZEUGNISRÜCKGABE AN DAS GERICHT ALS ABSCHLUSS: Bei Beendigung der Testamentsvollstreckung sollte der Testamentsvollstrecker das Original und alle Ausfertigungen des Testamentsvollstreckerzeugnisses an das Nachlassgericht gegen Empfangsbescheinigung unaufgefordert zurücksenden.

Ist das Amt des Testamentsvollstreckers BEENDET (zB durch Erledigung aller Aufgaben, Kündigung des Amts) müssen das Original und alle Ausfertigungen des Testamentsvollstreckerzeugnisses an das Nachlassgericht zurückgegeben werden, andernfalls muss das Testamentsvollstreckerzeugnis vom Nachlassgericht FÜR KRAFTLOS ERKLÄRT und wieder eingezogen werden (§ 2368 S. 2 BGB).

Bestreiten die Erben, dass der Testamentsvollstrecker alle Aufgaben erfüllt hat, muss über diese Frage Rechtssicherheit geschaffen werden, um ggf. das mit öffentlichem Glauben versehene Testamentsvollstreckerzeugnis aus dem Verkehr zu ziehen. Auch der Testamentsvollstrecker hat ein entsprechendes Rechtsschutzbedürfnis, die Beendigung seiner Tätigkeit gerichtlich feststellen zu lassen. Er kann deshalb beim Prozessgericht (nicht das Nachlassgericht) eine FESTSTELLUNGSKLAGE erheben.

Selbst NACH BEENDIGUNG DER TESTAMENTSVOLLSTRECKUNG darf der Testamentsvollstrecker noch ein Zeugnis über sein bereits erloschenes Amt beantragen. Dies ist möglich, wenn hierfür ein Bedürfnis besteht, um die Befugnis für frühere Rechtshandlungen, die der Testamentsvollstrecker vorgenommen hat, während der abgelaufenen Amtszeit nachträglich zu beweisen.

4. Das Europäische Nachlasszeugnis (ENZ)

Zum 17.8.2015 trat die Europäische Erbrechtsverordnung in Kraft. Dabei wurden einheitliche Standards geschaffen, um in Europa die Abwicklung von länderübergreifenden Nachlässen zu erleichtern. Auch ein sog. Europäisches Nachlasszeugnis zur Legitimation der Erben und anderer erbrechtlich beteiligter wurde eingeführt. Es handelt sich dabei um eine unionsweit gültige, einheitliche Bescheinigung über die Rechtstellung als Erbe und ggf. als Vermächtnisnehmer, die etwaige Zuweisung bestimmter Vermögenswerte an Erb- und Vermächtnisnehmer, sowie die

Befugnis als Testamentsvollstrecker zur Vereinfachung grenzüberschreitender Nachlassabwicklung. Das ENZ ist Nachweis der Erbfolge und kann Grundlage für eine Eigentumsumschreibung auf die Erben sein. Um Rechtstellungen in einem anderen Mitgliedsstaat geltend zu machen, wird der entsprechende Nachweis erleichtert. Testamentsvollstrecker, die Nachlass im Europäischen AUSLAND abwickeln müssen, können somit statt eines deutschen Erbscheins zur Vereinfachung ein Europäisches Nachlasszeugnis beantragen. Zuständig ist hierfür das allgemeine deutsche Nachlassgericht am letzten Wohnort des Erblassers oder jedes inländische Notariat.

Dringend beachten muss der Testamentsvollstrecker, dass ein Europäisches Nachlassverzeichnis nur sechs Monate gilt. Die Gültigkeitsdauer kann einmal verlängert werden. Auch wenn Nachlassgerichte das Europäische Nachlasszeugnis mit dem Vermerk „unbefristet" versehen, gilt dies ab dem Ausstellungsdatum nur sechs Monate, wie der Europäische Gerichtshof ausgeurteilt hat.

Einzelne Nachlassgegenstände werden im ENZ nicht ausdrücklich ausgewiesen, so dass keine Grundstücke im ENZ angegeben werden, die im Ausland liegen und die der Testamentsvollstrecker bei der Nachlassabwicklung verteilen muss.

Für ÖSTERREICH hat der Oberste Gerichtshof der Republik Österreich in Wien hingegen entschieden, dass ein deutscher Erbschein genügt, um ein Grundstück in Österreich auf die Erben umschreiben zu lassen. Eines Europäischen Nachlasszeugnisses bedarf es hierfür nicht.

Expertentipp zum Finden von Formblättern für ENZ im Internet:
Mit der Durchführungsverordnung zur Europäischen Erbrechtsverordnung wurden für den Antrag auf Erteilung des Europäischen Nachlasszeugnisses Formblätter eingeführt, die hierfür benutzt werden müssen. Der Europäische Gerichtshof hat inzwischen allerdings klargestellt, dass Notare ihre eigenen Muster verwenden dürfen, wenn sie einen Antrag auf Ausstellung eines Europäischen Nachlasszeugnisses beantragen und nicht an die Verwendung der Formblätter zwingend gebunden sind. Soll das Formblatt verwendet werden, ist es abrufbar unter: https://www.dnoti.de/arbeitshilfen/ipr-undauslaendisches-recht/.

EXPERTENTIPP ZUR BEACHTUNG DER GÜLTIGKEIT DES ENZ:
Die Gültigkeitsdauer eines Europäischen Nachlasszeugnisses ist in der Regel auf sechs Monate beschränkt und kann einmal verlängert werden.

EXPERTENTIPP ZUM NICHT-GELTEN DER ENZ:
Das Europäische Nachlasszeugnis kann nicht für die Länder Dänemark, das Vereinigte Königreich (Großbritannien) und Irland beantragt werden, da diese Länder keine Mitgliedstaaten der Europäischen Erbrechtsverordnung geworden sind.

III. Keine Kontrollrechte des Nachlassgerichts

Nicht selten sind Miterben der Meinung, dass das Nachlassgericht den Testamentsvollstrecker bei seiner Tätigkeit beaufsichtigt, diesen anweist oder überwacht. Dies ist allerdings ein Irrtum. Monieren Miterben die Verwaltungstätigkeit des Testamentsvollstreckers, ist dies in der Regel vor den ordentlichen Zivilgerichten und nicht vor dem Nachlassgericht auszufechten.

1. Kein Weisungsrecht des Nachlassgerichts

Das Gesetz sieht nicht vor, dass das Nachlassgericht die Tätigkeit der Amtsführung des Testamentsvollstreckers beaufsichtigen kann. Auch WEISUNGEN darf es ihm nicht erteilen. Selbst wenn er völlig untätig bleibt oder seine Verwaltungstätigkeiten nur nachlässig ausübt, darf das Nachlassgericht nicht in die Amtsführung des Testamentsvollstreckers eingreifen; auch darf es keine Auskünfte über die Amtsführung einholen.

EXPERTENTIPP ZUM RICHTIGEN VERFAHREN BEIM FEHLERN DES TESTAMENTSVOLLSTRECKERS: Monieren Erben die Art und Weise der Amtsführung des Testamentsvollstreckers, kann das Nachlassgericht diese Behauptung nur als Vorfrage im Rahmen eines Entlassungsverfahrens prüfen.

In der Praxis häufig sind die Fälle, in welchen die Erben dem Testamentsvollstrecker eine mangelhafte oder nachlässige Geschäftsführung vorwerfen. Den Erben steht der Weg zum Nachlassgericht dergestalt offen, dass sie ein ENTLASSUNGSVERFAHREN gegenüber dem Testamentsvollstrecker beim Nachlassgericht einleiten (§ 2227 BGB). Dazu ist notwendig, dass ein „wichtiger Grund“ für die Entlassung vorgetragen und bewiesen wird. Im Rahmen des so von den Erben beantragten Entlassungsverfahrens kann dann das Nachlassgericht ALS VORFRAGE prüfen, ob eine mangelhafte Amtstätigkeit vorliegt, die zudem ein solches Maß erreicht hat, dass sie als wichtiger Grund für die Entlassung dient.

2. Keine vorläufige Entlassung des Testamentsvollstreckers

Eine KONTROLLE des Testamentsvollstreckers durch das Nachlassgericht ist somit nur mittelbar und auch nur auf ANTRAG eines Beteiligten (zB des Erben) im Rahmen eines Entlassungsverfahrens möglich. Eine VORLÄUFIGE ENTLASSUNG darf das Nachlassgericht selbst dann nicht aussprechen, wenn die Erben hierauf drängen. Selbst wenn ein Entlassungsantrag formell an das Nachlassgericht gestellt ist, steht dem Testamentsvollstrecker der Anspruch auf Erteilung eines Testamentsvollstreckerzeugnisses zu. Das Zeugnis dient allein zu seiner Legitimation. Es bezeugt nicht die inhaltliche Ordnungsgemäßheit seiner Amtsführung.

Das Nachlassgericht ist auch dann zuständig zu entscheiden, wenn ZWISCHEN MEHREREN TÄTIGEN TESTAMENTSVOLLSTRECKERN MEINUNGSVERSCHIEDENHEITEN bestehen (§ 2224 BGB).

Auf den Punkt gebracht:
Damit sich der Testamentsvollstrecker im Rechtsverkehr gegenüber Dritten (zB Banken, Grundbuchamt, Nachlassgläubigern usw.) ausweisen kann, benötigt er ein Testamentsvollstreckerzeugnis. Eines solchen bedarf es nicht, wenn eine über den Tod des Erblassers hinauswirkende Vollmacht vorliegt, auf deren Basis die Erbschaft auseinandergesetzt werden kann. Das Testamentsvollstreckerzeugnis muss aktiv vom Testamentsvollstrecker beantragt werden, andernfalls das Nachlassgericht nicht von sich aus ein solches Zeugnis erteilt. Das Testamentsvollstreckerzeugnis ist gebührenpflichtig, wobei sich dessen Kosten nach dem Wert der zu verteilenden Erbschaft richten. Sollen ausländische Nachlassgegenstände im Rahmen der Testamentsvollstreckung verwaltet bzw. verteilt werden, bedarf es eines Europäischen Nachlasszeugnisses, welches ebenfalls beim Nachlassgericht beantragt werden kann.
Das Nachlassgericht weist den Testamentsvollstrecker weder an, auf welche Art und Weise er seine Verwaltung des Nachlasses durchzuführen hat, noch kontrolliert es dessen Tätigkeit. Dies kann nur über einen von den Erben in die Wege geleiteten Entlassungsantrag geschehen.

Anhang

Anhang

I. Wichtige gesetzliche Regelungen zur Testamentsvollstreckung

1. Bürgerliches Gesetzbuch (BGB)

§ 2197 BGB ERNENNUNG DES TESTAMENTSVOLLSTRECKERS

(1) Der Erblasser kann durch Testament einen oder mehrere Testamentsvollstrecker ernennen.

(2) Der Erblasser kann für den Fall, dass der ernannte Testamentsvollstrecker vor oder nach der Annahme des Amts wegfällt, einen anderen Testamentsvollstrecker ernennen.

§ 2198 BGB BESTIMMUNG DES TESTAMENTSVOLLSTRECKERS DURCH EINEN DRITTEN

(1) Der Erblasser kann die Bestimmung der Person des Testamentsvollstreckers einem Dritten überlassen. Die Bestimmung erfolgt durch Erklärung gegenüber dem Nachlassgericht; die Erklärung ist in öffentlich beglaubigter Form abzugeben.

(2) Das Bestimmungsrecht des Dritten erlischt mit dem Ablauf einer ihm auf Antrag eines der Beteiligten von dem Nachlassgericht bestimmten Frist.

§ 2199 BGB ERNENNUNG EINES MITVOLLSTRECKERS ODER NACHFOLGERS

(1) Der Erblasser kann den Testamentsvollstrecker ermächtigen, einen oder mehrere Mitvollstrecker zu ernennen.

(2) Der Erblasser kann den Testamentsvollstrecker ermächtigen, einen Nachfolger zu ernennen.

(3) Die Ernennung erfolgt nach § 2198 Abs. 1 S. 2.

§ 2200 BGB ERNENNUNG DURCH DAS NACHLASSGERICHT

(1) Hat der Erblasser in dem Testament das Nachlassgericht ersucht, einen Testamentsvollstrecker zu ernennen, so kann das Nachlassgericht die Ernennung vornehmen.

(2) Das Nachlassgericht soll vor der Ernennung die Beteiligten hören, wenn es ohne erhebliche Verzögerung und ohne unverhältnismäßige Kosten geschehen kann.

§ 2201 BGB UNWIRKSAMKEIT DER ERNENNUNG

Die Ernennung des Testamentsvollstreckers ist unwirksam, wenn er zu der Zeit, zu welcher er das Amt anzutreten hat, geschäftsunfähig oder in der Geschäftsfähigkeit beschränkt ist oder nach § 1896 zur Besorgung seiner Vermögensangelegenheiten einen Betreuer erhalten hat.

§ 2202 BGB ANNAHME UND ABLEHNUNG DES AMTS

(1) Das Amt des Testamentsvollstreckers beginnt mit dem Zeitpunkt, in welchem der Ernannte das Amt annimmt.

(2) Die Annahme sowie die Ablehnung des Amts erfolgt durch Erklärung gegenüber dem Nachlassgericht. Die Erklärung kann erst nach dem Eintritt des Erbfalls abgegeben werden; sie ist unwirksam, wenn sie unter einer Bedingung oder einer Zeitbestimmung abgegeben wird.

(3) Das Nachlassgericht kann dem Ernannten auf Antrag eines der Beteiligten eine Frist zur Erklärung über die Annahme bestimmen. Mit dem Ablauf der Frist gilt das Amt als abgelehnt, wenn nicht die Annahme vorher erklärt wird.

§ 2203 BGB AUFGABE DES TESTAMENTSVOLLSTRECKERS

Der Testamentsvollstrecker hat die letztwilligen Verfügungen des Erblassers zur Ausführung zu bringen.

§ 2204 BGB AUSEINANDERSETZUNG UNTER MITERBEN

(1) Der Testamentsvollstrecker hat, wenn mehrere Erben vorhanden sind, die Auseinandersetzung unter ihnen nach Maßgabe der §§ 2042 bis 2057a zu bewirken.

(2) Der Testamentsvollstrecker hat die Erben über den Auseinandersetzungsplan vor der Ausführung zu hören.

§ 2205 BGB VERWALTUNG DES NACHLASSES, VERFÜGUNGSBEFUGNIS

Der Testamentsvollstrecker hat den Nachlass zu verwalten. Er ist insbesondere berechtigt, den Nachlass in Besitz zu nehmen und über die Nachlassgegenstände zu verfügen. Zu unentgeltlichen Verfügungen ist er nur berechtigt, soweit sie einer sittlichen Pflicht oder einer auf den Anstand zu nehmenden Rücksicht entsprechen.

§ 2206 BGB EINGEHUNG VON VERBINDLICHKEITEN

(1) Der Testamentsvollstrecker ist berechtigt, Verbindlichkeiten für den Nachlass einzugehen, soweit die Eingehung zur ordnungsmäßigen Verwaltung erforderlich ist. Die Verbindlichkeit zu einer Verfügung über

einen Nachlassgegenstand kann der Testamentsvollstrecker für den Nachlass auch dann eingehen, wenn er zu der Verfügung berechtigt ist.

(2) Der Erbe ist verpflichtet, zur Eingehung solcher Verbindlichkeiten seine Einwilligung zu erteilen, unbeschadet des Rechts, die Beschränkung seiner Haftung für die Nachlassverbindlichkeiten geltend zu machen.

§ 2207 BGB ERWEITERTE VERPFLICHTUNGSBEFUGNIS

Der Erblasser kann anordnen, dass der Testamentsvollstrecker in der Eingehung von Verbindlichkeiten für den Nachlass nicht beschränkt sein soll. Der Testamentsvollstrecker ist auch in einem solchen Falle zu einem Schenkungsversprechen nur nach Maßgabe des § 2205 S. 3 berechtigt.

§ 2208 BGB BESCHRÄNKUNG DER RECHTE DES TESTAMENTSVOLLSTRECKERS, AUSFÜHRUNG DURCH DEN ERBEN

(1) Der Testamentsvollstrecker hat die in den §§ 2203 bis 2206 bestimmten Rechte nicht, soweit anzunehmen ist, dass sie ihm nach dem Willen des Erblassers nicht zustehen sollen. Unterliegen der Verwaltung des Testamentsvollstreckers nur einzelne Nachlassgegenstände, so stehen ihm die im § 2205 S. 2 bestimmten Befugnisse nur in Ansehung dieser Gegenstände zu.

(2) Hat der Testamentsvollstrecker Verfügungen des Erblassers nicht selbst zur Ausführung zu bringen, so kann er die Ausführung von dem Erben verlangen, sofern nicht ein anderer Wille des Erblassers anzunehmen ist.

§ 2209 BGB DAUERVOLLSTRECKUNG

Der Erblasser kann einem Testamentsvollstrecker die Verwaltung des Nachlasses übertragen, ohne ihm andere Aufgaben als die Verwaltung zuzuweisen; er kann auch anordnen, dass der Testamentsvollstrecker die Verwaltung nach der Erledigung der ihm sonst zugewiesenen Aufgaben fortzuführen hat. Im Zweifel ist anzunehmen, dass einem solchen Testamentsvollstrecker die in § 2207 bezeichnete Ermächtigung erteilt ist.

§ 2210 BGB DREISSIGJÄHRIGE FRIST FÜR DIE DAUERVOLLSTRECKUNG

Eine nach § 2209 getroffene Anordnung wird unwirksam, wenn seit dem Erbfall 30 Jahre verstrichen sind. Der Erblasser kann jedoch anordnen, dass die Verwaltung bis zum Tod des Erben oder des Testamentsvollstreckers oder bis zum Eintritt eines anderen Ereignisses in der Person des einen oder des anderen fortdauern soll. Die Vorschrift des § 2163 Abs. 2 findet entsprechende Anwendung.

§ 2211 BGB VERFÜGUNGSBESCHRÄNKUNG DES ERBEN

(1) Über einen der Verwaltung des Testamentsvollstreckers unterliegenden Nachlassgegenstand kann der Erbe nicht verfügen.

(2) Die Vorschriften zugunsten derjenigen, welche Rechte von einem Nichtberechtigten herleiten, finden entsprechende Anwendung.

§ 2212 BGB GERICHTLICHE GELTENDMACHUNG VON DER TESTAMENTSVOLLSTRECKUNG UNTERLIEGENDEN RECHTEN

Ein der Verwaltung des Testamentsvollstreckers unterliegendes Recht kann nur von dem Testamentsvollstrecker gerichtlich geltend gemacht werden.

§ 2213 BGB GERICHTLICHE GELTENDMACHUNG VON ANSPRÜCHEN GEGEN DEN NACHLASS

(1) Ein Anspruch, der sich gegen den Nachlass richtet, kann sowohl gegen den Erben als gegen den Testamentsvollstrecker gerichtlich geltend gemacht werden. Steht dem Testamentsvollstrecker nicht die Verwaltung des Nachlasses zu, so ist die Geltendmachung nur gegen den Erben zulässig. Ein Pflichtteilsanspruch kann, auch wenn dem Testamentsvollstrecker die Verwaltung des Nachlasses zusteht, nur gegen den Erben geltend gemacht werden.

(2) Die Vorschrift des § 1958 findet auf den Testamentsvollstrecker keine Anwendung.

(3) Ein Nachlassgläubiger, der seinen Anspruch gegen den Erben geltend macht, kann den Anspruch auch gegen den Testamentsvollstrecker dahin geltend machen, dass dieser die Zwangsvollstreckung in die seiner Verwaltung unterliegenden Nachlassgegenstände dulde.

§ 2214 BGB GLÄUBIGER DES ERBEN

Gläubiger des Erben, die nicht zu den Nachlassgläubigern gehören, können sich nicht an die der Verwaltung des Testamentsvollstreckers unterliegenden Nachlassgegenstände halten.

§ 2215 BGB NACHLASSVERZEICHNIS

(1) Der Testamentsvollstrecker hat dem Erben unverzüglich nach der Annahme des Amts ein Verzeichnis der seiner Verwaltung unterliegenden Nachlassgegenstände und der bekannten Nachlassverbindlichkeiten mitzuteilen und ihm die zur Aufnahme des Inventars sonst erforderliche Beihilfe zu leisten.

(2) Das Verzeichnis ist mit der Angabe des Tages der Aufnahme zu versehen und von dem Testamentsvollstrecker zu unterzeichnen; der Testamentsvollstrecker hat auf Verlangen die Unterzeichnung öffentlich beglaubigen zu lassen.

(3) Der Erbe kann verlangen, dass er bei der Aufnahme des Verzeichnisses zugezogen wird.

(4) Der Testamentsvollstrecker ist berechtigt und auf Verlangen des Erben verpflichtet, das Verzeichnis durch die zuständige Behörde oder durch einen zuständigen Beamten oder Notar aufnehmen zu lassen.

(5) Die Kosten der Aufnahme und der Beglaubigung fallen dem Nachlass zur Last.

§ 2216 BGB ORDNUNGSMÄSSIGE VERWALTUNG DES NACHLASSES, BEFOLGUNG VON ANORDNUNGEN

(1) Der Testamentsvollstrecker ist zur ordnungsmäßigen Verwaltung des Nachlasses verpflichtet.

(2) Anordnungen, die der Erblasser für die Verwaltung durch letztwillige Verfügung getroffen hat, sind von dem Testamentsvollstrecker zu befolgen. Sie können jedoch auf Antrag des Testamentsvollstreckers oder eines anderen Beteiligten von dem Nachlassgericht außer Kraft gesetzt werden, wenn ihre Befolgung den Nachlass erheblich gefährden würde. Das Gericht soll vor der Entscheidung, soweit tunlich, die Beteiligten hören.

§ 2217 BGB ÜBERLASSUNG VON NACHLASSGEGENSTÄNDEN

(1) Der Testamentsvollstrecker hat Nachlassgegenstände, deren er zur Erfüllung seiner Obliegenheiten offenbar nicht bedarf, dem Erben auf Verlangen zur freien Verfügung zu überlassen. Mit der Überlassung erlischt sein Recht zur Verwaltung der Gegenstände.

(2) Wegen Nachlassverbindlichkeiten, die nicht auf einem Vermächtnis oder einer Auflage beruhen, sowie wegen bedingter und betagter Vermächtnisse oder Auflagen kann der Testamentsvollstrecker die Überlassung der Gegenstände nicht verweigern, wenn der Erbe für die Berichtigung der Verbindlichkeiten oder für die Vollziehung der Vermächtnisse oder Auflagen Sicherheit leistet.

§ 2218 BGB RECHTSVERHÄLTNIS ZUM ERBEN; RECHNUNGSLEGUNG

(1) Auf das Rechtsverhältnis zwischen dem Testamentsvollstrecker und dem Erben finden die für den Auftrag geltenden Vorschriften der §§ 664, 666 bis 668, 670, des § 673 S. 2 und des § 674 entsprechende Anwendung.

(2) Bei einer länger dauernden Verwaltung kann der Erbe jährlich Rechnungslegung verlangen.

§ 2219 BGB HAFTUNG DES TESTAMENTSVOLLSTRECKERS

(1) Verletzt der Testamentsvollstrecker die ihm obliegenden Verpflichtungen, so ist er, wenn ihm ein Verschulden zur Last fällt, für den daraus entstehenden Schaden dem Erben und, soweit ein Vermächtnis zu vollziehen ist, auch dem Vermächtnisnehmer verantwortlich.

(2) Mehrere Testamentsvollstrecker, denen ein Verschulden zur Last fällt, haften als Gesamtschuldner.

§ 2220 BGB ZWINGENDES RECHT

Der Erblasser kann den Testamentsvollstrecker nicht von den ihm nach den §§ 2215, 2216, 2218, 2219 obliegenden Verpflichtungen befreien.

§ 2221 BGB VERGÜTUNG DES TESTAMENTSVOLLSTRECKERS

Der Testamentsvollstrecker kann für die Führung seines Amts eine angemessene Vergütung verlangen, sofern nicht der Erblasser ein anderes bestimmt hat.

§ 2222 BGB NACHERBENVOLLSTRECKER

Der Erblasser kann einen Testamentsvollstrecker auch zu dem Zwecke ernennen, dass dieser bis zu dem Eintritt einer angeordneten Nacherbfolge die Rechte des Nacherben ausübt und dessen Pflichten erfüllt.

§ 2223 BGB VERMÄCHTNISVOLLSTRECKER

Der Erblasser kann einen Testamentsvollstrecker auch zu dem Zwecke ernennen, dass dieser für die Ausführung der einem Vermächtnisnehmer auferlegten Beschwerungen sorgt.

§ 2224 BGB MEHRERE TESTAMENTSVOLLSTRECKER

(1) Mehrere Testamentsvollstrecker führen das Amt gemeinschaftlich; bei einer Meinungsverschiedenheit entscheidet das Nachlassgericht. Fällt einer von ihnen weg, so führen die übrigen das Amt allein. Der Erblasser kann abweichende Anordnungen treffen.

(2) Jeder Testamentsvollstrecker ist berechtigt, ohne Zustimmung der anderen Testamentsvollstrecker diejenigen Maßregeln zu treffen, welche zur Erhaltung eines der gemeinschaftlichen Verwaltung unterliegenden Nachlassgegenstands notwendig sind.

§ 2225 BGB ERLÖSCHEN DES AMTS DES TESTAMENTSVOLLSTRECKERS

Das Amt des Testamentsvollstreckers erlischt, wenn er stirbt oder wenn ein Fall eintritt, in welchem die Ernennung nach § 2201 unwirksam sein würde.

§ 2226 BGB KÜNDIGUNG DURCH DEN TESTAMENTSVOLLSTRECKER

Der Testamentsvollstrecker kann das Amt jederzeit kündigen. Die Kündigung erfolgt durch Erklärung gegenüber dem Nachlassgericht. Die Vorschrift des § 671 Abs. 2, 3 findet entsprechende Anwendung.

§ 2227 BGB ENTLASSUNG DES TESTAMENTSVOLLSTRECKERS

Das Nachlassgericht kann den Testamentsvollstrecker auf Antrag eines der Beteiligten entlassen, wenn ein wichtiger Grund vorliegt; ein solcher Grund ist insbesondere grobe Pflichtverletzung oder Unfähigkeit zur ordnungsmäßigen Geschäftsführung.

§ 2228 BGB AKTENEINSICHT

Das Nachlassgericht hat die Einsicht der nach § 2198 Abs. 1 S. 2, § 2199 Abs. 3, § 2202 Abs. 2, § 2226 S. 2 abgegebenen Erklärungen jedem zu gestatten, der ein rechtliches Interesse glaubhaft macht.

§ 2364 BGB ANGABE DES TESTAMENTSVOLLSTRECKERS IM ERBSCHEIN, HERAUSGABEANSPRUCH DES TESTAMENTSVOLLSTRECKERS

(1) Hat der Erblasser einen Testamentsvollstrecker ernannt, so ist die Ernennung in dem Erbschein anzugeben.

(2) Dem Testamentsvollstrecker steht das in § 2362 Abs. 1 bestimmte Recht zu.

§ 2368 BGB TESTAMENTSVOLLSTRECKERZEUGNIS

(1) Einem Testamentsvollstrecker hat das Nachlassgericht auf Antrag ein Zeugnis über die Ernennung zu erteilen. Ist der Testamentsvollstrecker in der Verwaltung des Nachlasses beschränkt oder hat der Erblasser angeordnet, dass der Testamentsvollstrecker in der Eingehung von Verbindlichkeiten für den Nachlass nicht beschränkt sein soll, so ist dies in dem Zeugnis anzugeben.

(2) (weggefallen)

(3) Die Vorschriften über den Erbschein finden auf das Zeugnis entsprechende Anwendung; mit der Beendigung des Amts des Testamentsvollstreckers wird das Zeugnis kraftlos.

2. Gesetz über das Verfahren in Familiensachen und in den Angelegenheiten der freiwilligen Gerichtsbarkeit (FamFG)

§ 343 FAMFG ÖRTLICHE ZUSTÄNDIGKEIT

(1) Örtlich zuständig ist das Gericht, in dessen Bezirk der Erblasser im Zeitpunkt seines Todes seinen gewöhnlichen Aufenthalt hatte.

(2) Hatte der Erblasser im Zeitpunkt seines Todes keinen gewöhnlichen Aufenthalt im Inland, ist das Gericht zuständig, in dessen Bezirk der Erblasser seinen letzten gewöhnlichen Aufenthalt im Inland hatte.

(3) Ist eine Zuständigkeit nach den Absätzen 1 und 2 nicht gegeben, ist das Amtsgericht Schöneberg in Berlin zuständig, wenn der Erblasser Deutscher ist oder sich Nachlassgegenstände im Inland befinden. Das Amtsgericht Schöneberg in Berlin kann die Sache aus wichtigem Grund an ein anderes Nachlassgericht verweisen.

§ 345 FAMFG BETEILIGTE

(1) In Verfahren auf Erteilung eines Erbscheins ist Beteiligter der Antragsteller. Ferner können als Beteiligte hinzugezogen werden:

1. die gesetzlichen Erben,
2. diejenigen, die nach dem Inhalt einer vorliegenden Verfügung von Todes wegen als Erben in Betracht kommen,
3. die Gegner des Antragstellers, wenn ein Rechtsstreit über das Erbrecht anhängig ist,
4. diejenigen, die im Fall der Unwirksamkeit der Verfügung von Todes wegen Erbe sein würden, sowie
5. alle Übrigen, deren Recht am Nachlass durch das Verfahren unmittelbar betroffen wird.

Auf ihren Antrag sind sie hinzuzuziehen.

(2) Absatz 1 gilt entsprechend für die Erteilung eines Zeugnisses nach § 1507 des Bürgerlichen Gesetzbuchs oder nach den §§ 36 und 37 der Grundbuchordnung sowie den §§ 42 und 74 der Schiffsregisterordnung.

(3) Im Verfahren zur Ernennung eines Testamentsvollstreckers und zur Erteilung eines Testamentsvollstreckerzeugnisses ist Beteiligter der Testamentsvollstrecker. Das Gericht kann als Beteiligte hinzuziehen:

1. die Erben,
2. den Mitvollstrecker.

Auf ihren Antrag sind sie hinzuzuziehen.

(4) In den sonstigen auf Antrag durchzuführenden Nachlassverfahren sind als Beteiligte hinzuzuziehen in Verfahren betreffend

1. eine Nachlasspflegschaft oder eine Nachlassverwaltung der Nachlasspfleger oder Nachlassverwalter;
2. die Entlassung eines Testamentsvollstreckers der Testamentsvollstrecker;
3. die Bestimmung erbrechtlicher Fristen derjenige, dem die Frist bestimmt wird;
4. die Bestimmung oder Verlängerung einer Inventarfrist der Erbe, dem die Frist bestimmt wird, sowie im Fall des § 2008 des Bürgerlichen Gesetzbuchs dessen Ehegatte oder Lebenspartner;
5. die Abnahme einer eidesstattlichen Versicherung derjenige, der die eidesstattliche Versicherung abzugeben hat, sowie im Fall des § 2008 des Bürgerlichen Gesetzbuchs dessen Ehegatte oder Lebenspartner.

Das Gericht kann alle Übrigen, deren Recht durch das Verfahren unmittelbar betroffen wird, als Beteiligte hinzuziehen. Auf ihren Antrag sind sie hinzuzuziehen.

§ 352 FAMFG ANGABEN IM ANTRAG AUF ERTEILUNG EINES ERBSCHEINS; NACHWEIS DER RICHTIGKEIT

(1) Wer die Erteilung eines Erbscheins als gesetzlicher Erbe beantragt, hat anzugeben

1. den Zeitpunkt des Todes des Erblassers,
2. den letzten gewöhnlichen Aufenthalt und die Staatsangehörigkeit des Erblassers,
3. das Verhältnis, auf dem sein Erbrecht beruht,
4. ob und welche Personen vorhanden sind oder vorhanden waren, durch die er von der Erbfolge ausgeschlossen oder sein Erbteil gemindert werden würde,
5. ob und welche Verfügungen des Erblassers von Todes wegen vorhanden sind,

6. ob ein Rechtsstreit über sein Erbrecht anhängig ist,
7. dass er die Erbschaft angenommen hat,
8. die Größe seines Erbteils.

Ist eine Person weggefallen, durch die der Antragsteller von der Erbfolge ausgeschlossen oder sein Erbteil gemindert werden würde, so hat der Antragsteller anzugeben, in welcher Weise die Person weggefallen ist.

(2) Wer die Erteilung des Erbscheins auf Grund einer Verfügung von Todes wegen beantragt, hat

1. die Verfügung zu bezeichnen, auf der sein Erbrecht beruht,
2. anzugeben, ob und welche sonstigen Verfügungen des Erblassers von Todes wegen vorhanden sind, und
3. die in Absatz 1 Satz 1 Nummer 1, 2 und 6 bis 8 sowie Satz 2 vorgeschriebenen Angaben zu machen.

(3) Der Antragsteller hat die Richtigkeit der Angaben nach Absatz 1 Satz 1 Nummer 1 und 3 sowie Satz 2 durch öffentliche Urkunden nachzuweisen und im Fall des Absatzes 2 die Urkunde vorzulegen, auf der sein Erbrecht beruht. Sind die Urkunden nicht oder nur mit unverhältnismäßigen Schwierigkeiten zu beschaffen, so genügt die Angabe anderer Beweismittel. Zum Nachweis, dass der Erblasser zur Zeit seines Todes im Güterstand der Zugewinngemeinschaft gelebt hat, und zum Nachweis der übrigen nach den Absätzen 1 und 2 erforderlichen Angaben hat der Antragsteller vor Gericht oder vor einem Notar an Eides statt zu versichern, dass ihm nichts bekannt sei, was der Richtigkeit seiner Angaben entgegensteht. Das Nachlassgericht kann dem Antragsteller die Versicherung erlassen, wenn es sie für nicht erforderlich hält.

§ 353 FAMFG EINZIEHUNG ODER KRAFTLOSERKLÄRUNG VON ERBSCHEINEN
(1) Kann der Erbschein im Verfahren über die Einziehung nicht sofort erlangt werden, so hat ihn das Nachlassgericht durch Beschluss für kraftlos zu erklären. Der Beschluss ist entsprechend § 435 öffentlich bekannt zu machen. Mit Ablauf eines Monats nach Veröffentlichung im Bundesanzeiger wird die Kraftloserklärung wirksam. Nach Veröffentlichung des Beschlusses kann dieser nicht mehr angefochten werden.

(2) In Verfahren über die Einziehung oder Kraftloserklärung eines Erbscheins hat das Gericht über die Kosten des Verfahrens zu entscheiden. Die Kostenentscheidung soll zugleich mit der Endentscheidung ergehen.

(3) Ist der Erbschein bereits eingezogen, ist die Beschwerde gegen den Einziehungsbeschluss nur insoweit zulässig, als die Erteilung eines neuen gleichlautenden Erbscheins beantragt wird. Die Beschwerde gilt im Zweifel als Antrag auf Erteilung eines neuen gleichlautenden Erbscheins.

§ 354 FAMFG SONSTIGE ZEUGNISSE

(1) Die §§ 352 bis 353 gelten entsprechend für die Erteilung von Zeugnissen nach den §§ 1507 und 2368 des Bürgerlichen Gesetzbuchs, den §§ 36 und 37 der Grundbuchordnung sowie den §§ 42 und 74 der Schiffsregisterordnung.

(2) Ist der Testamentsvollstrecker in der Verwaltung des Nachlasses beschränkt oder hat der Erblasser angeordnet, dass der Testamentsvollstrecker in der Eingehung von Verbindlichkeiten für den Nachlass nicht beschränkt sein soll, so ist dies in dem Zeugnis nach § 2368 des Bürgerlichen Gesetzbuchs anzugeben.

§ 355 FAMFG TESTAMENTSVOLLSTRECKUNG

(1) Ein Beschluss, durch den das Nachlassgericht einem Dritten eine Frist zur Erklärung nach § 2198 Abs. 2 des Bürgerlichen Gesetzbuchs oder einer zum Testamentsvollstrecker ernannten Person eine Frist zur Annahme des Amtes bestimmt, ist mit der sofortigen Beschwerde in entsprechender Anwendung der §§ 567 bis 572 der Zivilprozessordnung anfechtbar.

(2) Auf einen Beschluss, durch den das Gericht bei einer Meinungsverschiedenheit zwischen mehreren Testamentsvollstreckern über die Vornahme eines Rechtsgeschäfts entscheidet, ist § 40 Abs. 3 entsprechend anzuwenden; die Beschwerde ist binnen einer Frist von zwei Wochen einzulegen.

(3) Führen mehrere Testamentsvollstrecker das Amt gemeinschaftlich, steht die Beschwerde gegen einen Beschluss, durch den das Gericht Anordnungen des Erblassers für die Verwaltung des Nachlasses außer Kraft setzt, sowie gegen einen Beschluss, durch den das Gericht über Meinungsverschiedenheiten zwischen den Testamentsvollstreckern entscheidet, jedem Testamentsvollstrecker selbständig zu.

II. Muster „Nachlassverzeichnis“

NACHLASSVERZEICHNIS
über den Nachlass des / der am ......

verstorbenen ......

zur Vorlage für die Erben

erstellt zum Stichtag ......, dem Tag der Annahme des Amtes des Testamentsvollstreckers

Tag der Aufnahme: ......

A. NACHLASSMASSE – AKTIVA	Wert (alle Angaben in EUR)
1. Grundbesitz (Ort, Lage, Nutzungsart und Bebauung, grundbuchliche Bezeichnung)	
Anteil daran (zB ½, ⅓)	
Verzeichnis der Mieter und Pächter (Angabe der Namen, der Wohnung, der Höhe und Fälligkeit des Miet- oder Pachtzinses und etwaiger Rückstände)	
2. Erwerbsgeschäft (genaue Bezeichnung des Betriebes, Anteil)	
a) bei gewerblichen Betrieben – Bilanz zum Todestage ist beizufügen –aa) der Geschäftseinrichtung bb) des Warenlagers cc) des Kundschaftswertes (Goodwill) und ähnliches	
b) bei landwirtschaftlichen Betrieben aa) der zum Verkauf bestimmten Erntevorräte bb) der Maschinen cc) des Viehs	
3. Gegenstände des persönlichen Gebrauchs	
4. Kunstgegenstände, Schmucksachen, Ringe, Gold- und Silbersachen, Sammlungen	

5. Haus- und Küchengeräte, namentlich Möbel, Bilder (soweit nicht unter Abschn. 1 Nr. 4), Uhren, Vorhänge, Teppiche, Spiegel, Lampen, Porzellan, Gläser, Kühlschränke, Waschmaschinen, Wäsche, Betten (bei Haushaltsgegenständen genügt die Angabe des Gesamtwertes)	
6. Kraftfahrzeuge (Kennzeichen, Marke, Baujahr), Fahrräder	
7. Bargeld	
aus Portemonnaie	
8. Wertpapiere, Anteile, Genussscheine und dgl., Bezeichnung und Kurswert(Kurswertberechnung der Bank beifügen)	
9. Bank-, Sparkassen- und Postsparguthaben, sonstige Guthaben, Postscheckkonten(Nr. des Kontos, Name und Sitz der Sparkasse, Bank usw. angeben)	
10. Ausstehende Forderungen, namentlich Hypotheken-, Grund- und Rentenschuldforderungen, Forderungen aus Kauf- und Darlehensverträgen, Rentenforderungen, Forderungen aus Pacht und Mietverträgen, Einlagen als stiller Gesellschafter – unter Angabe der vollständigen Anschrift des Schuldners sowie bei eingetragenen Forderungen der Grundbuchbezeichnung. Höhe und Fälligkeit der laufenden Zinsen? Rückstände?	
11. Forderungen aus Versicherungsverträgen, soweit sie zum Nachlass gehören (die Forderung gehört nicht zum Nachlass, wenn die Versicherung zugunsten einer bestimmten Person abgeschlossen wurde) – Nähere Bezeichnung	
12. Beteiligung an einer Gesamthand, zB Erbengemeinschaft (besonderes Verzeichnis beifügen), sonstige Sachen und Rechte (hier namentlich Beteiligungen an Gesellschaften oder Genossenschaften, Erbbaurechte, Wohnungseigentum – mit Grundbuchbezeichnung – angeben), auch Verlags-, Patent- und Urheberrechte.	
13. Forderungen aus dem Lastenausgleich	
14. Sonstige Forderungen	
ZWISCHENSUMME AKTIVA:	

B. NACHLASSVERBINDLICHKEITEN – PASSIVA (mit Namen der Gläubiger)	
1. Hypotheken, Grundschulden, Rentenschulden oder Reallasten, die auf einem zum Nachlass gehörenden Grundstück eingetragen sind (Grundbuchbezeichnung, Höhe und Fälligkeit der laufenden Zinsen und rückständigen Zinsen bis zum Todestage angeben). Bei Tilgungshypotheken ist nur der zu zahlende Restbetrag des Kapitals einzusetzen, bei Grundschulden nur die tatsächliche Valutierung.	
2. Hypothekengewinnabgabe	
3. Vermögensabgabe	
a) Vierteljahresbetrag b) Rückstände	
4. Steuerrückstände	
5. Geschäfts-, landwirtschaftliche Betriebsschulden unter Angabe des Zinssatzes und des Schuldgrundes	
6. Sonstige Verbindlichkeiten, zB Darlehen usw. unter Angabe des Zinssatzes und des Schuldgrundes	
7. Krankheits- und Arztkosten, welche am Todestag noch nicht bezahlt waren, soweit sie nicht von einem anderen, insbesondere einer Krankenkasse ersetzt werden.	
8. Rückzahlung an gewährter Sozialhilfe	
9. Sonstige Nachlassverbindlichkeiten	
a) Wert der Vermächtnisse	
b) Wert der Auflagen	
c) Wert der Pflichtteilsansprüche	
d) Ausgleichsansprüche des überlebenden Ehegatten nach § 1371 Abs. 2 BGB	
e) Ausbildungsanspruch von Stiefkindern, § 1371 Abs. 4 BGB	
f) Unterhaltsanspruch geschiedener Ehegatten	
g) Unterhaltsanspruch der werdenden Mutter	
Zwischensumme Passiva:	

VERBINDLICHKEITEN, DIE DURCH DEN TODESFALL ENTSTANDEN SIND	
Kosten der Bestattung; Beerdigungskosten, Ausgaben für die Errichtung eines Grabsteines, Trauerkleidung usw., soweit sie nicht von einem anderen, insbesondere einer Kranken- oder Sterbekasse ersetzt werden. (Nähere Bezeichnung und Angabe der einzelnen Beträge)	
Kosten für Testamentseröffnung, Nachlasssicherung und Verwaltung	
Testamentsvollstreckerhonorar	
Erbschaftsteuer	
ZWISCHENSUMME ERBFALLKOSTEN	
AKTIVA ABZÜGLICH PASSIVA UND ERBFALLKOSTEN	
Das obige Nachlassverzeichnis entspricht dem Nachlassbestand vom ...... Bisher wurden keine Veränderungen zwischen dem Nachlassbestand zum Zeitpunkt des Erbfalls am ...... und dem Zeitpunkt der Errichtung des Verzeichnisses festgestellt. Sollten Ihnen weitere Nachlassgegenstände bekannt sein oder sonstige Veränderungen, so bitte ich Sie, mir dies umgehend mitzuteilen.	
Ort, Datum Unterschrift	

III. Vergütungsempfehlungen des Deutschen Notarvereins

1. Vergütungsgrundbetrag
Der Vergütungsgrundbetrag deckt die einfache Testamentsvollstreckung (normale Verhältnisse, glatte Abwicklung) ab, dh die Nachlassverwaltung bis zur Abwicklung der erbschaftsteuerlichen Fragen, einschließlich der Überleitung des Nachlasses auf einen Nachfolger als Testamentsvollstrecker oder der Freigabe des Nachlasses an die Erben. Die Bemessungsgrundlage für den Vergütungsgrundbetrag ist der am Todestag des Erblassers bestehende Bruttowert des Nachlasses. Verbindlichkeiten sind nur dann vom Bruttowert des Nachlasses abzuziehen, wenn der Testamentsvollstrecker nicht mit den Verbindlichkeiten befasst ist.

Höhe des Vergütungsgrundbetrages (vorbehaltlich einer zu gegebener Zeit vorzunehmenden Anpassung an die Preisentwicklung):

bis EUR 250.000	4,0 %,
bis EUR 500.000	3,0 %,
bis EUR 2.500.000	2,5 %,
bis EUR 5.000.000	2,0 %,
über EUR 5.000.000	1,5 %,

mindestens aber der höchste Betrag der Vorstufe. Beispiel: Bei einem Nachlass von EUR 260.000 beträgt der Grundbetrag nicht EUR 7.800 (= 3,0 % aus EUR 260.000), sondern EUR 10.000 (= 4 % aus EUR 250.000).

Bei Nacherbentestamentsvollstreckung oder bloß beaufsichtigender Testamentsvollstreckung erhält der Testamentsvollstrecker wegen der dann geringeren Belastung anstelle des vollen Grundbetrages $\frac{2}{10}$ bis $\frac{5}{10}$ des Grundbetrages.

Besteht die Aufgabe des Testamentsvollstreckers lediglich in der Erfüllung von Vermächtnissen, so erhält er nur den Vergütungsgrundbetrag, welcher sich nach dem Wert der Vermächtnisgegenstände bemisst.

Der Vergütungsgrundbetrag ist zur Hälfte nach Abschluss der Konstituierung und im Übrigen mit Abschluss der Erbschaftsteuerveranlagung bzw. Abschluss der Tätigkeit fällig.

2. Zuschläge zum Vergütungsgrundbetrag bei Abwicklungsvollstreckung

1. Die Entlastung des Testamentsvollstreckers durch die Hinzuziehung externer Sachverständiger (zB Rechtsanwälte, Steuerberater) ist bei Bemessung der Zuschläge angemessen zu berücksichtigen. Die Zuschläge sind, wenn nachfolgend nichts anderes vorgesehen ist, jeweils fällig, wenn die betreffende Tätigkeit beendet ist. Bei der Bemessung der Zuschläge ist mangels besonderer Anhaltspunkte vom Mittelwert der Spanne auszugehen.
   a) AUFWÄNDIGE GRUNDTÄTIGKEIT: Zuschlag von $\frac{2}{10}$ bis $\frac{10}{10}$ des Vergütungsgrundbetrages, wenn die Konstituierung des Nachlasses aufwendiger als im Normalfall ist, etwa durch besondere Maßnahmen zur Ermittlung, Sichtung und Inbesitznahme des

Nachlasses, Erstellung eines Nachlassverzeichnisses, Bewertung des Nachlasses, Regelung von Nachlassverbindlichkeiten einschließlich inländischer Erbschaftsteuer. Normalfall: aus Bargeld, Wertpapierdepot oder Renditeimmobilie zusammengesetzter Nachlass, der zB durch bloßes Einholen von Kontoauszügen, Grundbucheinsichten und Sichtung von Mietverträgen konstituiert ist.

b) AUSEINANDERSETZUNG: Zuschlag von 2/10 bis 10/10 des Vergütungsgrundbetrages, wenn der Nachlass auseinander zu setzen ist (Aufstellung eines Teilungsplans und dessen Vollzug) oder Vermächtnisse zu erfüllen sind. Der Zuschlag ist mit der zweiten Hälfte des Vergütungsgrundbetrages fällig.

c) KOMPLEXE NACHLASSVERWALTUNG: Zuschlag von 2/10 bis 10/10 des Vergütungsgrundbetrages bei komplexem Nachlass, dh für aus der Zusammensetzung des Nachlasses resultierende Schwierigkeiten seiner Verwaltung, zB bei Auslandsvermögen, Gesellschaftsbeteiligung, Beteiligung an Erbengemeinschaft, im Bau befindlicher oder anderer Problemimmobilie, hohen oder verstreuten Schulden, Rechtsstreitigkeiten, Besonderheiten im Hinblick auf die Beteiligten (zB Minderjährige, Pflichtteilsberechtigte, Erben mit Wohnsitz im Ausland). Zusammen mit dem Zuschlag gemäß d) in der Regel nicht mehr als 15/10 des Vergütungsgrundbetrages. Der Zuschlag ist mit der zweiten Hälfte des Vergütungsgrundbetrages fällig.

d) AUFWÄNDIGE ODER SCHWIERIGE GESTALTUNGSAUFGABEN: Zuschlag von 2/10 bis 10/10 des Vergütungsgrundbetrages für aufwändige oder schwierige Gestaltungsaufgaben im Vollzug der Testamentsvollstreckung, die über die bloße Abwicklung hinausgehen, zB Umstrukturierung, Umschuldung, Verwertung („Versilbern des Nachlasses", Verkäufe). Zusammen mit dem Zuschlag gemäß c) in der Regel nicht mehr als 15/10 des Vergütungsgrundbetrages. Der Zuschlag ist mit der zweiten Hälfte des Vergütungsgrundbetrages fällig.

e) STEUERANGELEGENHEITEN: Zuschlag von 2/10 bis 10/10 des Vergütungsgrundbetrages für die Erledigung von Steuerangelegenheiten. Lit. a) umfasst nur die durch den Erbfall entstehenden inländischen Steuern (Erbschaftsteuer), nicht jedoch zuvor bereits entstandene oder danach entstehende Steuern oder ausländische Steuerangelegenheiten (zB nachträgliche Bereinigung von Steuerangelegenheiten, Einkommensteuererklärungen). Bezieht sich die Steuerangelegenheit nur auf einzelne Nachlassgegenstände, ermittelt sich der Zuschlag nach deren Wert aus dem für

den Gesamtnachlasswert einschlägigen Prozentsatz. Der Zuschlag ist bei Abschluss der Tätigkeit fällig.
2. Die Gesamtvergütung soll in der Regel insgesamt das Dreifache des Vergütungsgrundbetrages nicht überschreiten.

3. Dauertestamentsvollstreckung
Die Vergütung ist bei Dauervollstreckung zeitgleich in Teilbeträgen, die Dauer und Ausmaß der Tätigkeit entsprechen, fällig. Zusätzlich zu den Vergütungen nach I. und II. wird folgende Dauertestamentsvollstreckungsvergütung geschuldet:

1. NORMALFALL, dh Verwaltung über den Zeitpunkt der Erbschaftsteuerveranlagung hinaus: pro Jahr ⅓ bis ½ % des in diesem Jahr gegebenen Nachlassbruttowerts oder – wenn höher – 2 bis 4 % des jährlichen Nachlassbruttoertrags. Der Zusatzbetrag ist fällig nach Ablauf des üblichen Rechnungslegungszyklus, idR jährlich.
2. TESTAMENTSVOLLSTRECKUNG ÜBER GESCHÄFTSBETRIEB/UNTERNEHMEN
   a) Übernahme und Ausübung der Unternehmerstellung bei Personengesellschaften, ggf. im Wege der Vollrechtstreuhand (Eintragung des Testamentsvollstreckers im Handelsregister): 10 % des jährlichen Reingewinns.
   b) Tätigkeit als Organ einer Kapitalgesellschaft, GmbH & Co KG, Stiftung & Co, bei Ermächtigungstreuhand oder Handeln als Bevollmächtigter der in ihre Rechte Eingesetzten: Branchenübliches Geschäftsführer- bzw. Vorstandsgehalt und branchenübliche Tantieme.
   c) Lediglich beaufsichtigende Tätigkeit (Aufsichtsratsvorsitz, Beiratsvorsitz, Beteiligung mit Zwerganteil und der Bestimmung, dass der Testamentsvollstrecker nicht überstimmt werden darf, Weisungsunterwerfung der in ihre Rechte eingesetzten Erben): Branchenübliche Vergütung eines Aufsichtsratsvorsitzenden bzw. Beiratsvorsitzenden.

   Die Vergütung ist mit branchenüblicher Fälligkeit solcher Zahlungen auszuzahlen.
3. BERUFSDIENSTE (zB von Rechtsanwalt, Steuerberater Wirtschaftsprüfer, Bank, Makler, Vermögensverwalter) werden gesondert vergütet.
4. AUSLAGENERSATZ: Auslagenersatz wie im Auftragsrecht.

4. Umsatzsteuer
Die Umsatzsteuer ist in den vorgenannten Beträgen nicht enthalten.

5. Mehrere Testamentsvollstrecker

1. PARALLELE TÄTIGKEIT
   a) Bei gemeinschaftlicher Testamentsvollstreckung (ohne oder mit gleichwertiger Aufgabenverteilung im Innenverhältnis) ist die Vergütung nach Köpfen aufzuteilen.
   b) Bei gemeinsamer Verantwortung der Testamentsvollstrecker nach außen, aber nicht gleichwertiger Geschäftsverteilung im Innenverhältnis ist die Vergütung angemessen unter Berücksichtigung der Aufgabenbereiche aufzuteilen.
   c) Bei vom Erblasser angeordneter gegenständlicher Verteilung der Aufgaben im Außenverhältnis ist die Vergütung entsprechend der jeweiligen Verantwortung des Testamentsvollstreckers aufzuteilen.
2. Bei sukzessiver Tätigkeit erhält der Nachfolger die Vergütung nur für die Tätigkeit, die nicht bereits der Vorgänger abgeschlossen hat. Beispiel: Ist die Erbschaftsteuerveranlagung bereits erfolgt, so erhält der Nachfolger keinen Vergütungsgrundbetrag.

Stichwortverzeichnis

A

B

D

E

L

M

N

O

P

R

S